IMPACTOS TRIBUTÁRIOS DECORRENTES DA ADOÇÃO DO IFRS NO BRASIL

Apoio institucional

Blucher

IMPACTOS TRIBUTÁRIOS DECORRENTES DA ADOÇÃO DO IFRS NO BRASIL: UMA DÉCADA DE DEBATES

ORGANIZADORES

Giancarlo Chamma Matarazzo
Luiz Felipe Centeno Ferraz

AUTORES

Alexandre Garcia Querquilli
Breno Sarpi
Bruna Marrara
Bruno Carramaschi
Clarissa Giannetti Machado Miras
Daniel Abraham Loria
Dora Almeida
Erlan Valverde
Fernando Tonanni
Flávio Veitzman
Gabriel Oura Chiang
Giancarlo Chamma Matarazzo
José Arnaldo Godoy Costa de Paula
José Otavio Haddad Faloppa
Luiz Eduardo Miranda Rosa

Luiz Felipe Centeno Ferraz
Marcelo Natale
Maurício Braga Chapinoti
Pedro Correa Falcone
Rafael M. Malheiro
Raphael Furtado e Silva
Reinaldo Ravelli
Renato Souza Coelho
Ricardo Bolan
Telírio Pinto Saraiva
Thais de Barros Meira
Tiago Espellet Dockhorn
Tomás Machado de Oliveira
Vinícius Alberto Rossi Nogueira

Impactos tributários decorrentes da adoção do IFRS no Brasil: uma década de debates
© 2019 Giancarlo Chamma Matarazzo e Luiz Felipe Centeno Ferraz (organizadores)

Editora Edgard Blücher Ltda.

Capa: Negrito Editorial

Blucher

Rua Pedroso Alvarenga, 1245, 4° andar
04531-934 – São Paulo – SP – Brasil
Tel.: 55 11 3078-5366
contato@blucher.com.br
www.blucher.com.br

Segundo o Novo Acordo Ortográfico, conforme 5. ed.
do *Vocabulário Ortográfico da Língua Portuguesa*,
Academia Brasileira de Letras, março de 2009.

É proibida a reprodução total ou parcial por quaisquer
meios sem autorização escrita da editora.

Todos os direitos reservados pela Editora
Edgard Blücher Ltda.

DADOS INTERNACIONAIS DE CATALOGAÇÃO NA PUBLICAÇÃO (CIP)
ANGÉLICA ILACQUA CRB-8/7057

Impactos tributários decorrentes da adoção do IFRS no
Brasil : uma década de debates / Alexandre Garcia Querquilli...
[et al.]. ; organizado por Giancarlo Chamma Matarazzo, Luiz
Felipe Centeno Ferraz. – São Paulo : Blucher, 2019.
288 p.

Bibliografia
ISBN 978-85-212-1640-7 (impresso)
ISBN 978-85-212-1641-4 (e-book)

1. Contabilidade – Normas 2. Contabilidade – Legislação
3. Direito tributário 4. Sociedades comerciais 5. Tributos –
Brasil I. Querquilli, Alexandre Garcia. II. Matarazzo, Giancarlo
Chamma. III. Ferraz, Luiz Felipe Centeno.

19-0925	CDD 657

Índice para catálogo sistemático:
1. Contabilidade – Legislação.

APRESENTAÇÃO

Este livro reúne artigos que examinam alguns reflexos tributários da convergência das normas contábeis brasileiras aos padrões internacionais de contabilidade.

Mais de uma década após a edição da Lei n. 10.637, em 28 de dezembro de 2007, ainda existem incertezas derivadas de reflexos da convergência. Hoje, pode-se dizer que, em sua maior parte, essas incertezas estão associadas a hipóteses para as quais a Lei n. 12.973, de 13 de maio de 2014, foi omissa quando pretendeu neutralizar, para fins tributários, os efeitos da convergência após o término do período do regime de transição.

Como é natural, tais omissões foram se tornando mais patentes conforme, nos últimos cinco anos, os profissionais do direito tributário se viram confrontados com o desafio de aplicar o regime da Lei n. 12.973 tanto às operações comerciais rotineiras das empresas como, em especial, às reorganizações e transações societárias das mais diversas naturezas. Nesse sentido, dúvidas surgiram em questões relacionadas a, por exemplo, o novo regime de aproveitamento fiscal do ágio, transações com bens e direitos mensurados a valor justo, apuração de ganhos e perdas de capital em alienações de participações societárias e o tratamento de diferenças de taxas de depreciação contábil e fiscal.

Muitas dessas e outras questões de interpretação da legislação tributária vêm sendo debatidas em um ambiente colaborativo num grupo formado por sócios de escritórios com atuação destacada nas áreas de M&A, mercado de capitais, insolvência e, naturalmente, tributária.

Os artigos reunidos neste livro são um reflexo das discussões do grupo, reservadas, como não poderia deixar de ser, as opiniões particulares dos autores e coautores.

Também reflete em parte o interesse e a exposição dos autores a diversas transações ocorridas no Brasil num passado recente e aos dilemas de diversas empresas, vistas de uma posição privilegiada.

Dessa circunstância, nasceu uma característica que parece ser uma qualidade do livro, que os leitores terão a oportunidade de confirmar em cada artigo: seu conteúdo não é meramente acadêmico; ao contrário, tem aplicação prática no cotidiano das empresas e de investidores institucionais.

Esperamos assim que o presente livro, sem deixar de contribuir com o debate dos temas aqui tratados na doutrina e jurisprudência, possa servir como ponto de referência e direcionamento para os profissionais envolvidos diariamente na análise e tomada de decisões relacionadas ao tratamento tributário das atividades empresariais.

Os autores

CONTEÚDO

Ágio na Lei n. 12.973/2014: controle de legalidade e distanciamentos entre ágio contábil e o novo regime legal 13

Fernando Tonanni, Bruna Marrara

1. Introdução 13
2. O regime jurídico do ágio e a evolução do conceito positivado 15
3. A interseção positivada entre o novo regime jurídico do ágio e o ágio na contabilidade 18
4. Os distanciamentos entre o regime da Lei n. 12.973/2014 e o ágio contábil 19
5. Considerações finais 32

Preparação e registro do PPA: o suporte da mais ou menos-valia e a formação do *goodwill* 33

Luiz Felipe Centeno Ferraz, Pedro Correa Falcone

1. Introdução 33
2. Evolução legislativa 34
3. Elaboração e apresentação do laudo PPA 36
4. PPA: potenciais questões futuras a impossibilitar o aproveitamento da mais ou menos-valia e do *goodwill* 39

Aspectos relevantes do desdobramento do custo de aquisição de investimento avaliado pelo valor de patrimônio líquido...... 49

Marcelo Natale, Alexandre Garcia Querquilli

1. Introdução 49
2. Desdobramento do custo de aquisição e evidenciação do fundamento do ágio antes da Lei n. 12.973/2014 50
3. Aspectos normativos da elaboração do laudo após a vigência da Lei n. 12.973/2014...... 56
4. Componentes do PPA que estariam potencialmente fora do alcance do laudo 59
5. Hipóteses de desconsideração do laudo 63
6. Considerações finais...... 64

Transferências de bens e direitos com AVJ em reorganizações societárias 67

Ricardo Bolan, Vinícius Alberto Rossi Nogueira

1. Introdução 67
2. Considerações gerais sobre a AVJ...... 73
3. O conceito jurídico de renda e sua potencial tensão com a AVJ...... 82
4. Transferência de bens e direitos em reorganizações societárias: hipótese de realização da AVJ?...... 92

Ganhos e perdas de capital na alienação de participações societárias sem perda de controle...... 99

Rafael M. Malheiro

1. Introdução 99
2. O regime fiscal da Lei n. 12.973/2014...... 101
3. Ganhos de capital na alienação de participações societárias 105
4. Questões adicionais correlatas 109
5. Considerações finais...... 111

Reorganização societária: efeitos fiscais do *deemed cost* e de diferenças de depreciação...... 113

Clarissa Giannetti Machado Miras, Telírio Pinto Saraiva

1. Introdução 113

Conteúdo 9

2. AVJ: uma visão econômica e prospectiva da contabilidade 116

3. Lei n. 12.973/2014: valor justo e neutralidade tributária 118

4. Tributação da AVJ nas reorganizações societárias: a SC Cosit n. 659..... 119

5. Tratamento anti-insonômico e necessária aplicação da regra especial contida no art. 26 da Lei n. 12.973/2014 122

6. Violação ao princípio da capacidade contributiva 124

7. Sucessão empresarial e baixa de ativos 126

8. Considerações finais 129

Custo de aquisição de investimento para fins fiscais: pagamento a prazo, contraprestação contingente e ajustes de preço 131
Daniel Abraham Loria, José Otavio Haddad Faloppa

1. Introdução 131

2. Custo de aquisição para fins contábeis 132

3. Custo de aquisição para fins fiscais 136

4. Termo e condição 140

5. Pagamento a prazo 141

6. Contraprestação contingente 143

7. Considerações finais 145

Aquisição de participação societária: cláusula de opção de venda (*put option*) e os impactos trazidos pela Lei n. 12.973/2014 147
Bruno Carramaschi, Breno Sarpi

1. Introdução 147

2. Tratamento contábil resultante da estipulação da cláusula de opção de venda 149

3. Tratamento fiscal das perdas de AVJ relacionadas com o passivo financeiro 151

4. Tratamento como contraprestação contingente 154

5. Considerações finais 156

Aspectos tributários relacionados à formação de empreendimentos controlados em conjunto (*joint ventures*) 159
Renato Souza Coelho, Gabriel Oura Chiang

1. Introdução 159

10 Impactos tributários decorrentes da adoção do IFRS no Brasil

2. Relação das ciências contábeis com o direito tributário 161

3. Perda do controle e manutenção de investimento em negócio controlado em conjunto 164

4. Considerações finais 173

A dedutibilidade das despesas de depreciação de bens registrados no ativo imobilizado: o IFRS, a diferença de taxa e a depreciação em turnos 175

Giancarlo Chamma Matarazzo, José Arnaldo Godoy Costa de Paula

1. Introdução 175

2. A despesa de depreciação registrada na contabilidade e o RTT 177

3. Depreciação por turnos e possíveis desdobramentos do CPC 27 181

4. A Lei n. 12.973/2014 e sua adoção inicial: aspectos relativos à diferença de taxa de depreciação 182

5. Considerações finais 188

Lei n. 12.973/2014 e tributação de planos de opção de compra de ações: um "novo olhar" 189

Flávio Veitzman

1. Introdução 189

2. Programas de ILP e limitação de escopo 190

3. Os SOP 191

4. A Lei n. 12.973/2014 194

5. Implicações fiscais: um outro olhar 198

6. Considerações finais 204

Tratamento fiscal dos ativos intangível e financeiro nas concessões públicas 207

Luiz Felipe Centeno Ferraz, Tomás Machado de Oliveira

1. Introdução 207

2. A evolução do tratamento contábil 209

3. A evolução do tratamento tributário 212

4. Incidência do IRPJ e da CSLL no lucro real 213

5. Incidência do IRPJ e da CSLL no lucro presumido 215

6. Incidência do PIS e da Cofins.. 217

7. Considerações finais... 219

O tratamento fiscal das subvenções para investimento e custeio...... 221

Maurício Braga Chapinoti, Erlan Valverde

1. Introdução.. 221

2. Regulamentação original: DL n. 1.598/1977............................. 222

3. Regulamentação pós-IFRS.. 226

4. Jurisprudência administrativa... 228

5. LC n. 160/2017 e seus efeitos.. 231

6. Qualificação das subvenções para investimento e aplicação retroativa...... 232

7. Considerações finais... 234

Impactos fiscais dos efeitos contábeis não tratados expressamente pela Lei n. 12.973/2014... 237

Tiago Espellet Dockhorn, Luiz Eduardo Miranda Rosa

1. Introdução.. 237

2. Contexto histórico da edição da Lei n. 12.973/2014................. 240

3. Escopo da Lei n. 12.973/2014.. 243

4. Temas não tratados pela Lei n. 12.973/2014............................. 246

5. Considerações finais... 253

A não incidência de PIS e Cofins sobre ganho por compra vantajosa reconhecido no contexto de uma combinação de negócios.............. 255

Reinaldo Ravelli, Dora Almeida

1. Introdução.. 255

2. Base de cálculo do PIS e da COFINS.. 256

3. Tratamento contábil-fiscal do ganho proveniente de compra vantajosa... 260

4. Não caracterização do lançamento contábil a título de ganho proveniente de compra vantajosa como receita tributável................... 263

5. Considerações finais... 269

A evolução do conceito de receita bruta e o exemplo das reservas técnicas das seguradoras... 271

Thais de Barros Meira, Raphael Furtado e Silva

1. Introdução 271
2. Evolução legislativa e jurisprudencial 272
3. Não incidência da contribuição ao PIS e da Cofins sobre receitas relacionadas às reservas técnicas das seguradoras 277
4. Considerações finais 287

ÁGIO NA LEI N. 12.973/2014: CONTROLE DE LEGALIDADE E DISTANCIAMENTOS ENTRE ÁGIO CONTÁBIL E O NOVO REGIME LEGAL

Fernando Tonanni[1]
Bruna Marrara[2]

1. INTRODUÇÃO

A Lei n. 12.973/2014, ao promover a extinção do Regime Tributário de Transição (RTT) e a aguardada regulamentação dos efeitos tributários decorrentes das novas práticas contábeis introduzidas a partir da edição da Lei n. 11.638/2008, deu novos contornos jurídicos ao tema do aproveitamento fiscal do ágio.

As alterações legislativas foram promovidas no contexto de intensa controvérsia entre fisco e contribuintes e de insegurança jurídica quanto à amortização fiscal do ágio nos termos da Lei n. 9.532/1997. A pretexto de corrigir eventuais distorções do regime jurídico anterior, a Lei n. 12.973/2014 buscou definir o alcance de alguns conceitos a partir das regras contábeis.

Essa técnica legislativa permeia a Lei n. 12.973/2014 como um todo: na tarefa de promover a aproximação entre as bases contábil e fiscal, o legislador ora incorpora o regime contábil, reconhecendo expressamente seus efeitos imediatos na determinação da base de cálculo dos tributos, ora rejeita e neutraliza tais eventos, por meio de regras específicas para garantir que não tenham repercussões fiscais. A neutralização promovida pela Lei n. 12.973/2014 visa garantir

---

[1] LL.M em Direito Tributário Internacional pela Universidade de Leiden, na Holanda. Advogado em São Paulo.

[2] LL.M em Direito Tributário Internacional pela Universidade de Nova York. Advogada em São Paulo.

a aderência às normas legais que regem o sistema jurídico tributário e aos seus princípios informadores.[3]

Com efeito, nem todos os eventos contábeis foram acolhidos pela Lei n. 12.973/2014 como fatos jurídicos de natureza tributária. Considerando o recurso à contabilidade como ponto de partida para a apuração dos tributos, cabe ao intérprete delimitar o alcance dos conceitos contábeis na definição do tratamento tributário aplicável. Nessa tarefa, alguns distanciamentos entre as matérias devem ser enfrentados.

Especificamente no que se refere ao novo regime jurídico do ágio nos termos da Lei n. 12.973/2014, passados mais de quatro anos de sua publicação, dúvidas remanescem quanto aos distanciamentos e às incompatibilidades entre os conceitos contábil e jurídico de ágio, as quais dizem respeito não apenas às hipóteses de reconhecimento, mas também à sua mensuração.

Com relação a esse último ponto, pode-se dizer que o valor do ágio registrado contabilmente é apropriado para fins fiscais após as "depurações" necessárias,[4] já que se parte do ágio contábil para se chegar ao ágio passível de amortização fiscal, de forma compatível com o ordenamento jurídico tributário. A despeito de suas origens remeterem à contabilidade, o ágio passível de amortização fiscal é um conceito jurídico, que por essência decorre do disposto no Decreto-Lei n. 1.598/1977 e na Lei n. 12.973/2014. Como tal, seus contornos são delineados em lei.

---

3 Dentre tais princípios, assumem especial importância ao tema objeto deste artigo aqueles que norteiam a incidência do Imposto de Renda, notadamente o princípio da realização da renda, que é fundamental à análise do momento em que a renda pode ser tributada, conforme os contornos do art. 43 do Código Tributário Nacional. A respeito do tema, confira-se: ZILVETI, Fernando Aurelio. O princípio da realização da renda. In: SCHOUERI, Luís Eduardo (Coord.). *Direito Tributário*: homenagem a Alcides Jorge Costa. São Paulo: Quartier Latin, 2003. p. 298-328. Ainda, sobre a importância dos princípios constitucionais da liberdade e da segurança jurídica em matéria de amortização fiscal de ágio, confira-se: ÁVILA, Humberto. Notas sobre o novo regime jurídico do ágio. In: MOSQUERA, Roberto Quiroga; LOPES, Alexsandro Broedel (Coord.). *Controvérsias jurídico-contábeis* (aproximações e distanciamentos). São Paulo: Dialética, 2014. v. 5. p. 149.

4 Emprega-se o termo depurar com o mesmo sentido a ele atribuído por Ricardo Mariz de Oliveira: "Nessa ótica, a depuração não leva em conta virtudes ou defeitos da coisa ou entidade a ser depurada mas sim, ampara-se em um critério de utilidade pra um fim determinado, o qual aponta a existência de substâncias não compatíveis (indesejadas) com este fim" (OLIVEIRA, Ricardo Mariz de. Depurações do lucro contábil para determinação do lucro tributável. In: MOSQUERA, Roberto Quiroga; LOPES, Alexsandro Broedel (Coord.). *Controvérsias jurídico-contábeis* (aproximações e distanciamentos). São Paulo: Dialética, 2014. v. 5. p. 359).

A partir da análise do conceito jurídico de ágio inaugurado pela Lei n. 12.973/2014 e de um breve retrospecto de sua evolução no ordenamento jurídico brasileiro, o presente artigo objetiva identificar e examinar alguns distanciamentos entre tal conceito e o ágio reconhecido e mensurado para fins contábeis, nos termos do Pronunciamento Técnico n. 15 emitido pelo Comitê de Pronunciamentos Contábeis (CPC 15).

2. O REGIME JURÍDICO DO ÁGIO E A EVOLUÇÃO DO CONCEITO POSITIVADO

No contexto da aplicação do método de equivalência patrimonial (MEP) instituído pelo art. 248 da Lei n. 6.404/1976 (Lei das S.A.) como mecanismo informativo de registro e avaliação de investimentos em sociedades coligadas ou controladas, o Decreto-Lei n. 1.598/1977 disciplinou o reconhecimento do ágio ou deságio e determinou a indicação de seu fundamento econômico.

À época, o conceito jurídico de ágio era relativamente simples e podia ser definido como a diferença positiva entre o preço pago pela aquisição de participação societária e o valor de seu patrimônio líquido contábil, como mensurado pelo MEP. Por corresponder ao desdobramento do próprio preço de aquisição, o ágio tinha a natureza de custo de investimento para efeito de apuração do ganho ou perda de capital nas hipóteses de sua alienação ou baixa.[5]

Tal conceito já comportava distanciamento em relação à mensuração do ágio definida pelas regras contábeis, que prestigiavam o desdobramento do preço de aquisição entre valor patrimonial, mais e menos-valia de ativos e ágio e, portanto, a sistemática de alocação residual do preço de compra ao ágio (*goodwill*). Esses distanciamentos foram bem notados por contabilistas, que corretamente apontaram a inovação perpetrada pelo legislador tributário.

Posteriormente, a Lei n. 9.532/1997 determinou que a absorção do patrimônio da investida pela investidora (ou vice-versa) em decorrência de incorporação, fusão ou cisão daria ensejo à amortização fiscal do valor do ágio fundamentado em perspectiva de rentabilidade futura da investida à razão de 1/60 por mês. Ao estabelecer esse tratamento fiscal, a referida lei não promoveu alterações ao conceito de ágio originalmente previsto no Decreto-Lei n. 1.598/1977. Em essência,

---

5 Art. 33 do Decreto-Lei n. 1.598/1977.

a Lei n. 9.532/1997 regulou os efeitos da amortização fiscal do ágio, mas não teve o condão de corrigir as distorções existentes no seu conceito jurídico em relação ao seu conceito contábil.

Em função do comando para identificação e mensuração, para fins contábeis, de ativos e passivos da investida a valor de mercado com a correspondente alocação de parcela do preço a tal valor, o ágio contábil fundamentado em perspectiva de rentabilidade futura da investida poderia ser significativamente inferior ao ágio apurado nos termos da Lei n. 9.532/1997. Tal lei, como sabido, não trazia uma ordem de preferência a ser observada na determinação da fundamentação econômica do ágio passível de amortização fiscal – ou seja, permitia que o valor integral do ágio fosse fundamentado em rentabilidade futura, desde que devidamente suportado e comprovado pelo investidor.

Esse viés de distanciamento entre o ágio contábil e o ágio passível de amortização fiscal sob o regime jurídico da Lei n. 9.532/1997 foi bastante explorado pelas autoridades fiscais, que buscaram conferir caráter meramente residual ao ágio fundamentado em expectativa de rentabilidade futura. Sob o argumento de que a parcela do preço de aquisição excedente ao valor patrimonial do investimento só poderia ser justificada economicamente na expectativa de rentabilidade futura da investida após a devida alocação à mais-valia de ativos ou ao fundo de comércio, ativos intangíveis ou outras razões econômicas (como refletido nos livros contábeis de algumas companhias), diversos autos de infração foram lavrados e a matéria foi submetida ao escrutínio do tribunal administrativo, o Conselho Administrativo de Recursos Fiscais (CARF).

De maneira geral, os distanciamentos entre os conceitos contábil e fiscal de ágio se acentuaram após a introdução do novo padrão contábil introduzido pela Lei n. 11.638/2007. Nesse momento, as novas normas contábeis passaram a dispor que "o ágio derivado da expectativa de rentabilidade futura (*goodwill*) gerado internamente não deve ser reconhecido como ativo",[6] ou seja, sequer deveria compor o ativo da investidora como integrante do custo de aquisição da participação societária.

Essa norma contábil também impulsionou o questionamento das autoridades fiscais quanto à validade do que se convencionou chamar de "ágio interno". Nesse caso, sob o pretexto de obedecer aos comandos contábeis, as autoridades fiscais perpetraram inúmeras tentativas de rotular toda e qualquer transação realizada

---

6   Esse era o comando do item 47 do Pronunciamento Técnico n. 4 do CPC (CPC 04), que definia o tratamento contábil dos ativos intangíveis não abrangidos por outros pronunciamentos.

entre partes relacionadas como geradora da figura do ágio interno, que seria assim inadmissível para fins fiscais. O uso indiscriminado do rótulo "ágio interno" vem sendo devidamente rechaçado pelo CARF, que em diversas ocasiões distinguiu as operações válidas e legítimas de aquisição de investimento entre partes relacionadas (em que foi devidamente admitido o reconhecimento e a amortização fiscal do ágio no regime da Lei n. 9.532/1997) das operações abusivas que envolveram o reconhecimento e a amortização de ágio a partir de transação artificial sem a criação de valor no contexto de um determinado grupo econômico.

A despeito da forte influência das normas contábeis no posicionamento adotado pelas autoridades fiscais e pelo tribunal administrativo, pode-se concluir que, desde a vigência da Lei n. 9.532/1997, o conceito de ágio tem contornos legais próprios e autônomos, que se distanciam do conceito contábil. O reconhecimento de tais contornos próprios leva ao necessário controle de legalidade do ágio,[7] que é fundamental para se identificarem excessos na tentativa das autoridades fiscais de negar aos contribuintes o direito à sua amortização, nos termos da Lei n. 9.532/1997 e, em antecipação, também na Lei n. 12.973/2014, dados os espaços para possível litigiosidade que serão abordados neste artigo.

O novo regime jurídico do ágio introduzido pela Lei n. 12.973/2014 distancia-se significativamente do regime jurídico anterior e, ao promover alterações no comando do art. 20 do Decreto-Lei n. 1.598/1977 quanto ao desdobramento do custo de aquisição de investimentos, acabou por alterar o próprio conceito de ágio para fins fiscais.

As inovações promovidas pelo novo regime jurídico do ágio já foram objeto de extensa análise doutrinária e, portanto, não serão objeto de comentários pormenorizados neste artigo.[8] O que se pretende ressaltar é que, também sob a Lei n. 12.973/2014, o ágio não é apenas um fato contábil, mas um desdobramento legal

---

7   Os autores propõem a expressão "controle de legalidade do ágio" para fazer referência à necessária análise jurídica do conceito de ágio trazido pela Lei n. 12.973/2014 a fim de delimitar seu escopo e rechaçar a influência de convenções contábeis não positivadas que podem limitá-lo. O mesmo controle de legalidade é aplicável à análise do tema sob o regime da Lei n. 9.532/1997.

8   O tema também já foi objeto de análise em artigos elaborados por esses mesmos autores. Vide "Ágio – novo regime jurídico e questões atuais", de Fernando Tonanni em coautoria com Raquel Novais (In: MOSQUERA, Roberto Quiroga; LOPES, Alexsandro Broedel (Coord.). *Controvérsias jurídico-contábeis* (aproximações e distanciamentos). São Paulo: Dialética, 2014. v. 5. p. 325), e "A Lei nº 12.973/2014, a empresa-veículo e outros temas", de Bruna Marrara em coautoria com Raquel Novais (In: MOSQUERA, Roberto Quiroga; LOPES, Alexsandro Broedel (Coord.). *Controvérsias jurídico-contábeis* (aproximações e distanciamentos). São Paulo: Dialética, 2015. v. 6. p. 491).

de um ato jurídico praticado pelo contribuinte, qual seja, a aquisição de participação societária, e como tal goza de autonomia conceitual e tem repercussões e alcances próprios definidos na lei que institui seu regime jurídico.

Nesse cenário, a despeito de ter buscado promover uma aproximação entre os conceitos contábil e fiscal de ágio e tomado a contabilidade como referência em muitos pontos, a disciplina autônoma conferida ao tema pela Lei n. 12.973/2014 evidencia a existência de distanciamentos significativos. Como ocorre com a análise do ágio sob o regime da Lei n. 9.532/1997, o ágio regido pela Lei n. 12.973/2014 também deve ser objeto do controle de legalidade, a fim de que conceitos contábeis não positivados não influenciem nem imponham condições ao exercício do direito à amortização fiscal do ágio.

3. A INTERSEÇÃO POSITIVADA ENTRE O NOVO REGIME JURÍDICO DO ÁGIO E O ÁGIO NA CONTABILIDADE

De partida, deve-se enfrentar o principal ponto de interseção entre o novo regime jurídico do ágio e o seu reconhecimento contábil estabelecido pela Lei n. 12.973/2014: o disposto no art. 22 quanto ao "saldo existente na contabilidade na data da aquisição da participação societária".

O reconhecimento do ágio passível de amortização fiscal como um conceito jurídico positivado, como já amplamente debatido pela melhor doutrina, impõe que a interpretação da expressão "saldo existente na contabilidade" não atribua ao ágio contábil (e à própria ciência contábil) repercussões jurídico-tributárias além daquelas expressamente autorizadas em lei. Deve-se, então, compatibilizar o recurso à contabilidade com a própria disciplina legal estabelecida pela Lei n. 12.973/2014 a fim de que os limites de tal expressão sejam propriamente definidos.

Nesse contexto, entendemos que, ao fazer referência ao "saldo existente na contabilidade", a Lei n. 12.973/2014 não vincula a amortização fiscal do ágio à mensuração ou ao próprio reconhecimento de acordo com as regras contábeis, mas estabelece regra temporal, fixando marco inicial – a data de aquisição – para a definição quanto ao reconhecimento do ágio.

O segundo ponto de interseção relevante diz respeito ao comando do art. 20, § 3°, do Decreto-Lei n. 1.598/1977, conforme alterado pela Lei n. 12.973/2014 quanto à necessária formalidade a ser observada para suportar o lançamento das mais-valias de ativos e do ágio mediante a alocação residual, qual seja, a elaboração e o registro do laudo de alocação do preço de compra (*purchase price allocation* – PPA) em até 13 meses contados a partir da data da aquisição.

De partida, andou bem o legislador ao estabelecer, de forma clara, a necessária formalidade conferida ao laudo como condição para que se atribuam efeitos aos art. 20 a 22 da Lei n. 12.973/2014, evitando-se assim conflitos desnecessários quanto à exigência, pelas autoridades fiscais, do cumprimento de formalidades até então não exigidas por lei.[9] Ao que parece, a Lei n. 12.973/2014 impôs tal formalidade com o objetivo de vincular a mensuração do ágio para fins jurídico-tributários à sua mensuração à luz da regra contábil. Tanto é assim que o laudo exigido deve ser elaborado e registrado em até 13 meses contados da data da aquisição do investimento, período compatível com o período previsto no CPC 15 para que a entidade promova a alocação final do preço de aquisição para fins contábeis.[10]

A eleição de tal formalidade, entretanto, não tem o condão de atribuir efeitos jurídico-tributários imediatos à mensuração verificada a partir do laudo PPA. Tal mensuração deve ser analisada sob a perspectiva jurídica e seus resultados devem ser objeto das devidas "depurações". É o que se verifica a partir de algumas hipóteses a seguir tratadas, em que a apuração contábil do ágio se baseou no laudo PPA, mas não é necessariamente reconhecida para fins jurídico-tributários.

4. OS DISTANCIAMENTOS ENTRE O REGIME DA LEI N. 12.973/2014 E O ÁGIO CONTÁBIL

Nesta seção, será adotada uma abordagem prática de temas selecionados com o objetivo de ilustrar algumas dissociações entre o conceito contábil de ágio e aquele definido pela Lei n. 12.973/2014. Não se pretende esgotar todas as possíveis dissociações existentes entre o ágio contábil e o novo regime jurídico do ágio, que vige há quatro anos e, portanto, comporta desenvolvimento. Ao identificar e analisar algumas das dissociações existentes, objetiva-se reforçar a abordagem da matéria à luz dos princípios norteadores do Imposto de Renda e da interpretação da Lei n. 12.973/2014 e, assim, antecipar discussões cuja solução envolverá o mencionado controle de legalidade do ágio.

---

9 Neste ponto, ressalta-se que, na vigência do regime jurídico do ágio regulado pela Lei n. 9.532/1997, também se obrigava o adquirente de participação societária a suportar a fundamentação econômica do ágio em demonstrativo que seria arquivado como comprovante da escrituração (art. 20, § 3º, do Decreto-Lei n. 1.598/1977, antes da alteração promovida pela Lei n. 12.973/2014), sem, contudo, estabelecer requisitos ou fixar parâmetros para sua elaboração.

10 Item 45 do CPC 15.

4.1 Combinação de negócios

O CPC 15 elege a combinação de negócios como o evento que enseja o reconhecimento de ágio contábil e a define como "a operação ou outro evento por meio do qual um adquirente obtém controle de um ou mais negócios, independentemente da forma jurídica da operação". Por sua vez, negócio é definidocomo "um conjunto integrado de atividades e ativos capaz de ser conduzido e gerenciado para gerar retorno, na forma de dividendos, redução de custos ou outros benefícios econômicos, diretamente a seus investidores ou outros proprietários, membros ou participantes". Tem-se, assim, que uma operação pode resultar no reconhecimento contábil de ágio independentemente da formatação jurídica eleita pelas partes, incluindo-se a aquisição de ativos e passivos que compõem um negócio, a permuta de ativos operacionais, dentre outras.

O registro dos lançamentos contábeis correspondentes a determinadas operações que não se qualificam como combinação de negócios, por não envolverem a aquisição de controle (por exemplo, a aquisição de participação societária em coligada ou em sociedades controladas em conjunto), é disciplinado pela Interpretação Técnica n. 9 do CPC (ICPC 09), que faz referência à regulamentação do CPC 15 para determinar o reconhecimento de ágio após a avaliação a valor justo de ativos e passivos adquiridos. Neste ponto, há relativa aproximação do tratamento contábil do ágio com o novo regime jurídico introduzido pela Lei n. 12.973/2014, que determina o reconhecimento de ágio em decorrência de aquisição de investimento avaliado pelo MEP.

Contudo, maior desafio se coloca ao intérprete e aplicador do direito tributário nos casos em que uma transação envolvendo a aquisição de participação societária avaliada pelo MEP não enseja o reconhecimento de ágio de acordo com as regras contábeis aplicáveis. Nesse cenário, apesar de a transação não fazer parte do escopo do CPC 15 e do ICPC 09 e, portanto, não ensejar o reconhecimento do ágio na contabilidade da adquirente investidora, ela cumpre os requisitos indicados no art. 20 do Decreto-Lei n. 1.598/1977. Como resultado de tal comando legal relativo ao desdobramento do custo de aquisição pago pela adquirente, pode haver o reconhecimento de ágio, em sua acepção jurídica.

No contexto dos comentários anteriores sobre os contornos próprios do regime jurídico do ágio atribuídos pela Lei n. 12.973/2014, entendemos que o art. 20 do Decreto-Lei n. 1.598/1977 reflete um comando autônomo e específico, disciplinando de forma exaustiva, sem qualquer referência às regras contábeis, os eventos que ensejam o nascimento do ágio. Diante dos efeitos jurídicos de tal comando legal, a ausência de ágio na escrita contábil da adquirente não pode ser interpretada como uma limitação ao reconhecimento do ágio passível de amortização fiscal.

Uma vez superada a aparente antinomia relativa ao reconhecimento do ágio, caberá ao intérprete verificar se a particularidade do caso sob análise (reconhecimento de ágio passível de amortização fiscal, sem o devido reconhecimento contábil) traz impactos à sua potencial amortização pelo contribuinte. Isso porque, como já mencionado nas seções anteriores, o dispositivo legal que disciplina a amortização do ágio em casos de absorção do patrimônio de investida por investidora, ou vice-versa, em decorrência de incorporação, fusão e cisão faz referência ao "saldo do referido ágio existente na contabilidade na data da aquisição da participação societária".[11]

Revela-se uma contradição: apesar de o legislador da Lei n. 12.973/2014 ter sido diligente ao manter um comando legal específico e autônomo para disciplinar o reconhecimento do ágio para fins fiscais (qual seja, o art. 20 do Decreto-Lei n. 1.598/1977, com as alterações introduzidas), não manteve o mesmo nível de autonomia e independência ao disciplinar a amortização do ágio para fins fiscais, incorporando no dispositivo legal que trata da matéria uma referência ao registro contábil do ágio.

A contradição do legislador só pode ser explicada levando-se em conta a intenção da Lei n. 12.973/2014 de disciplinar exaustivamente os desdobramentos fiscais decorrentes das práticas contábeis existentes até a sua edição. Dito de outra forma, o esforço legislativo corporificado na referida lei não foi no sentido de promover um alinhamento completo entre as bases contábil e fiscal, mas de regular o tratamento fiscal aplicável aos eventos contábeis, incorporando-os ou rejeitando-os, para neutralizá-los. Tanto é assim que o art. 58 da Lei n. 12.973/2014 expressa e temporariamente neutraliza os impactos fiscais decorrentes da "modificação ou [...] adoção de métodos e critérios contábeis, por meio de atos administrativos emitidos com base em competência atribuída em lei comercial que sejam posteriores à publicação desta Lei" – ou seja, parte-se do pressuposto de que os métodos e os critérios contábeis anteriores à vigência da lei foram propriamente endereçados por ela.[12]

---

11 Caput do art. 22 da Lei n. 12.973/2014.

12 Nas poucas hipóteses em que um distanciamento entre o ágio contábil e o ágio passível de amortização fiscal era esperado, a Instrução Normativa (IN) n. 1.700 regulou a matéria para

No entanto, quatro anos após a edição da Lei n. 12.973/2014, nos parece que o legislador não foi capaz de antever todos os eventos contábeis cujos efeitos fiscais deveriam ser disciplinados e, mais que isso, não previu a ocorrência de eventuais distanciamentos entre os eventos contábeis e a disciplina fiscal positivada, os quais ficaram sem tratamento legal.

Trazendo tais considerações ao caso concreto, tem-se que, a despeito da autonomia conferida ao regime jurídico do ágio, a interseção positivada entre o ágio contábil e o ágio passível de amortização fiscal mediante referência ao "saldo existente na contabilidade" pode abrir espaço para futura litigiosidade entre fisco e contribuintes. Além de não determinar expressamente o reconhecimento de ágio passível de amortização fiscal em hipóteses que não se qualifiquem juridicamente como aquisição de investimento avaliado pelo MEP[13] (aquisição, portanto, de participação societária em outra pessoa jurídica), a Lei n. 12.973/2014 é silente sobre os efeitos fiscais decorrentes do reconhecimento de ágio contábil em tais transações.

Considerando que o ágio contábil não está sujeito à amortização – e, portanto, não impacta o lucro líquido da investidora –, a conclusão a que se chega é que tal ágio não produz repercussões fiscais, não sendo passível de amortização. Também a redução do valor de referido ágio resultante de qualquer evento, inclusive teste de recuperabilidade, não impacta a apuração do lucro real, nos termos do art. 28 da Lei n. 12.973/2014.

Opção distinta, contudo, foi feita pelo legislador da Lei n. 12.973/2014 com relação a eventual ganho por compra vantajosa reconhecido contabilmente em operação que não se qualifica como aquisição de participação societária sujeita ao MEP: apesar de não haver, para fins fiscais, a necessidade de desdobramento do custo de aquisição nessas hipóteses – e, portanto, não haver o reconhecimento de ganho por compra vantajosa para fins fiscais –, a Lei n. 12.973/2014, em seu art. 27, disciplina os efeitos jurídicos de tal ganho originado na contabilidade, determinando sua tributação à razão de 1/60 mensais.

---

compatibilizar os dois conceitos e estabelecer a disciplina legal própria aplicável à diferença: trata-se das contraprestações contingentes, que podem desde logo compor o custo de aquisição para fins de determinação do ágio contábil, mas cujas repercussões fiscais estão vinculadas à ocorrência ou não da condição suspensiva ou resolutória.

13 O registro de ágio com relação a investimentos avaliados pelo MEP era autorizado no regime jurídico anterior, nos termos do art. 8º, alínea "a", da Lei n. 9.532/1997.

Nota-se que a Lei n. 12.973/2014 acaba por conferir tratamentos díspares aos resultados contábeis (reconhecimento de ágio ou de ganho por compra vantajosa) decorrentes dos eventos que se qualificam como combinação de negócios, mas cuja qualificação jurídica não requer o desdobramento do custo de aquisição nos termos do art. 20 do Decreto-Lei n. 1.598/1977.

4.2 Valor justo da contraprestação transferida e impactos na determinação do custo de aquisição

Os pontos de partida para a mensuração do ágio em seus aspectos contábil e fiscal são, respectivamente, o custo de aquisição do investimento e a contraprestação transferida mensurada a valor justo na data de aquisição do controle da adquirida.[14] Eventual discrepância entre essas duas grandezas pode conduzir à diferença de valor entre o ágio contábil e o ágio passível de amortização fiscal, conforme será demonstrado a seguir.

Em transações envolvendo a aquisição de participação societária mediante pagamento em dinheiro, a questão não comporta maiores desafios, já que há identidade entre o valor pago e o custo de aquisição. A contraprestação já está, por sua própria essência, valorada a valor justo. Contudo, transações envolvendo troca de participações societárias, como a incorporação de ações, merecem análise mais detalhada.

A primeira tarefa que se impõe ao intérprete é definir o alcance da expressão "custo de aquisição" prevista no art. 20 do Decreto-Lei n. 1.598/1977, conforme alterado pela Lei n. 12.973/2014, a qual sofre desdobramento em (i) valor patrimonial da participação adquirida; (ii) mais ou menos-valia de ativos líquidos; e (iii) ágio por rentabilidade futura (*goodwill*).

A despeito de o ponto de partida para o cumprimento do comando legal contido no art. 20 do Decreto-Lei n. 1.598/1977 ser o custo de aquisição do investimento, a legislação tributária não traz definição expressa que permita ao intérprete aferir o alcance do referido termo. Neste ponto, vale mencionar que o custo de aquisição não é um elemento cujas repercussões são limitadas à mensuração do ágio, mas influencia também o reconhecimento de ganho de capital tributável, que, nos termos do art. 31, § 1º, do Decreto-Lei n. 1.598/1977, tem como ponto de partida o valor contábil do bem, "assim entendido [como] o que estiver registrado

---

14   Item 32 do CPC 15.

24 Impactos tributários decorrentes da adoção do IFRS no Brasil

na escrituração do contribuinte, diminuído, se for o caso, da depreciação, amortização ou exaustão acumulada e das perdas estimadas no valor de ativos".

O art. 178, § 12, da Instrução Normativa (IN) n. 1.700/2017 da Receita Federal do Brasil (RFB), ao regulamentar o disposto no art. 20 do Decreto-Lei n. 1.598/1977, evidencia o caráter de ciência de sobreposição[15] aplicável ao direito tributário, que se aproveita de conceitos de outros ramos do direito e determina que a definição de custo de aquisição deve ser alcançada com base da disciplina estabelecida pela legislação comercial.[16]

O art. 177, §§ 3º e 5º, da Lei das S.A.[17] dispõe que a escrituração da companhia deve atender (i) aos preceitos da legislação comercial; (ii) aos princípios de contabilidade geralmente aceitos; e (iii) às normas expedidas pela Comissão de Valores Mobiliários (CVM), devendo ser elaborada em consonância com os padrões internacionais de contabilidade. Dentre os itens de escrituração da companhia está o **custo de aquisição** de um investimento. Não há, contudo, uma definição autônoma do termo.

---

15 Nos termos dos art. 109 e 110 da Lei n. 5.172/1966 (Código Tributário Nacional – CTN), o direito tributário não pode alterar os institutos e os conceitos definidos pelo direito privado, devendo observar os seus efeitos originais. Sobre o assunto, Ricardo Mariz de Oliveira sustenta que: "Na verdade, trata-se aqui de constatar que, não só o Código Civil, mas todas as leis do direito privado têm direta influência sobre as leis do direito tributário e sobre as relações jurídicas que dele decorrem, porque a grande maioria dos fatos e atos que são tomados como hipóteses de incidência descritas nas normas tributárias é composta por fatos e atos já regulados pelo direito privado. E por isso costuma-se dizer que o direito tributário é direito de sobreposição, porque ele toma fatos e atos, ou seus efeitos, tal como já juridicizados para outros fins de direito, e sobre eles determina os respectivos tratamentos tributários, isto é, declara-os fatos geradores de tributos e determina as suas bases de cálculo" (OLIVEIRA, Ricardo Mariz de. *Reflexos do Novo Código Civil no Direito Tributário. Revista de Estudos Tributários*, n. 29, p. 118, jan./fev. 2003).

16 "Art. 178. [...] § 12. **A composição do custo de aquisição a que se refere o caput respeitará o disposto na legislação comercial**, considerando inclusive contraprestações contingentes, sendo o seu tratamento tributário disciplinado no art. 196" (grifo nosso).

17 "Art. 177. A escrituração da companhia será mantida em registros permanentes, com obediência aos preceitos da legislação comercial e desta Lei e aos princípios de contabilidade geralmente aceitos, devendo observar métodos ou critérios contábeis uniformes no tempo e registrar as mutações patrimoniais segundo o regime de competência. [...] § 3º As demonstrações financeiras das companhias abertas observarão, ainda, as normas expedidas pela Comissão de Valores Mobiliários e serão obrigatoriamente submetidas a auditoria por auditores independentes nela registrados [...] § 5º As normas expedidas pela Comissão de Valores Mobiliários a que se refere o § 3º deste artigo deverão ser elaboradas em consonância com os padrões internacionais de contabilidade adotados nos principais mercados de valores mobiliários."

No âmbito de sua competência regulamentar, a CVM realizou convênio com o CPC para a elaboração dos pronunciamentos contábeis, com fundamento no art. 10-A da Lei n. 6.385/1976, cuja redação foi dada pela Lei n. 11.638/2007.[18] Após a sua edição, as normas contábeis se sujeitam à aprovação da CVM por meio de deliberação. Uma vez aprovadas pela CVM, essas normas devem ser consideradas para a escrituração de uma companhia.

Para fins contábeis, especificamente quanto à mensuração do custo de aquisição de um investimento, deve-se levar em consideração o disposto nos itens 32, 33 e 37 do CPC 15,[19] aprovado pela Deliberação CVM n. 665/2011. Ao trazerem considerações sobre o reconhecimento do ágio por expectativa de rentabilidade futura com relação a investimentos adquiridos no âmbito de combinação de negócios, tais itens fazem referência à contraprestação transferida[20] e determinam que,

---

18 "Art. 10-A. A Comissão de Valores Mobiliários, o Banco Central do Brasil e demais órgãos e agências reguladoras poderão celebrar convênio com entidade que tenha por objeto o estudo e a divulgação de princípios, normas e padrões de contabilidade e de auditoria, podendo, no exercício de suas atribuições regulamentares, adotar, no todo ou em parte, os pronunciamentos e demais orientações técnicas emitidas. Parágrafo único. A entidade referida no caput deste artigo deverá ser majoritariamente composta por contadores, dela fazendo parte, paritariamente, representantes de entidades representativas de sociedades submetidas ao regime de elaboração de demonstrações financeiras previstas nesta Lei, de sociedades que auditam e analisam as demonstrações financeiras, do órgão federal de fiscalização do exercício da profissão contábil e de universidade ou instituto de pesquisa com reconhecida atuação na área contábil e de mercado de capitais" (grifo nosso).

19 A interseção entre os conceitos contábeis e fiscais na determinação do custo de aquisição ocorrida por força do art. 178, § 12, da IN RFB n. 1.700/2017 deve levar em conta, ainda, o disposto no art. 58, caput, da Lei n. 12.973/2014, o qual determina que as normas contábeis adotadas após a publicação dessa lei não têm efeito sobre a apuração de tributos sem que lei as discipline. Esse dispositivo legal não é aplicável para os pronunciamentos contábeis emitidos antes de 13 de maio de 2014 (data de publicação da Lei n. 12.973/2014), o que é o caso do CPC 15, cuja adoção se deu em 2011. Assim, pode-se concluir que os efeitos do CPC 15 devem ser considerados para fins fiscais.

20 "Reconhecimento e mensuração do ágio por expectativa de rentabilidade futura (goodwill) ou do ganho proveniente de compra vantajosa [...] 32. O adquirente deve reconhecer o ágio por expectativa de rentabilidade futura (goodwill), na data da aquisição, mensurado pelo montante que (a) exceder (b) abaixo:
(a) a soma: (i) da contraprestação transferida em troca do controle da adquirida, mensurada de acordo com este Pronunciamento, para a qual geralmente se exige o valor justo na data da aquisição (ver item 37); (ii) do montante de quaisquer participações de não controladores na adquirida, mensuradas de acordo com este Pronunciamento; e (iii) no caso de combinação de negócios realizada em estágios (ver itens 41 e 42), o valor justo, na data da aquisição, da participação do

em uma combinação de negócios, o ágio fundamentado na expectativa de rentabilidade futura da investida é mensurado de forma residual e dever ser calculado subtraindo-se (ii) de (i), sendo:

i. o somatório de (a) **a contraprestação transferida em troca do controle da empresa adquirida**; (b) o montante de participações de não controladores na adquirida; e (c) no caso de combinação de negócios realizada em estágios, o valor justo com data-base na data de aquisição da participação do adquirente na adquirida imediatamente antes da combinação;

ii. o valor líquido com data-base da aquisição dos ativos identificáveis adquiridos e dos passivos assumidos.

A **contraprestação transferida em troca do controle da empresa adquirida** é definida como o somatório dos valores justos de diversas hipóteses de sacrifícios patrimoniais feitos pela adquirente, quais sejam: (i) ativos transferidos

---

adquirente na adquirida imediatamente antes da combinação; (b) **o valor líquido, na data da aquisição, dos ativos identificáveis adquiridos e dos passivos assumidos**, mensurados de acordo com este Pronunciamento. [...] 33. **Em combinação de negócios em que o adquirente e a adquirida (ou seus ex-proprietários) trocam somente participações societárias, o valor justo, na data da aquisição, da participação na adquirida pode ser mensurado com maior confiabilidade que o valor justo da participação societária no adquirente. Se for esse o caso, o adquirente deve determinar o valor do ágio por expectativa de rentabilidade futura (goodwill) utilizando o valor justo, na data da aquisição, da participação societária na adquirida em vez do valor justo da participação societária transferida.** Para determinar o valor do ágio por expectativa de rentabilidade futura (goodwill) em combinação de negócios onde nenhuma contraprestação é efetuada para obter o controle da adquirida, o adquirente deve utilizar o valor justo, na data da aquisição, da participação do adquirente na adquirida, no lugar do valor justo, na data da aquisição, da contraprestação transferida – item 32(a)(i). Os itens B46 a B49 fornecem orientações para aplicação dessa exigência. [...] 37. **A contraprestação transferida em troca do controle da adquirida em combinação de negócios deve ser mensurada pelo seu valor justo**, o qual deve ser calculado pela soma dos valores justos na data da aquisição: a) dos ativos transferidos pelo adquirente; b) dos passivos incorridos pelo adquirente junto aos ex-proprietários da adquirida; e c) das participações societárias emitidas pelo adquirente. (Contudo, qualquer parcela de plano de benefício com pagamento baseado em ações do adquirente trocada por plano de benefício com pagamento baseado em ações da adquirida em poder dos seus empregados e incluída no cômputo da contraprestação transferida na combinação de negócios deve ser mensurada de acordo com o item 30 e não pelo seu valor justo). Exemplos de formas potenciais de contraprestação transferida incluem caixa, outros ativos, um negócio ou uma controlada do adquirente, uma contraprestação contingente, ações ordinárias, ações preferenciais, quotas de capital, opções, opções não padronizadas – warrants, bônus de subscrição e participações em entidades de mútuo (associações, cooperativas etc.)" (grifos nossos).

pelo adquirente; (ii) passivos incorridos pelo adquirente junto aos ex-proprietários da adquirida; e (iii) participações societárias emitidas pelo adquirente. Nesse caso, o foco é o ônus obrigacional do adquirente.

O item 33 do CPC 15 traz uma regra de exceção aplicável às combinações de negócios em que adquirente e adquirida trocam exclusivamente participações societárias. Essa regra de ordem prática prevê que, se for mais confiável mensurar valor justo da participação adquirida, o ágio por expectativa de rentabilidade futura deve ser calculado a partir desse valor na data da aquisição. Diferentemente da regra geral, que define a contraprestação transferida sob a perspectiva patrimonial do adquirente, nesse caso, o foco é aquilo que o adquirente recebe em troca de seu ônus obrigacional. A premissa é que, numa transação entre partes independentes em condições normais de mercado, o valor da contraprestação transferida (ações entregues ao vendedor) seja equivalente ao valor da participação societária adquirida. Portanto, prestigia-se a valoração da contrapartida recebida pela adquirente em detrimento da contraprestação por ela entregue ao vendedor por conveniência e facilidade.

Diante do exposto, deve-se avaliar se os dispositivos do CPC 15 terão influência para definir o **custo de aquisição** dos investimentos, já que (i) não há um conceito de custo de aquisição expressamente determinado pela legislação brasileira (seja tributária ou comercial); (ii) a legislação comercial remete às regras contábeis para a elaboração da escrituração das companhias (o que inclui a contabilização do custo de aquisição de um investimento); e (iii) o direito tributário é, por essência, um direito de sobreposição que não modifica o alcance de institutos e conceitos de direito privado.

A definição do custo de aquisição para fins de determinação do valor do ágio em sua acepção fiscal deve levar em conta o regime jurídico do ágio introduzido pela Lei n. 12.973/2014 e sua necessária compatibilidade com os demais dispositivos do ordenamento jurídico-tributário a fim de que tal valor reflita o esforço patrimonial incorrido pelo adquirente para a aquisição da participação societária.[21]

---

21 Esse racional se aproxima das definições jurídicas de custo de aquisição. Orlando Gomes entende que custo de aquisição é a "quantia que o comprador se obriga a pagar ao vendedor" (GOMES, Orlando. *Contratos*. Rio de Janeiro: Forense, 2001. p. 229). Ricardo Mariz de Oliveira, ao analisar os conceitos de aquisição de participação societária e custo, expande esse racional sustentando que o custo é uma "quantia" equivalente à **contraprestação transferida**, que poderia ser basicamente qualquer coisa, inclusive participações societárias, desde que o objeto da contraprestação seja apropriado ao respectivo negócio jurídico. Confira-se: "Correlatamente, **como deve haver**

A título ilustrativo, considere-se uma incorporação de ações de companhias abertas em que as ações incorporadas são avaliadas pelo seu valor patrimonial para fins de determinação do aumento de capital sofrido pela incorporadora, conforme expressamente autorizado pela Lei das S.A. e pela CVM, e assuma-se que tal valor é inferior ao valor de mercado das ações na data da incorporação. Por se tratar de transação entre partes independentes, a relação de troca das ações – e, consequentemente, o número de ações emitidas pela incorporadora aos acionistas da companhia cujas ações foram incorporadas – leva em conta o valor de mercado das ações trocadas.

Nesse cenário tem-se que, tomado por base os valores de mercado respectivos, o valor justo da contraprestação transferida pelo adquirente (valor de mercado das ações emitidas em decorrência do aumento de capital) é equivalente ao valor de mercado das ações recebidas em troca e será o ponto de partida para mensuração do ágio na operação, nos termos do item 33 do CPC 15. Contudo, o valor atribuído a tais ações para fins de integração ao patrimônio da companhia incorporadora, como refletido no aumento de seu capital social, é inferior ao valor justo da contraprestação transferida.

A questão que se coloca para definição do ágio é se o sacrifício patrimonial suportado pela incorporadora para a aquisição das ações incorporadas deve ser mensurado pelo aumento de capital sofrido como resultado da incorporação de ações[22] ou pelo valor de mercado das ações emitidas em decorrência de tal

---

transmissão da propriedade pela qual a investidora adquira a participação, salvo a hipótese excepcional de aquisição por doação ou subvenção, **sempre há uma contraprestação, e esta corresponde ao custo, por ser a obrigação da adquirente necessária a adquirir a participação.** Também como consequência da falta de especificação, na norma, do meio de aquisição da propriedade, a contraprestação, que corresponde ao custo, pode ser qualquer uma, e, portanto, é aquela que for apropriada ao ato ou negócio jurídico pelo qual a participação seja adquirida, ou, em outras palavras, é a contraprestação inerente e própria à causa do ato ou negócio jurídico de aquisição" (OLIVEIRA, Ricardo Mariz de. Questões atuais sobre o ágio. In: MOSQUERA, Roberto Quiroga; LOPES, Alexsandro Broedel. *Controvérsias jurídico-contábeis* (aproximações e distanciamentos). São Paulo: Dialética, 2011. v. 2. p. 229-230).

22 Neste ponto, é preciso mencionar que a definição do valor do aumento de capital da companhia incorporadora em uma operação de incorporação de ações tem particular relevância no direito societário, que determina disciplina rígida à avaliação dos bens que compõem o capital social de uma sociedade com o objetivo de garantir que tal grandeza corresponda a valores reais, e não fictícios. Evita-se, assim, a prática nomeada por Modesto Carvalhosa de *"watered stock"*, implementada por meio da "emissão de ações sem lastro, que não tem o equivalente no patrimônio social, são ações emitidas por valor falso em razão da superavaliação dos bens" (CARVALHOSA,

aumento de capital – esse último equivalente à contraprestação transferida e base para cálculo do ágio contábil. Caso se entenda que o custo de aquisição sujeito a desdobramento nos termos do art. 20 do Decreto-Lei n. 1.598/1977 é refletido no aumento de capital, o ágio passível de amortização fiscal pode ser significativamente inferior ao ágio contábil.

Dado o posicionamento já manifestado pelo fisco anteriormente no sentido de que o reconhecimento de ágio pressupõe a existência de ganho de capital para o alienante da participação societária,[23-24] uma questão incidental que se desdobra do cenário apontado diz respeito à determinação do preço sobre o qual os acionistas da companhia cujas ações foram incorporadas devem calcular o eventual ganho de capital auferido.[25]

Modesto. *Comentários à Lei das Sociedades Anônimas*: Lei nº 6.404, de 15 de dezembro de 1976, com as modificações das Leis nº 9.457, de 5 de maio de 1997 e 10.303, de 31 de outubro de 2001. São Paulo: Saraiva, 2002. v. 1. p. 110). Na medida em que o capital social é um coeficiente de liquidez da companhia, esse deve corresponder necessariamente a valores do ativo da empresa, que são garantias dos credores (FILHO, Alfredo Lamy. *Direito das companhias*. Rio de Janeiro: Forense, 2009. v. 1.).

23 A análise crítica de tal posicionamento não faz parte do escopo deste artigo. A respeito, confira-se a opinião de Ricardo Mariz de Oliveira: "Neste novo regime, o art. 20 do Decreto-lei n. 1598, mesmo com sua nova redação, aplica-se às aquisições em geral, sem especificação da natureza jurídica do ato ou negócio pela qual ela se opere, e também sem exigência de haver pagamento em dinheiro do custo de aquisição, ou de haver ganho de capital para algum alienante, até porque nem sequer é preciso haver alienação, como na subscrição de capital com ágio e integralização em dinheiro. Entretanto, o caminho para o fisco tentar reduzir o alcance da norma legal no passado era aplainado pela inexistência de regras específicas e pelo fato de que os art. 7º e 8º da Lei n. 9532 limitavam-se a fazer remissão ao art. 20 do Decreto-lei n. 1598. Já na Lei n. 12973, os seus art. 20 e seguintes continuam a fazer alusão ao referido dispositivo do decreto-lei, mas também acrescentam as hipóteses em que a dedução não é permitida. Isto significa que a situação de não pagamento em dinheiro ou sem haver ganho de capital para alguém, assim como a de nascimento de uma mais valia ou ágio após outra operação anterior, não sendo expressas hipóteses legais de proibição da dedução, não poderão ser aditadas pelo aplicador da lei como impeditivas da incidência do art. 20, mormente porque, como já observado, as hipóteses de vedação estão elencadas exaustivamente, e não exemplificativamente" (OLIVEIRA, Ricardo Mariz de. O tratamento do ágio e deságio para fins tributários e as modificações da Lei nº 12.973 (comparações entre dois regimes). *Revista Fórum de Direito Tributário*, n. 84, nov./dez. 2016).

24 Ressaltamos a atual existência de comissões de pesquisa e propostas (ainda não legislativas) de reforma do sistema tributário brasileiro que buscam estabelecer uma clara vinculação entre a tributação de ganho de capital pelo vendedor de participação societária e a apuração de ágio pelo comprador.

25 Também não é objeto deste artigo o exame da natureza da operação de incorporação de ações a fim de que se avalie se é um evento que enseja a realização de renda sob a forma de ganho de capital para os acionistas da companhia cujas ações foram incorporadas.

Vislumbra-se que eventual discrepância decorrente da utilização, para fins de apuração do ganho de capital, do valor atribuído às ações incorporadas no contexto da definição do aumento de capital e do valor de mercado das ações emitidas pela companhia incorporadora para mensuração do ágio pode ser um elemento adicional explorado pelas autoridades fiscais em eventual autuação sobre o tema.

4.3 Alocação de mais-valia a ativos objeto de arrendamento mercantil financeiro

A alocação residual do ágio passível de amortização fiscal no novo regime jurídico introduzido pela Lei n. 12.973/2014 requer análise atenta dos ativos e dos passivos que compõem o patrimônio da investida.

O tratamento contábil aplicável aos ativos objeto de arrendamento mercantil, como disciplinado pelo Pronunciamento Contábil n. 6 do CPC (CPC 06),[26-27] impacta, ainda que de forma indireta, a mensuração do ágio contábil e pode conduzir a discrepâncias se comparado ao ágio definido pela legislação fiscal. De acordo com o CPC 06, as transações envolvendo arrendamento mercantil são classificadas em duas modalidades, quais sejam, operacional e financeira, cujo principal traço distintivo diz respeito à transferência substancial de todos os riscos e benefícios[28] inerentes à propriedade do bem objeto do contrato para o arrendatário (independentemente da transferência efetiva da propriedade ao final do contrato). Os testes para classificação contábil apropriada dos arranjos contratuais estão indicados nos itens 10 e 11 do CPC 06.

Para os fins deste artigo, serão avaliados apenas os impactos do arrendamento mercantil financeiro na mensuração do ágio, já que os ativos objeto de tal arranjo contratual devem ser contabilizados no balanço da arrendatária. Os efeitos de tal tratamento contábil na mensuração do ágio relativo a investimento em pessoa jurídica arrendatária são claros: caso haja alocação de parcela do preço à mais-valia dos ativos arrendados, o valor do ágio contábil será reduzido.

---

26 Vigente até 31 de dezembro de 2018.

27 A definição do que é arrendamento mercantil no CPC 06 ultrapassa o seu conceito jurídico, na medida em que, de acordo com as regras contábeis, tal classificação é aplicável para quaisquer tipos de contrato desde que haja transferência de riscos e benefícios inerentes ao ativo subjacente. Assim, não apenas os contratos regidos pela Lei n. 6.099/1974 recebem o tratamento contábil de arrendamento mercantil.

28 Para a definição de riscos e benefícios, vide item 7 do CPC 06.

Do ponto de vista fiscal, apesar de a mensuração do ágio também ser residual no âmbito da Lei n. 12.973/2014, deve-se avaliar se a eventual alocação de preço à mais-valia de ativos arrendados – refletidos no balanço contábil da arrendatária a despeito da propriedade do arrendador – pode afetar o valor do ágio passível de amortização fiscal, dados os limites jurídicos que permeiam o novo regime introduzido pela Lei n. 12.973/2014.

Dito de outro modo, faz-se necessário avaliar se, para fins de determinação do ágio passível de amortização fiscal, os ativos a que faz referência o art. 20, inciso II, do Decreto-Lei n. 1.598/1977 devem ser aqueles refletidos no balanço contábil da arrendatária (investida) ou se, diferentemente, apenas os ativos que com ela possuem vínculo jurídico, ou seja, que integram seu patrimônio por título de propriedade, devem ser considerados.

O pano de fundo dessa discussão é a orientação das novas regras contábeis pela informação econômica subjacente à "situação fática de controle e disposição",[29] que impõe uma nova noção de patrimônio (o "patrimônio econômico")[30] não adstrita aos institutos de direito civil.

Vale notar que, ao disciplinar as demais repercussões fiscais decorrentes de arrendamentos mercantis, o legislador da Lei n. 12.973/2014 manifestou clara opção de guiar a tributação por categorias jurídicas, introduzindo no ordenamento normas necessárias à completa neutralização dos efeitos contábeis decorrentes do reconhecimento, pela arrendatária, do ativo arrendado em seu "patrimônio econômico". Assim, a Lei n. 12.973/2014 impõe ajustes extracontábeis ao lucro

---

29 SCHOUERI, Luis Eduardo. Nova contabilidade e tributação: da propriedade à beneficial ownership. In: MOSQUERA, Roberto Quiroga; LOPES, Alexsandro Broedel (Coord.). *Controvérsias jurídico-contábeis* (aproximações e distanciamentos). São Paulo: Dialética, 2014. v. 5. p. 200.

30 Ainda na opinião de Luis Eduardo Schoueri: "Compreensível, destarte, que, com a mudança de paradigmas da legislação societária, o próprio conceito de patrimônio acabe por ganhar novas cores: ao lado do patrimônio civil (conjunto de direitos e obrigações), surge um novo patrimônio, agora econômico, em que já não importam os negócios jurídicos à luz do Direito privado, mas a essência econômica subjacente. Permanecesse a Contabilidade tomando por referência, quando da demonstração do patrimônio, os conceitos de Direito Civil, despicienda teria sido a reforma. E esta, para longe de ter tido qualquer consideração para com o Direito Civil, reconheceu à Contabilidade a autonomia que lhe cabe enquanto ciência, livre das definições impostas por legislações de qualquer sorte" (SCHOUERI, Luis Eduardo. Nova contabilidade e tributação: da propriedade à beneficial ownership. In: MOSQUERA, Roberto Quiroga; LOPES, Alexsandro Broedel (Coord.). *Controvérsias jurídico-contábeis* (aproximações e distanciamentos). São Paulo: Dialética, 2014. v. 5. p. 208).

líquido para garantir que o lucro real tributável não seja afetado pelas despesas de depreciação, amortização ou exaustão do ativo arrendado (art. 46), mas seja devidamente reduzido pelas contraprestações de arrendamento mercantil pagas ao arrendador (art. 47). Os mesmos efeitos são reproduzidos com relação à contribuição ao Programa de Integração Social (PIS) e à Contribuição para Financiamento da Seguridade Social (Cofins) (art. 54).

Diante do tratamento legal atribuído às despesas de depreciação dos ativos arrendados, admitir que os ativos considerados no contexto de desdobramento do custo de aquisição de participação societária disciplinado pelo art. 20 do Decreto-Lei n. 1.598/1977 sejam aqueles constantes do patrimônio "econômico" da investida, como refletido em sua contabilidade, pode trazer dúvida sobre a dedutibilidade da mais-valia eventualmente atribuída aos ativos arrendados, nos termos do art. 13, inciso VIII, da Lei n. 9.249/1995, já que as despesas de depreciação, amortização ou exaustão subjacentes não são dedutíveis. O efeito fiscal adverso, portanto, não se limitaria à redução do valor do ágio passível de amortização.

Nota-se que o tratamento contábil aplicável a certos dados fáticos desafia, ainda que de forma indireta, o intérprete do direito na tarefa de mensuração do ágio conforme o novo regime jurídico introduzido pela Lei n. 12.973/2014. Sobre o tema, previamente à mensuração do ágio passível de amortização para fins fiscais, a interseção entre direito e contabilidade requer que haja uma definição quanto ao conceito de patrimônio da investida sujeito à alocação de mais-valia, notadamente se a qualificação jurídica de ativo deve resultar da própria lei, em observância à titularidade jurídica.

5. CONSIDERAÇÕES FINAIS

Passados quatro anos da edição da Lei n. 12.973/2014, dúvidas remanescem quanto aos distanciamentos e às incompatibilidades entre os conceitos contábil e jurídico de ágio.

A identificação de tais distanciamentos deve ser feita a partir do chamado controle de legalidade do ágio e é fundamental para evitar que se atribuam limitações inexistentes na legislação quanto a reconhecimento, mensuração e amortização do ágio para fins fiscais ou, ao contrário, que se atribuam efeitos fiscais a partir de uma realidade econômica refletida na contabilidade, sem o devido respaldo pela Lei n. 12.973/2014 ou pelos princípios norteadores do sistema tributário.

PREPARAÇÃO E REGISTRO DO PPA: O SUPORTE DA MAIS OU MENOS-VALIA E A FORMAÇÃO DO *GOODWILL*

Luiz Felipe Centeno Ferraz[1]
Pedro Correa Falcone[2]

1. INTRODUÇÃO

Não é novidade que o advento da Lei n. 12.973/2014 trouxe diversos impactos para a realidade tributária brasileira nos últimos anos. A bem da verdade, as mudanças foram tão relevantes que, mesmo antes de sua conversão na referida, a redação original da Medida Provisória (MP) n. 627 já movimentava o mercado com dúvidas.

No contexto das combinações de negócios feitas no Brasil, discussões relacionadas ao registro de ágio e seu correspondente aproveitamento tributário são tão relevantes quanto controversas e antigas – e muitas dessas discussões têm historicamente sido atreladas à preparação de um "laudo de avaliação": da necessidade de elaboração de um laudo que em si suporte o aproveitamento tributário do ágio (na maior parte das vezes fundamentado na expectativa de rentabilidade futura do

---

1 Advogado sócio do escritório Mattos Filho, Veiga Filho, Marrey Jr e Quiroga Advogados. Mestre em Direito Tributário (LL.M) pela Universidade da Flórida. Especialista em Direito Empresarial pela Pontifícia Universidade Católica de São Paulo (PUC-SP). Bacharel em Direito pela Pontifícia Universidade Católica de Santos (PUC-Santos).

2 Advogado Associado do Escritório Mattos Filho, Veiga Filho, Marrey Jr e Quiroga Advogados. Especialista em Business Law pela State University de Nova Iorque (Universidade de Albany). Bacharel em Direito pela Universidade Presbiteriana Mackenzie.

investimento adquirido) até a tempestividade de sua elaboração, as formalidades a serem observadas e a compatibilidade com a documentação contábil, inúmeras discussões vêm permeando o tema ao longo dos últimos anos e são motivo de controvérsias entre contribuintes e autoridades fiscais.

Como será demonstrado adiante, o advento da Lei n. 12.973/2014 colocou fim a algumas dessas discussões (para casos regidos completamente pelo novo ordenamento). No entanto, apesar de o ordenamento jurídico atual ter sido propositadamente mais preciso em alguns aspectos que antes geravam dúvidas, a dinâmica do mercado fez com que novos questionamentos surgissem, para os quais – novamente – a legislação não apresenta resposta de maneira expressa.

Dentre as diversas novas discussões que surgiram após o advento da Lei n. 12.973, de 13 de maio de 2014, o presente artigo se propõe a abordar algumas questões e dúvidas importantes relativas à quantificação e à qualificação dos saldos depreciáveis e amortizáveis em decorrência de uma combinação de negócios.

2. EVOLUÇÃO LEGISLATIVA

Até o advento da Lei n. 12.973/2014, não havia qualquer norma expressa exigindo a elaboração de um documento específico a partir do qual seria suportado o reconhecimento do ágio. Nos termos do art. 20 do Decreto-Lei n. 1.598/1977 e do art. 385 do Regulamento do Imposto de Renda (RIR),[3] os contribuintes obrigados à adoção do método da equivalência patrimonial (MEP) para registro de seus investimentos em sociedades controladas ou coligadas deveriam, quando da aquisição de participação societária, desdobrar o custo de aquisição do investimento em valor do patrimônio líquido da sociedade adquirida e ágio ou deságio, conforme o caso.[4]

---

3   Aprovado pelo Decreto n. 3.000, de 26 de março de 1999.

4   "Art. 385. O contribuinte que avaliar investimento em sociedade coligada ou controlada pelo valor de patrimônio líquido deverá, por ocasião da aquisição da participação, desdobrar o custo de aquisição em (Decreto-Lei nº 1.598, de 1977, art. 20): I – valor de patrimônio líquido na época da aquisição, determinado de acordo com o disposto no artigo seguinte; e II – ágio ou deságio na aquisição, que será a diferença entre o custo de aquisição do investimento e o valor de que trata o inciso anterior. § 1º O valor de patrimônio líquido e o ágio ou deságio serão registrados em subcontas distintas do custo de aquisição do investimento (Decreto-Lei nº 1.598, de 1977, art. 20, § 1º). § 2º O lançamento do ágio ou deságio deverá indicar, dentre os seguintes, seu fundamento econômico (Decreto-Lei nº 1.598, de 1977, art. 20, § 2º): I – valor de mercado de bens do ativo da

Especificamente com relação ao ágio, o contribuinte deveria indicar seus fundamentos econômicos com base (i) na diferença entre os valores de mercado e contábil dos bens do ativo da sociedade adquirida, (ii) na rentabilidade da sociedade adquirida, baseada em previsão dos resultados em exercícios futuros, e/ou (iii) no fundo de comércio, em intangíveis ou em outras razões econômicas.

Considerando os benefícios tributários atrelados aos itens (i) e (ii), a antiga legislação determinava que os referidos montantes deveriam ser justificados "em **demonstração** que o contribuinte arquivará como comprovante da escrituração". Nota-se, portanto, que a legislação tributária vigente à época era vaga, na medida em que não obrigava expressamente a utilização de um documento específico, muito menos tratava do que se esperava em termos formais da referida demonstração.

Em decorrência da legislação imprecisa, a questão tornou-se o ponto de partida para inúmeras discussões, especialmente considerando que o ágio fundamentado na expectativa de rentabilidade futura do investimento adquirido, quando da confusão patrimonial entre adquirente e adquirida, poderia ser deduzido para fins da apuração do Imposto de Renda da Pessoa Jurídica (IRPJ) e da Contribuição Social sobre o Lucro Líquido (CSLL) à razão de, no máximo, 1/60 avos ao mês.

Com o advento da Lei n. 12.973/2014, a legislação tributária que trata do ágio se harmonizou à atual realidade contábil brasileira, alinhada aos padrões atualmente aceitos e aplicados internacionalmente, que seguem as disposições do *International Financial Reporting Standards* (IFRS), introduzidas em nosso ordenamento jurídico a partir da edição das Leis n. 11.638, de 28 de dezembro de 2007, e n. 11.941, de 27 de maio de 2009.[5]

Como reflexo das novas normas tributárias a serem observadas a partir da aplicação do padrão IFRS, as empresas passaram a ser requeridas a identificar o valor justo de ativos em suas combinações de negócios: como já feito nos livros

---

coligada ou controlada superior ou inferior ao custo registrado na sua contabilidade; II – valor de rentabilidade da coligada ou controlada, com base em previsão dos resultados nos exercícios futuros; III – fundo de comércio, intangíveis e outras razões econômicas. § 3º O lançamento com os fundamentos de que tratam os incisos I e II do parágrafo anterior deverá ser baseado em demonstração que o contribuinte arquivará como comprovante da escrituração (Decreto-Lei nº 1.598, de 1977, art. 20, § 3º)."

5   Nota-se que as diretrizes contábeis vigentes no Brasil desde 2008 não impactavam a esfera tributária por força do Regime Tributário de Transição (RTT), instituído com o objetivo de neutralizar eventuais efeitos tributários decorrentes das referidas modificações, e que foi extinto com o advento da Lei n. 12.973/2014.

contábeis das empresas, o "custo fiscal" de aquisição de uma participação societária passou a ter como foco claro a identificação do valor justo dos ativos líquidos (tangíveis e intangíveis) adquiridos.[6]

O valor de aquisição de participações societárias avaliadas pelo patrimônio líquido passou, portanto, a ser desdobrado em três contas distintas na seguinte ordem:

i. valor do patrimônio líquido adquirido: calculado de acordo com o método de equivalência patrimonial;

ii. mais ou menos-valia: correspondente à diferença entre o valor justo dos ativos (tangíveis e intangíveis) líquidos da investida e o seu valor patrimonial; e

iii. *goodwill*: correspondente à diferença positiva entre o custo de aquisição e o somatório da mais-valia e do valor patrimonial do investimento.

Infere-se, portanto, que no âmbito de aplicação da Lei n. 12.973/2014, o antigo ágio por rentabilidade futura (*goodwill*) passou a se revestir de caráter eminentemente residual,[7] diferentemente da regra tributária anterior, que autorizava a alocação integral a essa rubrica do valor pago em excesso ao patrimônio líquido. Por ser apontado de forma apenas residual, aliás, esse *goodwill* nem precisaria ter sua natureza designada como rentabilidade futura. Assim, é interessante notar que no novo regramento não existe a necessidade de um **demonstrativo**, laudo ou relatório específico para comprová-lo.

3. ELABORAÇÃO E APRESENTAÇÃO DO LAUDO PPA

Ainda que a alocação do preço de aquisição (*purchase price allocation* – PPA) – na verdade, da mais ou menos-valia de ativos líquidos – seja demonstrada via laudo PPA, a Lei n. 12.973/2014 estabeleceu critérios para que ele seja válido:

i. o laudo PPA não deve corresponder a uma simples demonstração (como disposto na legislação anterior para as aquisições até 31 de dezembro de 2014); ao contrário, deve ser preparado por perito independente;

---

6   Se eventualmente comparássemos duas operações realizadas por uma mesma empresa – uma antes e outra depois da adoção do IFRS –, poderíamos vir a entender que os laudos elaborados para fins de registros contábeis seriam incoerentes. Isso não quer dizer necessariamente que os procedimentos antigos estavam errados, mas apenas que a forma de identificação das justificativas econômicas dos ágios era diversa.

7   Como já disposto nas regras contábeis vigentes desde 1º de janeiro de 2008.

ii. o laudo PPA deve ser protocolado na Secretaria da Receita Federal do Brasil (ou seu correspondente *sumário* deve ser registrado em Cartório de Registro de Títulos e Documentos, à escolha do contribuinte), deixando clara a intenção do legislador de que o contribuinte torne público logo de início o valor que poderá ser objeto de redução futura de IRPJ e de CSLL. Em ambos os casos, o protocolo do laudo PPA ou registro do sumário deve ocorrer até o último dia útil do 13º mês subsequente ao da aquisição da participação.

Nesse aspecto, a Instrução Normativa (IN) n. 1.700[8] da Receita Federal do Brasil (RFB) estabeleceu requisitos adicionais – todos formais – para elaboração e arquivamento do laudo PPA ou de seu correspondente sumário, sendo que o desatendimento implicaria na impossibilidade de aproveitamento da mais-valia e do *goodwill*.[9]

---

8 Editada pela RFB em 14 de março de 2017 com o objetivo de regulamentar a aplicação da Lei n. 12.973/2014.

9 "Art. 178. O contribuinte que avaliar investimento pelo valor de patrimônio líquido deverá, por ocasião da aquisição da participação, desdobrar o custo de aquisição em: I – valor de patrimônio líquido na época da aquisição, determinado de acordo com o disposto no art. 179; II – mais-valia ou menos-valia, que corresponde à diferença entre o valor justo dos ativos líquidos da investida, na proporção da porcentagem da participação adquirida, e o valor de que trata o inciso I; e III – ágio por rentabilidade futura (*goodwill*), que corresponde à diferença entre o custo de aquisição do investimento e o somatório dos valores de que tratam os incisos I e II do caput. § 1º Os valores de que tratam os incisos I a III do caput serão registrados em subcontas distintas. § 2º O valor de que trata o inciso II do caput deverá ser baseado em laudo elaborado por perito independente, que deverá ser protocolado na RFB ou cujo sumário deverá ser registrado em Cartório de Registro de Títulos e Documentos até o último dia útil do 13º (décimo terceiro) mês subsequente ao da aquisição da participação. § 3º O disposto no § 2º deverá ser observado ainda que o valor de que trata o inciso II do caput seja 0 (zero). § 4º O protocolo do laudo na RFB ocorrerá com o envio do seu inteiro teor utilizando-se de processo eletrônico da RFB no prazo previsto no § 2º. § 5º Na hipótese prevista no § 4º, o contribuinte deverá informar o número do processo eletrônico no primeiro Lalur de que trata o caput do art. 310 que deve ser entregue após o prazo previsto no § 2º. § 6º O atendimento ao previsto nos §§ 4º e 5º dispensa o registro do sumário em Cartório de Registro de Títulos e Documentos. § 7º O sumário do laudo a ser registrado em Cartório de Registro de Títulos e Documentos deverá conter no mínimo as seguintes informações: I – qualificação da adquirente, alienante e adquirida; II – data da aquisição; III – percentual adquirido do capital votante e do capital total; IV – principais motivos e descrição da transação, incluindo potenciais direitos de voto; V – discriminação e valor justo dos itens que compõem a contraprestação total transferida; VI – relação individualizada dos ativos identificáveis adquiridos e dos passivos assumidos com os respectivos valores contábeis e valores justos; e VII – identificação e assinatura do

Especificamente em relação ao protocolo do laudo PPA, este deve ocorrer perante a RFB por meio do procedimento ordinário de juntada de documentos a processos digitais ou dossiês digitais de atendimento. No que se refere ao sumário a ser registrado em Cartório de Registro de Títulos e Documentos, a IN n. 1.700 determina que o documento deverá conter no mínimo as seguintes informações:

i. qualificação de adquirente, alienante e adquirida;

ii. data da aquisição;

iii. percentual adquirido do capital votante e do capital total;

iv. principais motivos e descrição da transação, incluindo potenciais direitos de voto;

v. discriminação e valor justo dos itens que compõem a contraprestação total transferida;

vi. relação individualizada dos ativos identificáveis adquiridos e dos passivos assumidos com os respectivos valores contábeis e valores justos; e

vii. identificação e assinatura do perito independente e do responsável pelo adquirente.

---

perito independente e do responsável pelo adquirente. § 8º O não atendimento do disposto neste artigo implica: I – o não aproveitamento da mais-valia, conforme disposto no inciso III do caput do art. 186; II – considerar a menos-valia como integrante do custo dos bens ou direitos que forem realizados em menor prazo, conforme disposto no inciso III do caput do art. 187; e III – o não aproveitamento do ágio por rentabilidade futura (goodwill), conforme disposto no caput do art. 188. § 9º A aquisição de participação societária sujeita à avaliação pelo valor do patrimônio líquido exige: I – primeiramente, a mensuração dos ativos identificáveis adquiridos e dos passivos assumidos a valor justo; e II – posteriormente, o reconhecimento do ágio por rentabilidade futura (goodwill) ou do ganho proveniente de compra vantajosa. § 10. O ganho proveniente de compra vantajosa de que trata o § 9º, que corresponde ao excesso do valor justo dos ativos líquidos da investida, na proporção da participação adquirida, em relação ao custo de aquisição do investimento, será computado na determinação do lucro real e do resultado ajustado no período de apuração da alienação ou baixa do investimento. § 11. O ganho proveniente de compra vantajosa registrado em conta de resultado deverá ser registrado no e-Lalur e no e-Lacs como: I – exclusão do lucro líquido para apuração do lucro real e do resultado ajustado na parte A e registro do valor excluído na parte B, quando do seu reconhecimento; e II – adição ao lucro líquido para apuração do lucro real e do resultado ajustado na parte A e respectiva baixa na parte B, quando da apuração do ganho ou da perda de capital na alienação ou baixa do investimento. § 12. A composição do custo de aquisição a que se refere o caput respeitará o disposto na legislação comercial, considerando inclusive contraprestações contingentes, sendo o seu tratamento tributário disciplinado no art. 196."

Verifica-se, portanto uma diferença formal importante: a regra atual apresenta requisitos formais claros que eram inexistentes sob a legislação anterior e, portanto, atacou questões que geravam grandes discussões no passado. De pronto, ficaram para trás três discussões relativamente comuns até 31 de dezembro de 2014:

i. Tipo de demonstrativo a ser utilizado para comprovação do ágio: na medida em que a legislação anterior permitia o uso de um **demonstrativo**, contribuintes e autoridades fiscais divergiam sobre este poder se revestir de uma simples planilha atribuindo a natureza.

ii. Extemporaneidade do laudo: na falta de indicação de tempo mínimo ou máximo para preparação do demonstrativo, em diversas situações verificou-se que as autoridades fiscais impunham a existência de um laudo datado e assinado no momento exato da aquisição, fato impossível porque o documento é sempre preparado posteriormente com base nas informações fechadas naquele momento. Em outras situações, as autoridades fiscais desautorizaram o uso de laudos preparados anos depois das aquisições, ainda que feitos com base em informações contemporâneas a elas.

iii. Uso do laudo "fiscal" (em vez do laudo contábil): ao contrário do que determina a Lei n. 12.973/2014 (e as regras contábeis vigentes a partir de 2007), a legislação tributária anterior não impunha ordem de preferência para a atribuição de natureza ao ágio – motivo pelo qual até 2014 eram verificadas situações em que determinada aquisição estava suportada por um laudo PPA para fins contábeis e um laudo para cumprir a legislação tributária. Nesse caso, as autoridades fiscais viam de forma conflitiva a existência de um laudo PPA (necessariamente indicando parte do valor pago a uma mais ou menos-valia de ativos líquidos) e um laudo "fiscal" (frequentemente indicando todo o excesso pago em relação ao patrimônio líquido contábil como ágio fundado em expectativa de rentabilidade futura da empresa adquirida) e tendiam a desqualificar o último documento, alegando que, mesmo para fins fiscais, o próprio contribuinte teria reconhecido que parte do ágio alegadamente amortizável à razão de 1/60 por mês seria, na verdade, atribuível ao valor de ativos da empresa adquirida.

4. PPA – POTENCIAIS QUESTÕES FUTURAS A IMPOSSIBILITAR O APROVEITAMENTO DA MAIS OU MENOS-VALIA E DO *GOODWILL*

A partir da nova regulamentação trazida pela Lei n. 12.973/2014, seria possível concluir que, em princípio, estariam eliminados questionamentos acerca do suporte formal e substancial do *goodwill* (bem como da mais ou menos-valia). Não é bem assim: a nosso ver, as questões de forma – ainda que novas – provavelmente representarão potenciais dificuldades para o aproveitamento dos saldos de mais ou menos-valia e *goodwill*. O contribuinte deve, portanto, se preparar para enfrentar discussões relativas à elaboração e à apresentação do documento.

4.1 Conteúdo do laudo PPA

Um bom laudo PPA é aquele que estabelece um retrato fiel do objeto da combinação de negócios, o que significa uma análise cuidadosa das demonstrações financeiras e de todos os contratos relevantes da empresa, bem como entrevistas e conversas com seus gestores, de forma a não ignorar a existência de eventual ativo intangível ou tangível. A falta de determinado ativo (e/ou de sua valoração) naturalmente comprometerá a quantificação do *goodwill* e gerará a exposição a uma glosa fiscal.

Da mesma forma, um laudo PPA respeitável deverá recorrer a critérios inequívocos (ou ao menos aceitos pelo mercado e por institutos reconhecidos). Espera-se que haja certa dificuldade das autoridades fiscais em entrar no mérito dos cálculos, mas é importante que o contribuinte esteja preparado para que com o tempo a RFB venha a agregar profissionais que analisem os cálculos com propriedade para questioná-lo.

Ponto importante de possível questionamento futuro está na presunção do preço: ao apontar o preço praticado na combinação de negócios, o laudo PPA deve considerar todos os seus aspectos na descrição do custo de aquisição a ser incorrido. Nesse sentido, deveria analisar se há alguma parcela contingente representada por uma conta *escrow*, ou mesmo previsão de *earn out* (e, nesse caso, qual sua melhor estimativa). A falta de assunção de um valor completo pode gerar a indicação de um *goodwill* inferior ao de fato existente, ou até indicar uma compra vantajosa em lugar de um *goodwill* – e equívocos dessa natureza podem ser utilizados pelas autoridades fiscais como base para uma potencial tentativa de desqualificação do documento.

Da mesma forma, uma avaliação de passivos é essencial. Laudos PPA que apresentem uma valorização de ativos sem considerar os passivos estão logo de partida em desacordo com as atuais regras, que impõem a análise dos ativos líquidos da empresa investida – ou seja, ativos menos passivos.[10] Essa falta certamente será

---

10 Art. 20 do Decreto-Lei n. 1.598/1977, com redação dada pelo art. 2º da Lei n. 12.973/2014: "o contribuinte que avaliar investimento pelo valor de patrimônio líquido deverá, por ocasião da aquisição da participação, desdobrar o custo de aquisição em: [...] II – mais ou menos-valia, que corresponde à diferença entre o **valor justo dos ativos líquidos** da investida, na proporção da porcentagem

utilizada pelas autoridades fiscais em uma desconsideração do valor de mais ou menos-valia, bem como do *goodwill* amortizável, independentemente do protocolo do laudo PPA (ou de seu sumário) ter sido feito no prazo legal.

4.2 Alcance do laudo PPA: aquisições de participações societárias

O laudo PPA tem propósito claro de indicação dos valores a serem registrados em função da combinação de negócios, desde que tal combinação seja de participação societária.[11] Uma combinação gerada pela aquisição de ativos líquidos de outra entidade (ainda que eventualmente correspondam a uma unidade inteira geradora de caixa) não está protegida pela norma e, ainda que a operação possa gerar um *goodwill* excedente a uma mais ou menos-valia, este não é amortizável para fins fiscais – o laudo PPA, portanto, não precisaria necessariamente obedecer às formalidades do item citado, tampouco se submeteria ao registro junto à RFB ou a um Cartório de Registro de Títulos e Documentos.

A questão, nesse caso, é se o laudo PPA seria necessário em uma aquisição de ativos. Ainda que não se preste a embasar um saldo de *goodwill* amortizável, entendemos que seria importante na medida em que ele embasaria as alocações das mais-valias (e as deduções fiscais das correspondentes baixas): a mera indicação no contrato de compra e venda dos valores individualizados de cada um dos ativos líquidos adquiridos poderia dar às autoridades fiscais a base necessária para potenciais argumentos relativos à manipulação de números de forma a favorecer algum ativo amortizável em período inferior a outro, ou algum ativo depreciável em detrimento de outro não depreciável.

4.3 Uso do laudo PPA em combinações de negócios "antigas"

Como forma de transição às novas regras, o art. 65 da Lei n. 12.973/2014 estabeleceu que os ágios decorrentes das combinações de negócios terminadas até

---

da participação adquirida, e o valor de que trata o inciso I do caput; [...] § 5º A aquisição de participação societária sujeita à avaliação pelo valor do patrimônio líquido exige o reconhecimento e a mensuração: I – primeiramente, dos **ativos identificáveis adquiridos e dos passivos assumidos** a valor justo; e II – posteriormente, do ágio por rentabilidade futura (*goodwill*) ou do ganho proveniente de compra vantajosa" (grifos nossos).

11 Novamente, citamos o art. 20 do Decreto-Lei n. 1.598/1977, que inclui o laudo PPA em contexto do contribuinte que avalie **investimento pelo valor de patrimônio líquido** e, em seu § 5º, faz referência à **aquisição de participação societária sujeita à avaliação pelo valor do patrimônio líquido**.

31 de dezembro de 2014 poderiam permanecer sujeitos às regras antigas (vigentes até aquela data) se as correspondentes incorporações, fusões ou cisões ocorressem até 31 de dezembro de 2017.[12]

Isso quer dizer que, naquele período de três anos, as combinações de negócios "antigas" puderam dar início[13] às amortizações de seus ágios por meio de laudos sem conexão formal com um laudo PPA identificando a mais ou menos-valia de ativos líquidos da investida: este era então requerido apenas para fins contábeis, enquanto um laudo para fins fiscais poderia livremente atribuir a natureza do ágio pago (assim entendida a diferença entre o preço pago e o percentual de participação no patrimônio líquido adquirido) à expectativa de lucros futuros da sociedade adquirida.

Findo o prazo de 31 de dezembro de 2017 para a regra transitória, temos hoje que todas as combinações de negócios feitas no Brasil – tanto antes quanto após a Lei n. 12.973/2014 – devem considerar como valores depreciáveis/amortizáveis, após as liquidações do investimento via incorporação, suas mais-valias e seus *goodwill* (ou mesmo como valores tributáveis as menos-valias e as compras vantajosas), com base nos laudos PPA que suportaram os registros contábeis das participações societárias adquiridas.

Questão importante seria, portanto, se o registro do laudo PPA para as combinações de negócios realizadas até 31 de dezembro de 2014 seria necessário para que o uso de uma mais-valia ou de um *goodwill* fosse permitido nas incorporações feitas a partir de 1º de janeiro de 2018. Não é esse o caso porque a regra que impõe o registro do laudo PPA está colocada em um contexto de aquisição feita a partir de 1º de janeiro de 2015: (i) ela está no conjunto de alterações ao art. 20 do Decreto-Lei n. 1.598/1977 com validade a partir daquela data; (ii) a regra de transição do art. 65 não traz qualquer vínculo com o art. 20 do Decreto-Lei n. 1.598/1977; e (iii) uma incorporação decidida fora do prazo de transição não pode buscar um registro retroativo para 13 meses após uma aquisição feita anos antes – além de a dispensa estar clara nos art. 20 a 22 da Lei n. 12.973/2014.[14]

---

12 "Art. 65. As disposições contidas nos arts. 7º e 8º da Lei no 9.532, de 10 de dezembro de 1997, e nos arts. 35 e 37 do Decreto-Lei no 1.598, de 26 de dezembro de 1977, continuam a ser aplicadas somente às operações de incorporação, fusão e cisão, ocorridas até 31 de dezembro de 2017, cuja participação societária tenha sido adquirida até 31 de dezembro de 2014."

13 As amortizações são iniciadas e finalizadas com base neste laudo: ainda que os valores sejam amortizados em prazo além de 2017, continuam sujeitos ao suporte pelo laudo "fiscal".

14 Como exemplo, vejamos o art. 22: "A pessoa jurídica que absorver patrimônio de outra, em virtude de incorporação, fusão ou cisão, na qual detinha participação societária adquirida com ágio

Ainda que tais aquisições "antigas" fiquem dispensadas da necessidade de registro de laudo PPA, é de se observar que a RFB tenderá a impor a elas todas as regras de elaboração do documento. Em vista disso, um laudo PPA que – embora não registrado – não passe nos testes formais e/ou de avaliação dos critérios de alocação poderá prejudicar as pretendidas depreciações e amortizações ainda que o laudo "fiscal" tenha sido bem preparado na época.

4.4 Antecipação para 2013 dos efeitos da Lei n. 12.973/2014

Por ter sido publicada em maio de 2014 e, em muitos casos, gerar uma majoração de impostos, a Lei n. 12.973 somente pôde ter seus efeitos verificados a partir de 1º de janeiro de 2015.[15] Como apontamos anteriormente, no entanto, a pessoa jurídica pôde optar por antecipar tais efeitos para 1º de janeiro de 2014, o que significou ter antecipado para aquela data a aplicação de muitos artigos da lei, embora não todos.

Entre os artigos de aplicação antecipada estão os art. 20 a 22, que expressamente dispensam o registro do laudo PPA às participações societárias adquiridas até 31 de dezembro de 2014. Para os contribuintes que optaram por antecipar os efeitos da Lei n. 12.973/2014, a regra dispensa o registro do laudo PPA apenas em relação às participações societárias adquiridas até 31 de dezembro de 2013.

Situação que tem caído na vala da não percepção é aquela em que a pessoa jurídica opta pela antecipação dos efeitos para 31 de dezembro de 2013 e adquire participação societária durante o ano-calendário 2014 sem atentar para o fato de que essa aquisição já estaria sujeita às novas regras: essa pessoa jurídica deve registrar o

---

por rentabilidade futura (*goodwill*) decorrente da aquisição de participação societária [...] poderá excluir para fins de apuração do lucro real dos períodos de apuração subsequentes o saldo do referido ágio existente na contabilidade na data da aquisição da participação societária, à razão de 1/60 (um sessenta avos), no máximo, para cada mês do período de apuração. § 1º O contribuinte não poderá utilizar o disposto neste artigo, quando: I – o laudo a que se refere o § 3o do art. 20 do Decreto-Lei no 1.598, de 26 de dezembro de 1977, não for elaborado e tempestivamente protocolado ou registrado; [...] § 3º A vedação prevista no inciso I do §1º não se aplica para participações societárias adquiridas até 31 de dezembro de 2013, para os optantes conforme o art. 75, ou até 31 de dezembro de 2014, para os não optantes".

15 Nem todas as alterações feitas geraram majoração de impostos, e muitas dessas majorações também majoraram o cálculo da CSLL (que está sujeita a uma regra de anterioridade nonagesimal, ao contrário do IRPJ). Sabiamente, no entanto, a Lei n. 12.973/2014 tratou tudo da mesma forma ao fazer valer suas regras uniformemente a partir de 1º de janeiro de 2015.

laudo PPA da participação societária adquirida no prazo de 13 meses estabelecido pelas novas regras. Passado esse prazo, estão comprometidas as deduções e as amortizações da mais-valia e do *goodwill*.

4.5 Ajuste ou registro do laudo PPA fora do prazo de 13 meses

Tentando evitar problemas com o suporte da mais ou menos-valia e do *goodwill*, a Lei n. 12.973/2014 tendeu a estrangular algumas situações, sendo a mais clara aquela em que a pessoa jurídica possa ter os direitos de aproveitamento desses saldos comprometidos por uma questão formal que venha a ser ajustada após o prazo de 13 meses – ainda que a lógica e o efetivo custo econômico que originou esses montantes tenham sido verificados substancialmente no momento da aquisição.

A título exemplificativo, imaginemos uma situação em que o laudo PPA (ou seu sumário), adequadamente registrado dentro do período máximo exigido pela legislação (13 meses), precisa ser retificado após transcorrido o referido prazo. Imaginemos que a retificação tenha por base o ajuste de algum requisito formal listado pela legislação (por exemplo, informação errada sobre a data da aquisição ou o percentual adquirido do capital social), sem, no entanto, alterar o valor definido como mais ou menos-valia (o que, como consequência, não alteraria o montante residual de *goodwill*). Consideremos, alternativamente, que todas as informações estejam corretas (inclusive os critérios de avaliação), mas que a soma das mais-valias dos ativos líquidos avaliados – apenas a soma – esteja errada, afetando o valor residual do *goodwill*. Retificar o laudo PPA (ou o sumário, conforme o caso) significaria desconsiderar o documento antigo e, consequentemente, sua data de protocolo?

Na falta de qualquer orientação na lei sobre como lidar com uma situação similar, uma retificação tenderia a deixar o contribuinte nas mãos das autoridades fiscais, que poderiam entender que como data do registro deveria ser considerada a data da retificação (posterior ao limite máximo de 13 meses) – afinal, seria nessa data que a RFB teria tido conhecimento do valor definitivo da mais ou menos-valia e do *goodwill*.

Uma falta de retificação para evitar esse risco também tenderia a deixar a situação nas mãos das autoridades fiscais, mas por outro motivo: estas poderiam alegar que as informações apresentadas no prazo legal estariam formalmente erradas e, na falta de retificação, seriam nulas na medida em que não corresponderiam aos valores a serem deduzidos no futuro.[16]

Essas situações exemplificam casos mais extremos: caso concreto, é possível que o laudo PPA objeto da retificação tenha papel importante em eventuais tomada de decisão e análise de risco, mas a assunção de cenários hipotéticos mais extremos é interessante para que se tenha uma clara visão dos efeitos da falta de flexibilidade trazida pela Lei n. 12.973/2014, bem como da desproporcionalidade da sanção que ela impõe.

O registro do laudo PPA fora do prazo ou mesmo a ausência do registro, por outro lado, representam situação mais clara e extrema de inconformidade com a lei. Ainda assim, a questão permanece válida: qual o prejuízo para a RFB em relação a uma falta de registro no prazo legal, considerando o fato de que uma fiscalização sempre dará às autoridades fiscais a necessária "publicidade" sobre a natureza e os valores de mais ou menos-valia, bem como de *goodwill*?

É justamente a desproporcionalidade entre a causa (falta ou atraso no registro do laudo PPA) e o efeito (desconsideração das depreciações/amortizações) que coloca à prova a razoabilidade e a legalidade das exigências trazidas na nova regulamentação: parece ser descabido que o contribuinte seja impedido de aproveitar a mais ou menos-valia e o *goodwill* (cujos valores têm lastro no dispêndio financeiro efetivamente incorrido) por conta de questões formais que em nenhum momento trariam efetivo prejuízo à Fazenda Nacional.

Ou seja, estaríamos diante de um importante desequilíbrio entre o elemento culpa (não conformidade com os requisitos tributários referentes ao laudo PPA ou seu sumário) e a penalidade imposta por força da Lei n. 12.973/2014. Tal desequilíbrio é justificado na medida em que o laudo PPA (ou seu sumário) é apenas um documento de apoio que serve para demonstrar o ágio efetivamente pago na combinação de negócios. Sob essa perspectiva, não gera – nem deveria gerar – qualquer direito à amortização fiscal do *goodwill* ou ao aproveitamento da mais ou menos-valia.

No que se refere especificamente à mais ou menos-valia, é oportuno traçar um breve paralelo com situações envolvendo aquisição direta de ativos que não

---

16 As recorrentes tentativas das autoridades fiscais durante a vigência da legislação anterior em desqualificar os laudos (ou demonstrativos) com base em questões que sequer eram requisitos legais (por exemplo, uma alegada necessidade de elaboração de laudo na data da operação) demonstram que o apetite para desqualificação não deve ser desconsiderado.

investimentos em sociedades. Nessas hipóteses, a aquisição muito provavelmente será suportada por uma série de documentos e laudos, inclusive para que a contabilidade da sociedade que adquiriu os ativos possa registrá-los devidamente. Ocorre que a legislação tributária simplesmente não trouxe qualquer exigência para esses casos, de modo que uma eventual mais-valia paga pelo adquirente não teria seu aproveitamento comprometido por qualquer dessas discussões.

Ou seja, a própria aleatoriedade com que o legislador e as autoridades fiscais tratam do tema serve para corroborar o fato de que esse direito não deveria restar prejudicado em nenhuma hipótese por essas questões. Adicionalmente, como já mencionado, o não cumprimento dessas formalidades provavelmente não causaria qualquer dano às autoridades fiscais, que ainda poderiam revisar tal documento sob uma inspeção fiscal, por exemplo, ainda que o sumário sequer tenha sido registrado. Residiria nesse fato, aliás, o argumento de que a publicidade pretendida pela Lei n. 12.973/2014 logo nos 13 primeiros meses seria no máximo um capricho visando limitar possibilidades de aproveitamento do custo (mais ou menos-valia e *goodwill*) na aquisição de um investimento societário.

Nesse sentido, vale lembrar que os tribunais superiores brasileiros já proferiram decisões favoráveis nas quais os princípios constitucionais da proporcionalidade e da razoabilidade foram utilizados para retirar penalidades impostas ao descumprimento dos requisitos legais formais, especialmente no contexto de programas de parcelamento tributário, como demonstrado a seguir:

> A exclusão do contribuinte do programa de parcelamento (PAES), em virtude da extemporaneidade do cumprimento do requisito formal da desistência de impugnação administrativa, afigura-se ilegítima na hipótese em que tácito o deferimento da adesão (à luz do artigo 11, § 4º, da Lei 10.522/2002, c/c o artigo 4º, III, da Lei 10.684/2003) e adimplidas as prestações mensais estabelecidas por mais de quatro anos e sem qualquer oposição do Fisco. (REsp n. 1.143.216/RS, Rel. Min. Luiz Fux, 1ª Sessão, julgado em: 24 mar. 2010)

> Hipótese em que a Corte de origem considerou que fere os princípios da razoabilidade e da proporcionalidade a exclusão, pelo Fisco, do contribuinte impetrante do parcelamento regulado pela Lei 11.941/2009 em virtude de descumprimento de prazos estabelecidos por ato infra legal (Portaria PGFN/ RFB 6/2009), para efeito de conclusão da consolidação dos débitos objeto do parcelamento. (AgRg no REsp n. 1.524.302/PR, Rel. Min. Herman Benjamin, 2ª Turma, julgado em: 24 nov. 2015, DJe: 2 set. 2016)

2. A jurisprudência do STJ reconhece a viabilidade de incidir os princípios da razoabilidade e da proporcionalidade no âmbito dos parcelamentos tributários, quando tal procedência visa evitar práticas contrárias à própria teleologia da norma instituidora do benefício fiscal, mormente se verificada a boa-fé do contribuinte e a ausência de prejuízo do erário.

3. Se a conclusão da Corte de origem, firmada em decorrência da análise dos autos, é no sentido de que a exclusão do contribuinte do REFIS mostra-se desarrazoável e desproporcional, porquanto contrária à finalidade do programa de parcelamento, pois nenhum prejuízo causou ao erário – bem ao contrário, lhe é favorável, destaca o acórdão –, estando comprovadas a boa-fé da empresa e a mera ocorrência de erro formal, a modificação do julgado esbarra no óbice da Súmula 7/STJ. (AgRg no REsp n. 482.112/SC, Rel. Min. Humberto Martins, 2ª Turma, julgado em: 22 abr. 2014, DJe: 29 abr. 2014)

Apesar de as decisões envolverem a exclusão dos contribuintes dos programas de parcelamento tributário, todas elas retiram as penalidades impostas pelo descumprimento dos requisitos legais formais, como a exigência de registro do laudo PPA no caso em discussão.

A despeito das particularidades que envolvem cada uma das situações, o fundamento por trás das decisões pode corroborar o aproveitamento do *goodwill* e da mais-valia na esfera judicial,[17] ainda que eventuais requisitos formais (tanto temporais quanto de preenchimento) relacionados ao laudo PPA não sejam atendidos da maneira exigida pela legislação tributária,[18] sob o argumento de que tal fato não deveria comprometer o direito do contribuinte com base nos princípios de proporcionalidade e razoabilidade.

Embora seja possível argumentar em favor do aproveitamento tributário do *goodwill* e da mais-valia nas hipóteses em que os requisitos formais relacionados ao laudo PPA não são observados como exigido na legislação fiscal, a situação extrema de não registro do laudo PPA em momento algum possivelmente precederá discussões mais difíceis. Desse modo, como forma de tentar mitigar exposições nesse sentido, contribuintes em atraso com o registro do laudo PPA (ou

---

17 Discussões nesse sentido envolveriam questões constitucionais, de modo que os argumentos de defesa não teriam eficácia no âmbito dos tribunais administrativos.

18 Ou mesmo que haja falta ou atraso na apresentação de tais documentos à RFB ou ao Cartório Registro de Títulos e Documentos.

do correspondente sumário) poderiam considerar registrá-lo ainda que passado o prazo de 13 meses – ou, nos casos de identificação de erros, avaliar a realização das correspondentes retificações após tal prazo.

O registro poderia reforçar potenciais argumentos de defesa mesmo após o período de 13 meses, especialmente porque corroboraria o argumento de inexistência de dano à RFB e demonstraria a boa-fé da companhia com relação à matéria. É importante, no entanto, que a pessoa jurídica esteja preparada para uma longa (e muitas vezes cara) discussão na esfera judiciária, em que esse assunto poderá ter mais chance de êxito que no âmbito administrativo.

ASPECTOS RELEVANTES DO DESDOBRAMENTO DO CUSTO DE AQUISIÇÃO DE INVESTIMENTO AVALIADO PELO VALOR DE PATRIMÔNIO LÍQUIDO

Marcelo Natale[1]
Alexandre Garcia Querquilli[2]

1. INTRODUÇÃO

A Lei n. 12.973/2014 introduziu modificações substanciais ao art. 20 do Decreto-Lei n. 1.598/1977 no que se refere ao desdobramento do custo de aquisição de investimento avaliado pelo valor de patrimônio líquido, bem como à sua evidenciação em laudo de mais ou menos-valia dos ativos líquidos da investida.

Apesar de um dos objetivos principais dessas mudanças ter sido a aproximação dos critérios tributários aos critérios contábeis de reconhecimento e mensuração de aquisição de controle de negócios, previamente introduzidos pelo Pronunciamento Técnico n. 15 do Comitê de Pronunciamentos Contábeis (CPC 15) e pela Interpretação Técnica n. 9 também do CPC (ICPC 09), bem como a redução dos litígios entre contribuintes e autoridades fiscais por conta da determinação do fundamento econômico do ágio e dos seus elementos

---

1 Advogado e economista líder de Business Tax da Deloitte no Brasil, da área de Cross Border no Brasil e da área de Business Model Optimization na América Latina. Apontado pela International Tax Review e Euromoney/Legal Media como Top Tax Advisor/Leading TP Advisor com *cross-border* e assuntos de preços de transferência nos últimos doze anos.

2 Graduado em Administração e Ciências Contábeis pela Faculdade de Economia e Administração, Contabilidade e Atuária da Universidade de São Paulo (FEA-USP). Possui MBA pelo Instituto de Ensino e Pesquisa (Insper) e licença de Contador Público (CPA) pelo estado do Colorado, Estados Unidos. Atualmente é business tax partner da Deloitte & Touche, já atuou como consultor de direito tributário internacional da Deloitte Canadá.

comprobatórios, há certos aspectos que ainda podem trazer potenciais litígios a depender de como as autoridades fiscais e os contribuintes interpretarem esses novos dispositivos legais.

Assim, o objetivo do presente estudo é investigar os elementos relevantes do laudo e as potenciais divergências ainda existentes entre o processo de reconhecimento e mensuração da alocação do preço de aquisição (*purchase price allocation* – PPA) para fins contábeis e o desdobramento do custo de aquisição previsto na legislação vigente, tendo como ponto de partida a análise e a discussão da norma tributária vigente antes da Lei n. 12.973/2014 e de algumas decisões proferidas em sede administrativa sobre o tema.

A partir daí, passaremos a investigar os aspectos normativos da elaboração do laudo, bem como analisaremos certos componentes de alocação do custo de aquisição do investimento que estariam, em princípio, fora do alcance do laudo. Por fim, analisaremos as circunstâncias pelas quais as autoridades fiscais poderiam desconsiderar o laudo e o que esperar das inspeções fiscais após a Lei n. 12.973/2014.

2. DESDOBRAMENTO DO CUSTO DE AQUISIÇÃO E EVIDENCIAÇÃO DO FUNDAMENTO DO ÁGIO ANTES DA LEI N. 12.973/2014.

O art. 20 do Decreto-Lei n. 1.598/1977 originalmente abordou a disciplina tributária do desdobramento do custo de aquisição de investimentos avaliados pelo valor do patrimônio. De acordo com a referida legislação, o custo de aquisição deveria ser desdobrado nos seguintes componentes: valor de patrimônio líquido na época da aquisição e ágio ou deságio na aquisição, determinado com base na diferença entre o custo de aquisição do investimento e o seu valor de patrimônio líquido.

Consequentemente, o § 2º do referido artigo disciplinou que o lançamento do ágio ou deságio deveria indicar, dentre os seguintes, seu fundamento econômico: (i) valor de mercado de bens do ativo da coligada ou controlada superior ou inferior ao custo registrado na sua contabilidade; (ii) valor de rentabilidade da coligada ou controlada, com base em previsão dos resultados nos exercícios futuros; ou (iii) fundo de comércio, intangíveis e outras razões econômicas.[3] Ainda, a referida legislação[4] determinou que o lançamento com base nos fundamentos econômicos

---

3   O § 2º do art. 20 do Decreto-Lei n. 1.598/1977 foi expressamente revogado pela Lei n. 12.973/2014.

4   O § 3º do art. 20 do Decreto-Lei n. 1.598/1977 foi substancialmente modificado pela Lei n. 12.973/2014.

Aspectos relevantes do desdobramento do custo de aquisição de investimento avaliado...

listados em (i) e (ii) deveria ser baseado em demonstração que o contribuinte arquivasse como comprovante da escrituração.

Quanto à alocação do ágio com base nos fundamentos econômicos mencionados, um aspecto bastante controverso está associado ao grau de liberdade do contribuinte na determinação dos fundamentos econômicos, dentre os previstos pela legislação, para o ágio. Esse tema ganhou importância sobretudo a partir da vigência da Lei n. 9.532/1997, que permitiu a amortização do ágio alocado nos fundamentos econômicos listados em (i) e (ii) para fins de determinação do lucro real, desde que certos requisitos previstos na referida legislação fossem cumpridos.[5]

---

5 "Art. 7º. A pessoa jurídica que absorver patrimônio de outra, em virtude de incorporação, fusão ou cisão, na qual detenha participação societária adquirida com ágio ou deságio, apurado segundo o disposto no art. 20 do Decreto-Lei nº 1.598, de 26 de dezembro de 1977: (Vide Medida Provisória nº 135, de 30.10.2003) I – deverá registrar o valor do ágio ou deságio cujo fundamento seja o de que trata a alínea 'a' do § 2º do art. 20 do Decreto-Lei nº 1.598, de 1977, em contrapartida à conta que registre o bem ou direito que lhe deu causa; II – deverá registrar o valor do ágio cujo fundamento seja o de que trata a alínea 'c' do § 2º do art. 20 do Decreto-Lei nº 1.598, de 1977, em contrapartida a conta de ativo permanente, não sujeita a amortização; III - poderá amortizar o valor do ágio cujo fundamento seja o de que trata a alínea 'b' do § 2º do art. 20 do Decreto-lei nº 1.598, de 1977, nos balanços correspondentes à apuração de lucro real, levantados posteriormente à incorporação, fusão ou cisão, à razão de um sessenta avos, no máximo, para cada mês do período de apuração; IV – deverá amortizar o valor do deságio cujo fundamento seja o de que trata a alínea 'b' do § 2º do art. 20 do Decreto-Lei nº 1.598, de 1977, nos balanços correspondentes à apuração de lucro real, levantados durante os cinco anos-calendários subsequentes à incorporação, fusão ou cisão, à razão de 1/60 (um sessenta avos), no mínimo, para cada mês do período de apuração. § 1º O valor registrado na forma do inciso I integrará o custo do bem ou direito para efeito de apuração de ganho ou perda de capital e de depreciação, amortização ou exaustão. § 2º Se o bem que deu causa ao ágio ou deságio não houver sido transferido, na hipótese de cisão, para o patrimônio da sucessora, esta deverá registrar: a) o ágio, em conta de ativo diferido, para amortização na forma prevista no inciso III; b) o deságio, em conta de receita diferida, para amortização na forma prevista no inciso IV. § 3º O valor registrado na forma do inciso II do *caput*: a) será considerado custo de aquisição, para efeito de apuração de ganho ou perda de capital na alienação do direito que lhe deu causa ou na sua transferência para sócio ou acionista, na hipótese de devolução de capital; b) poderá ser deduzido como perda, no encerramento das atividades da empresa, se comprovada, nessa data, a inexistência do fundo de comércio ou do intangível que lhe deu causa. § 4º Na hipótese da alínea 'b' do parágrafo anterior, a posterior utilização econômica do fundo de comércio ou intangível sujeitará a pessoa física ou jurídica usuária ao pagamento dos tributos e contribuições que deixaram de ser pagos, acrescidos de juros de mora e multa, calculados de conformidade com a legislação vigente. § 5º O valor que servir de base de cálculo dos tributos e contribuições a que se refere o parágrafo anterior poderá ser registrado em conta do ativo, como custo do direito. Art. 8º. O disposto no artigo anterior aplica-se, inclusive, quando: a) o investimento

Um aspecto a ser destacado é que o fundamento econômico baseado na rentabilidade do investimento adquirido não é mutuamente excludente se comparado aos demais fundamentos econômicos previstos na legislação. Isso ocorre, dentre outros aspectos, pelo fato de os fundamentos econômicos baseados na diferença entre os valores de mercado e contábil dos bens do ativo do investimento adquirido ou dos seus bens incorpóreos, como fundo de comércio e intangíveis, estarem associados aos bens e aos direitos individuais pertencentes ao investimento adquirido. Por outro lado, o fundamento econômico baseado na rentabilidade está associado à previsão de resultados futuros a serem alcançados pelo investimento como um todo, que inclui bens e direitos a serem utilizados e/ou consumidos na geração desses resultados futuros esperados.

Considerando a possível interseção gerada por conta da alocação do ágio nos fundamentos econômicos previstos pela legislação e que esta não prevê expressamente qualquer ordem ou preferência de eleição do fundamento para a composição do ágio, é perfeitamente factível admitir que o contribuinte teria o direito de escolher o fundamento econômico que julgasse mais apropriado, desde que os elementos comprobatórios que suportassem a operação estivessem consistentes com as escolhas realizadas.

O posicionamento da doutrina é predominantemente nesse sentido, com destaque a Karem Jureidini Dias:[6]

> Por óbvio que o ágio precisava estar respaldado em fundamento econômico comprovado, mas não havia que se seguir uma ordem de eleição de fundamento para qualificação do ágio. O ordenamento jurídico assim não previa. As Ciências Contábeis também não determinavam qualquer ordem de eleição e fundamento econômico, tampouco normatizaram a conotação do fundamento de rentabilidade futura. No Direito Positivo, o ágio recebia o seu efeito fiscal, conforme o seu fundamento econômico respaldado em laudo, mas aferido independentemente de ordem de eleição.

Corroborando o entendimento da sobreposição dos fundamentos econômicos, a Comissão de Valores Mobiliários (CVM) publicou a Instrução Normativa (IN) n. 247/1996, em que definia que o valor do ágio deveria ser contabilizado com

---

não for, obrigatoriamente, avaliado pelo valor de patrimônio líquido; b) a empresa incorporada, fusionada ou cindida for aquela que detinha a propriedade da participação societária."

6 DIAS, Karem Jureidini. O ágio e a intertextualidade normativa. In: MOSQUERA, Roberto Quiroga; LOPES, Alexsandro Broedel (Coord.). *Controvérsias jurídico-contábeis*: aproximações e distanciamentos. São Paulo: Dialética, 2011. v. 2. p. 93.

indicação do fundamento econômico que o determinou, dentre os quais: (i) diferença entre o valor de mercado e o respectivo valor contábil de parte ou de todos os bens do ativo do investimento adquirido; e (ii) ágio decorrente de expectativa de resultado futuro. Pode-se notar dessa norma que o fundamento do ágio previsto na legislação tributária com base no item (iii) citado anteriormente (fundo de comércio, intangíveis e outras razões econômicas) foram redirecionados para os itens (i) e (ii) dessa norma por conta justamente dessa sobreposição.

Por outro lado, as autoridades fiscais possuem entendimento de que não haveria sobreposição entre os fundamentos econômicos do ágio previstos pela legislação tributária, mas, ao contrário, estes seriam excludentes entre si. Portanto, o contribuinte não possui livre escolha para eleger o fundamento econômico do ágio e sua alocação dependerá do demonstrativo previsto pelo § 3º do art. 30 do Decreto-Lei n. 1.598/1977, o qual deve apontar as verdadeiras razões que justificam o pagamento do ágio pelo adquirente. Ainda, ocorrendo a hipótese de sobreposição dos fundamentos, deveria ser aplicado o princípio da especialidade, o qual determina que a norma especial é preferida à norma geral.[7]

Com base nesse entendimento, as autoridades fiscais glosaram a amortização fiscal do ágio de vários contribuintes, sob a alegação de que estes deveriam ter eleito fundamento econômico diferente do originalmente adotado ou de que o contribuinte deixou de alocar qualquer valor para ativos intangíveis ou fundo de comércio da participação societária adquirida. Todavia, os julgadores administrativos têm, em geral, proferido entendimento de que a autoridade fiscal teria o ônus de comprovar que a alocação realizada pelo contribuinte foi equivocada, bem como determinar qual seria o valor alocado para os fundamentos econômicos que esta alega serem corretos. Destacamos parte do voto do relator do caso Santander, conforme segue:

> A Fiscalização insiste que o contribuinte deveria ter apurado também o valor do Fundo de Comércio, que também estaria incluído no valor do Ágio. Admitindo-se, por hipótese que cabe razão ao Fisco nessa parte, então caberia ao Fisco apurar tal parcela, mediante critério técnico e glosar parte do valor do ágio com essas razões adicionais. Porém, isso também não foi feito.

Tenho opinião formada a respeito do valor "fundo de comércio, intangíveis e outras razões econômicas", mas concluí que não cabe aqui discorrer sobre o tema,

---

7 BRASIL. Receita Federal. *Solução de Consulta COSIT n. 3/2016*. 22 de janeiro de 2016. Disponível em: <http://idg.receita.fazenda.gov.br/>. Acesso em: 7 jan. 2019.

haja vista que a Lei trata desses elementos patrimoniais, embora sem qualquer aprofundamento ou determinação de que seja disciplinado em normas infralegais.

De qualquer forma, não seria um valor dedutível e tendo em vista que a Lei pede apenas uma demonstração, mesmo que fosse apurado posteriormente, com base nos valores da época, a lei não estabelece que uma parte do valor do ágio pago seja tomado como "fundo de comércio". Explico: não há determinação de que haja uma proporcionalidade, admitindo-se que o Fundo de comercio seja 5 Bilhões, uma vez que existe outros 7 Bilhões de expectativa de rentabilidade futura, o ágio poderia ser totalmente dedutível, pois, continuaria havendo amparo legal. Estou plenamente convencido de que inexistindo disposição contratual, ou qualquer outro documento ou registro contábil produzido pelas partes, estabelecendo que parte do valor pago a título de ágio tenha outro fundamento que não a rentabilidade futura, o valor é integralmente passível de amortização. (Acórdão n. 1402-00.802, 1ª Seção, 4ª Câmara, 2ª Turma Ordinária, sessão de 21 out. 2011. Relator Antônio José Praga de Souza)

É bastante claro que os elementos comprobatórios que evidenciam a alocação do ágio dentre os fundamentos econômicos previstos na legislação passam a ser fatores determinantes na defesa da amortização fiscal do ágio. Contudo, como já descrito, a legislação é bastante vaga quanto ao conteúdo da demonstração que comprova a alocação do fundamento econômico do ágio reconhecido na escrituração contábil do contribuinte.

De fato, não há qualquer referência na legislação acerca da forma e do conteúdo que essa demonstração necessitaria ter para ser considerada aceitável. Por conta da falta de clareza legislativa, as autoridades fiscais também incluíram no seu repertório de argumentos para repelir a amortização fiscal do ágio a desconsideração da documentação que suporta o ágio reconhecido pelos contribuintes.

Em estudo bastante interessante realizado por Túlio Lira,[8] que analisou 70 julgados do Conselho Administrativo de Recursos Fiscais (CARF) entre julho de 2006 e abril de 2014, listaram-se os requisitos de aceite da demonstração ou do laudo que evidencia o ágio fundamentado com base em rentabilidade futura a partir das decisões proferidas pelos conselheiros do CARF, os quais destacamos:

---

8   LIRA, Túlio Anderson Soares de. O laudo de mensuração do ágio por rentabilidade futura em operações societárias — antes e após a Lei 12.973/2014. *Revista Dialética de Direito Tributário*, n. 242, Rio de Janeiro, 2015.

i. elaboração por perito independente ou por empresa especializada devidamente identificado;

ii. respeito a normas e diretrizes contábeis;

iii. fundamentação em análise por fluxo de caixa descontado;

iv. embasamento em projeções a partir de resultados passados, tendências de mercado, mudanças de estratégias, aplicações de recursos e investimentos;

v. apresentação em língua portuguesa;

vi. preferência por laudo concomitante ou até anterior à aquisição das participações/pagamento;

vii. por vezes, admissão de avaliação posterior, mas claramente fundamentada em demonstrações anteriores ou contemporâneas à transação; e

viii. apresentação de documento devidamente datado e assinado.

Outra questão a ser destacada são as operações de aquisição de participação societária com ágio realizadas antes da vigência da Lei n. 12.973/2014, porém após a vigência do CPC 15, que ocorreu a partir de 1º de janeiro de 2010. Isso pois o CPC 15 trouxe mudanças significativas no processo de reconhecimento, mensuração e divulgação das operações de aquisição de controles de negócios, que podem incluir também a aquisição de investimento.

Apesar da vigência do Regime Tributário de Transição (RTT) nesse período, cujo objetivo era neutralizar, para fins de determinação das bases de cálculo do Imposto de Renda das Pessoas Jurídicas (IRPJ) e da Contribuição Social sobre o Lucro Líquido (CSLL), os efeitos decorrentes das modificações de métodos e critérios contábeis promovidos pelas novas normas publicadas pelo CPC e ratificadas pelos respectivos órgãos reguladores, a Receita Federal do Brasil (RFB) impôs aos contribuintes a escrituração contábil-fiscal denominada Controle Fiscal Contábil de Transição (FCont), pela qual o contribuinte deve evidenciar via escrituração de lançamentos contábeis as diferenças entre os elementos patrimoniais e de resultado da contabilidade antes e após a vigência da Lei n. 11.638/2007.

Considerando que as operações de aquisição de participação societária com ágio têm alta probabilidade de evidenciação de discrepâncias relevantes na comparação entre a aplicação das normas contábeis com base no CPC 15 e demais dispositivos publicados a partir da Lei n. 11.638/2007 e a norma contábil antes da vigência da referida lei, a escrituração incorreta ou ausente do FCont poderia potencialmente trazer novos argumentos às autoridades fiscais na glosa da amortização fiscal do ágio.

3. ASPECTOS NORMATIVOS DA ELABORAÇÃO DO LAUDO APÓS A VIGÊNCIA DA LEI N. 12.973/2014

Com a introdução da Lei n. 12.973/2014, alguns dos potenciais conflitos descritos na seção anterior foram, de certa forma, equacionados. Dentre eles, destacamos os seguintes itens:

i. O desdobramento do custo de aquisição passou a ter a seguinte ordem de alocação: (a) valor de patrimônio líquido na época da aquisição; (b) mais ou menos-valia, que corresponde à diferença entre o valor justo dos ativos líquidos da investida, na proporção da participação adquirida, e o valor do patrimônio líquido indicado em (a); (c) ágio por rentabilidade futura (*goodwill*), que corresponde à diferença entre o custo de aquisição do investimento e o somatório dos valores indicados em (a) e (b). Assim, em boa medida, o critério fiscal de mensuração e desdobramento de custo e aquisição passou a seguir o critério contábil, observando-se a existência de certos casos em que essa convergência não se verifica (como aquisição de participação societária sem a aquisição de controles, aquisição de participação societária pós-controle, exceções no reconhecimento e mensuração do PPA etc.).[9] Alguns desses casos serão comentados em maiores detalhes na próxima seção.

ii. Necessidade de elaboração do laudo de mais ou menos-valia por perito independente.[10]

---

9   Nova redação do art. 20 do Decreto-Lei n. 1.598/1977 após vigência da Lei n. 12.973/2014: "O contribuinte que avaliar investimento pelo valor de patrimônio líquido deverá, por ocasião da aquisição da participação, desdobrar o custo de aquisição em: I – valor de patrimônio líquido na época da aquisição, determinado de acordo com o disposto no artigo 21; II – mais ou menos-valia, que corresponde à diferença entre o valor justo dos ativos líquidos da investida, na proporção da porcentagem da participação adquirida, e o valor de que trata o inciso I do caput; e III – ágio por rentabilidade futura (goodwill), que corresponde à diferença entre o custo de aquisição do investimento e o somatório dos valores de que tratam os incisos I e II do caput. [...] § 5º A aquisição de participação societária sujeita à avaliação pelo valor do patrimônio líquido exige o reconhecimento e a mensuração: I – primeiramente, dos ativos identificáveis adquiridos e dos passivos assumidos a valor justo; e II – posteriormente, do ágio por rentabilidade futura (goodwill) ou do ganho proveniente de compra vantajosa".

10   "§ 3º O valor de que trata o inciso II do caput deverá ser baseado em laudo elaborado por perito independente que deverá ser protocolado na Secretaria da Receita Federal do Brasil ou cujo sumário deverá ser registrado em Cartório de Registro de Títulos e Documentos, até o último dia útil do 13º (décimo terceiro) mês subsequente ao da aquisição da participação."

iii. Tempestividade do arquivamento do laudo ou do seu sumário até o último dia útil do 13º mês subsequente ao da aquisição da participação societária. O laudo completo pode ser protocolado na RFB ou o sumário deverá ser registrado no Cartório de Títulos e Documentos.

iv. Regulamentação do conteúdo mínimo do sumário do laudo.

Um aspecto relevante a ser considerado a partir da vigência da Lei n. 12.973/2014 está no fato de o laudo servir somente para evidenciar os saldos de mais ou menos-valia dos ativos líquidos do investimento adquirido. Comparativamente à legislação anterior, essa é uma mudança bastante significativa, pois a redação do art. 20 do Decreto-Lei n. 1.598/1977 exigia a preparação de demonstração que comprovasse o ágio alocado com base nos fundamentos econômicos decorrentes da diferença entre o valor de mercado e o valor contábil dos bens do ativo registrados na investida e da rentabilidade futura da investida.

Assim, como o ágio fundamentado com base em rentabilidade futura, após a vigência da Lei n. 12.973/2014, passa a ter natureza residual, ou seja, é a parcela do custo de aquisição que não fora alocada ao valor justo dos ativos adquiridos e passivos assumidos da investida nos termos da legislação, seria possível interpretar que não haveria necessidade de suportar o ágio com base em demonstração ou laudo, pois, por conta da sua natureza residual e como esse valor não estaria associado diretamente a nenhum ativo líquido da investida, a sua comprovação estaria baseada justamente no conjunto de documentos e suportes da aquisição como um todo, como: contrato de compra e venda, comprovantes de pagamento, balanço ou balancete que evidencie o valor patrimonial da participação societária adquirida, laudo de mais ou menos-valia dos ativos líquidos do investimento adquirido, dentre outros.

Nas palavras de Edmar Andrade Filho:[11]

> parece claro que o controle sobre a adequação do valor do ágio, de acordo com as novas normas, se desloca e passa a recair sobre o preço de aquisição que deve ser provado pelo sujeito passivo e sobre o valor justo dos ativos e passivo da investida na data de aquisição e que servirá de cálculo da mais ou

---

11 FILHO, Edmar Oliveira Andrade. O regime jurídico tributário da mais-valia sobre investimentos e do ágio por rentabilidade futura na vigência da Lei nº 12.973/14. In: In: ROCHA, Sergio André (Coord.). *Direito Tributário, Societário e a Reforma da Lei das S/A*. São Paulo: Editora Quartier Latin, 2015. v. 4. p. 148.

menos-valia. Logo, o contribuinte deve adotar todas as cautelas acerca do cálculo do valor justo e atender com acuidade as regras sobre confecção e publicidade do laudo exigido para esse fim e também para atender as normas sobre evidenciação contábil dos valores e respectivas baixas. Como decorrência, o valor do ágio por rentabilidade é presumido pela Lei e resultante de um simples cálculo matemático, **de modo que a lei não mais exige laudo de avaliação para esta parcela**. (grifos nossos)

Ainda, a própria RFB, por meio da seção "Perguntas e Respostas" de seu site, demonstra entendimento de que o laudo ou estudo de rentabilidade futura não seria necessário para evidenciar o ágio pago em decorrência da aquisição de participação societária:

> **Q. 110 –** O laudo de avaliação deve ter por objeto apenas o valor justo dos ativos e passivos? Em outras palavras, o valor residual que corresponde ao ágio por rentabilidade futura (goodwill) ou ganho por compra vantajosa não precisa estar justificado no laudo?
>
> R. Sim. O laudo de avaliação tem por objeto a avaliação do valor justo dos ativos líquidos da investida.

A RFB publicou a IN n. 1.700/2017, que, em seu art. 178, § 7º, regulamentou o conteúdo mínimo que o sumário do laudo a ser registrado em Cartório de Registro de Títulos e Documentos deverá conter, o qual destacamos:

i. qualificação de adquirente, alienante e adquirida;

ii. data da aquisição;

iii. percentual adquirido do capital votante e do capital total;

iv. principais motivos e descrição da transação, incluindo potenciais direitos de voto;

v. discriminação e valor justo dos itens que compõem a contraprestação total transferida;

vi. relação individualizada dos ativos identificáveis adquiridos e dos passivos assumidos com os respectivos valores contábeis e valores justos; e

vii. identificação e assinatura do perito independente e do responsável pelo adquirente.

Um aspecto que poderia trazer potenciais conflitos entre contribuintes e autoridades fiscais está associado à exigência de relação individualizada dos ativos identificáveis adquiridos e dos passivos assumidos com os respectivos valores contábeis e justos.

A depender da natureza e da quantidade dos ativos líquidos da participação societária adquirida ou se essa faz parte de um grupo empresarial em que há ativos e passivos registrados em outras pessoas jurídicas pertencentes a esse grupo, é tarefa extremamente complexa, quando não inexequível, avaliar o valor justo de todos os ativos líquidos do grupo objeto de aquisição. Entendemos que neste ponto seria razoável aceitar algum critério de relevância e alocação na mensuração de ativos e passivos da participação societária objeto de aquisição.

Vale destacar também que, dependendo do grau de detalhamento do laudo, isso poderá trazer eventuais complexidades na reestruturação societária a ser empreendida caso o contribuinte decida, por exemplo, pela dedução fiscal da mais-valia do ativo, pois a mais-valia seria considerada integrante do custo do bem ou direito que lhe deu causa, para efeito de determinação de ganho ou perda de capital e do cômputo de depreciação, amortização ou exaustão, especialmente se os ativos estiverem registrados em controladas indiretas do investimento objeto de aquisição,[12] exceto em situações específicas permitidas pela legislação.[13]

4. COMPONENTES DO PPA QUE ESTARIAM POTENCIALMENTE FORA DO ALCANCE DO LAUDO

Conforme mencionado, uma das grandes modificações trazidas pela Lei n. 12.973/2014 no que se refere à aquisição de participações societárias foi convergir, dentro do possível, os critérios fiscais aos critérios contábeis de mensuração e reconhecimento da alocação do custo de aquisição.

---

12 Art. 20 da Lei n. 12.973/2014: "Nos casos de incorporação, fusão ou cisão, o saldo existente na contabilidade, na data da aquisição da participação societária, referente à mais-valia de que trata o inciso II do caput do art. 20 do Decreto-Lei n° 1.598/77, decorrente da aquisição da participação societária entre partes não dependentes, poderá ser considerado como integrante do custo do bem ou direito que lhe deu causa, para efeito de determinação do ganho ou perda de capital e do cômputo da depreciação, amortização ou exaustão". No mesmo sentido está o art. 21 da Lei n. 12.973/2014, que trata da menos-valia dos ativos adquiridos e dos passivos assumidos da participação societária adquirida.

13 Art. 20, § 1º, da Lei n. 12.973/2014: "Se o bem ou direito que lhe deu casa ao valor de que trata o caput não houver sido transferido, na hipótese de cisão, para o patrimônio da sucessora, esta poderá, para efeitos de apuração do lucro real, deduzir a referida importância em quotas fixas mensais e no prazo mínimo de 5 (cinco) anos contados da data do evento".

Uma das grandes confusões que geralmente ocorrem, em grande medida pelo emprego incorreto de linguagem, é associar o processo de reconhecimento e mensuração do PPA, com a parcela da mais ou menos-valia dos ativos líquidos da investida que estaria consubstanciada no laudo. A determinação do valor justo dos ativos líquidos do negócio adquirido, na hipótese de aquisição de controle desse negócio, é um dos passos a ser seguido pelo adquirente e não se deve confundir com o processo de PPA como um todo.

O processo de reconhecimento e mensuração das operações enquadradas como combinação de negócios, previsto pelo CPC 15, estabelece os seguintes passos:

i. identificação do adquirente;

ii. determinação da data de aquisição;

iii. reconhecimento e mensuração dos ativos identificáveis adquiridos e dos passivos assumidos na adquirida com base nos respectivos valores justos na data de aquisição;[14] e

iv. reconhecimento e mensuração do ágio por expectativa de rentabilidade futura (*goodwill*) ou ganho proveniente de compra vantajosa.

Apesar de o passo (iii) guardar bastante semelhança com o desdobramento do custo de aquisição previsto nos itens I e II do art. 20 do Decreto-Lei n. 1.598/1977, o CPC 15 prevê algumas exceções no processo de reconhecimento e mensuração de certos itens que não foram previstos expressamente pela Lei n. 12.973/2014, os quais destacamos a seguir.

4.1 Tributos sobre lucro reconhecidos por conta da aquisição da investida

De acordo com o item 24 do CPC 15, o adquirente deve reconhecer e mensurar ativos e passivos fiscais diferidos, advindos dos ativos adquiridos e dos passivos assumidos em uma combinação de negócios, de acordo com o Pronunciamento Técnico n. 32 do CPC (CPC 32). Ainda, o item 25 do referido CPC determina que

---

14 De acordo com o CPC 15, também deve ser incluído neste passo o reconhecimento e a mensuração da participação de não controladores na adquirida. Contudo, como esse componente é relevante apenas para fins de preparação das demonstrações consolidadas, bem como escrituração contábil individual é o ponto focal para fins tributários, não incluímos esse componente na listagem por não surtir impacto tributário.

o adquirente deve contabilizar os potenciais efeitos fiscais de diferenças temporárias e de prejuízos fiscais (ou bases de cálculo negativas da CSLL) da adquirida existentes na data da aquisição ou originados dela.

Dessa forma, caso sejam computadas diferenças entre as bases contábeis e fiscais em decorrência da mensuração dos ativos adquiridos e dos passivos assumidos da investida aos respectivos valores justos, o adquirente deverá reconhecer IRPJ/CSLL diferido ativo ou passivo sobre essas diferenças, que poderá impactar o valor do ágio reconhecido na escrituração contábil. Na mesma medida, na hipótese de a adquirida possuir ativos fiscais diferidos (como saldos de prejuízos fiscais e/ou bases de cálculo negativas da CSLL) não registrados em sua escrituração contábil pelo fato de não atenderem aos critérios previstos pelo CPC 32, mas por conta da aquisição a utilização desses ativos fiscais diferidos passe a ser provável, o adquirente deverá, na data de aquisição, reconhecer o IRPJ/CSLL diferido ativo, que também poderá impactar o valor contábil do ágio.

Tendo em vista que o reconhecimento do IRPJ/CSLL diferido ativo ou passivo nas hipóteses mencionadas não está associado à mensuração do valor justo ou da mais ou menos-valia do componente patrimonial IRPJ/CSLL diferido da investida, entendemos que o IRPJ/CSLL diferido não deveria ser computado para fins de desdobramento do custo de aquisição da participação societária adquirida. Consequentemente, é provável que haja discrepância entre o valor do ágio por rentabilidade futura contábil e o ágio fiscal, sendo que essa diferença deveria ser evidenciada por meio de registro em subcontas distintas.[15]

4.2 Ajustes por conta de mudanças de métodos e critérios contábeis na investida

Em um processo de aquisição de participação societária, é relativamente comum que os métodos e os critérios contábeis adotados pela participação societária adquirida, sob a influência do alienante, não sejam uniformes aos métodos e aos critérios contábeis adotados pelo adquirente. Podemos citar como exemplo a existência de políticas contábeis diferentes no que tange ao reconhecimento e à mensuração da provisão para perda de créditos de liquidação duvidosa (PCLD).

---

15 Decreto-Lei 1.598/77, art. 20: "§ 1º Os valores de que tratam os incisos I a III do caput serão registrados em subcontas distintas".

Sob a ótica contábil, o item 19 do ICPC n. 09 dispõe que, em primeiro lugar, os ativos e os passivos da entidade cujos instrumentos patrimoniais foram adquiridos devem ser ajustados, mesmo que extracontabilmente, com relação a todas as práticas contábeis relevantes utilizadas pela adquirente. Devem ser considerados nessa categoria de ajuste extracontábil somente aqueles decorrentes de mudança de prática contábil aceita para outra prática contábil também aceita. Assim, mudanças de estimativas e correções de erros contábeis devem ser ajustadas nas próprias demonstrações contábeis da adquirida.

A legislação tributária, especificamente o inciso II do art. 21 do Decreto-Lei n. 1.598/1977, também endereça essa situação na medida em que determina que, na hipótese de os critérios contábeis adotados pela investida e pelo contribuinte não serem uniformes, o contribuinte deverá escriturar no balanço ou balancete da investida os ajustes necessários para eliminar as diferenças relevantes decorrentes da diversidade de critérios.

Percebe-se aqui algumas sutilezas entre a norma contábil e a legislação tributária. Enquanto para a norma contábil apenas as mudanças decorrentes de estimativa ou correções de erros deveriam ser ajustadas na escrituração contábil da investida, a legislação tributária determina que qualquer mudança de critério contábil em decorrência de falta de uniformidade entre as políticas contábeis do adquirente e da investida deve ser ajustada na escrituração contábil da investida.

Outro aspecto associado a essa questão reside no fato de que, na determinação do valor patrimonial da participação societária adquirida, o adquirente deve considerar o valor do patrimônio líquido da investida com base em balanço patrimonial ou balancete de verificação levantado na data da aquisição, ou no máximo dois meses antes dela. Portanto, os ajustes decorrentes de não uniformidade de critérios contábeis deveriam, sob a ótica tributária, ser escriturados na contabilidade da investida no máximo até a data da aquisição da participação societária, sob pena de haver potencial "contaminação" dos demais componentes que fazem parte do desdobramento do custo de aquisição (como mais ou menos-valia de ativos e ágio).

As autoridades tributárias já manifestaram entendimento sobre essa questão, especialmente na hipótese de o investimento adquirido sofrer acréscimos ou reduções patrimoniais em razão de eventos ocorridos anteriormente à data do contrato, mas a escrituração contábil somente ter sido registrada em data posterior à aquisição. Nessa hipótese, as autoridades fiscais entenderam que ajustes contábeis posteriores à data de aquisição não podem ser considerados para fins de desdobramento do custo de aquisição da participação societária adquirida, pois a legislação tributária deixa claro que o patrimônio líquido será aquele apurado em balanço ou balancete levantado na data da aquisição, ou no máximo dois meses antes dela. Sob a ótica das autoridades fiscais, o acréscimo ou redução do patrimônio líquido da investida escriturado após a sua aquisição, mas antes de qualquer evento de incorporação, deveria ser reconhecido como ganho ou perda no investimento avaliado pela equivalência patrimonial, nos termos do art. 426 do Regulamento do Imposto de Renda recentemente publicado a partir do Decreto n. 9.580/2018 (RIR/2018).

5. HIPÓTESES DE DESCONSIDERAÇÃO DO LAUDO

Antes de adentrar nas hipóteses de desconsideração do laudo previstas pela Lei n. 12.973/2014, é importante ressaltar o caráter subjetivo da avaliação, pois os valores dos ativos e dos passivos são estimados com base em técnicas de avaliação que deveriam guardar nexo com a operação realizada e com a natureza do ativo ou passivo objeto de avaliação. Sendo tais valores apenas estimativas do que representariam, em tese, o valor de troca do ativo ou passivo separadamente com outra parte independente, estes não deveriam ser considerados uma predição exata do preço efetivamente transacionado no futuro. É importante notar neste ponto que, apesar de o objetivo do laudo não ser a determinação exata do preço a que o ativo objeto de avaliação seria transacionado, ele deve guardar coerência com a operação realizada. Caso isso não ocorra, pode-se abrir margem para potencial questionamento pelas autoridades fiscais.

Além das alterações promovidas pela Lei n. 12.973/14 quanto à determinação do custo de aquisição de investimentos avaliados pelo método da equivalência patrimonial (MEP), a referida lei também passou a prever hipótese de desconsideração do laudo pelas autoridades tributárias. De acordo com seus art. 20 a 22, o laudo será desconsiderado na hipótese em que os dados nele constantes apresentem comprovadamente vícios ou incorreções de caráter relevante.[16]

Em primeiro lugar, a legislação é bastante clara quanto à atribuição do ônus da prova às autoridades fiscais na comprovação da existência de vícios e incorreções relevantes no laudo para que esse seja desconsiderado para fins tributários. Assim, não basta às autoridades fiscais alegarem, de forma genérica, que o laudo contenha vícios ou incorreções relevantes. Elas devem estar consubstanciadas em provas e evidências documentais de que os fatos registrados no laudo não são verídicos.

---

16   Art. 20, § 4º; art. 21, § 4º; art. 22, § 2º, da Lei n. 12.973/2014.

O termo vícios empregado na legislação pode remeter aos dispositivos previstos no Código Civil, especificamente ao capítulo que trata dos defeitos dos negócios jurídicos. Nessa situação, um laudo viciado tem sua eficácia jurídica comprometida, podendo eventualmente ser anulado. Nas palavras de Jimir Doniak Jr.,[17] "o laudo viciado por erro é aquele elaborado a partir de dados não verdadeiros, o por dolo seria aquele atingido por erro provocado por comportamento malicioso de terceiro interessado, já o por coação é o laudo elaborado por ameaça".

Por outro lado, o termo incorreções tem conotação mais voltada à linguagem contábil, em que estaria associado a erros, falhas ou equívocos na substância do laudo. Essas incorreções poderiam estar associadas, por exemplo, à utilização de índices e indicadores que não estejam consistentes com as fontes indicadas pelo perito.

Contudo, vale ressaltar que não basta que as autoridades fiscais identifiquem vícios ou incorreções no laudo, mas esses elementos devem ser relevantes. Apesar de a legislação não definir expressamente em qual medida os vícios ou incorreções identificados deveriam ser qualificados como relevantes, entendemos que, na hipótese de o laudo não mais passar a refletir a realidade objeto de análise ou deixar de guardar coerência com a operação transacionada, poderiam ser criados espaços para potenciais questionamentos das autoridades fiscais.

Na hipótese de as autoridades fiscais lograrem êxito na desconsideração do laudo, não apenas a dedutibilidade fiscal da realização da mais ou menos-valia poderia ser prejudicada, mas também a amortização fiscal do ágio seria objeto de questionamento e potencial autuação. Portanto, apesar de a Lei n. 12.973/2014 estabelecer hipóteses de desconsideração do laudo de mais ou menos-valia, o poder das autoridades fiscais estaria restrito à validação formal do laudo que não estivesse aderente à legislação fiscal vigente, bem como à situação em que o laudo não guardasse consistência alguma com a operação de fato realizada.

6. CONSIDERAÇÕES FINAIS

A seguir, sumarizamos nossos comentários conclusivos acerca do tema.
- A Lei n. 12.973/2014 modificou substancialmente a legislação tributária que trada do desdobramento do custo de aquisição de investimento avaliado pelo valor de patrimônio líquido, bem como à sua evidenciação em

---

17 DONIAK JR., Jimir. Laudo da mais ou menos-valia de ativos. In: ROCHA, Sergio André (Coord.). *Direito Tributário, Societário e a Reforma da Lei das S/A*. São Paulo: Quartier Latin, 2015. v. 4. p. 289.

laudo de mais ou menos-valia dos ativos líquidos da investida. Essa mudança teve como objetivos, dentre outros, aproximar os critérios tributários aos critérios contábeis e reduzir litígios entre os contribuintes e as autoridades fiscais por conta da interpretação sobre como o custo de aquisição do investimento deveria ser desdobrado.

- Apesar dessa legislação ter sanado algumas questões que eram objeto de discussão entre as autoridades tributárias e os contribuintes, não foram sanadas todas as questões objeto de discussão antes da vigência da Lei n. 12.9973/2014, bem como há certos aspectos que ainda podem trazer potenciais litígios a depender de como as autoridades fiscais e os contribuintes interpretarem esses novos dispositivos legais.

- Dentre os aspectos que poderiam trazer potenciais conflitos entre contribuintes e autoridades fiscais, destacamos os seguintes:

  o exigência de relação individualizada dos ativos identificáveis adquiridos e dos passivos assumidos com os respectivos valores contábeis e justos. Dependendo da natureza e da quantidade dos ativos líquidos adquiridos da investida, bem como da complexidade do Grupo empresarial adquirido, caso esses ativos e passivos adquiridos estejam escriturados em outras pessoas jurídicas que são controladas ou coligadas da adquirida, a tarefa de individualização da atribuição dos valores justos para cada ativo torna-se extremamente complexa, quando não inexequível.

  o não endereçamento de certos componentes a alocação do custo de aquisição (PPA) pela Lei n. 1297/2014. Tais componentes estariam potencialmente fora do alcance do laudo e poderiam trazer discrepâncias entre os valores de ágio contábil e ágio fiscal, entre os quais:

    ■ tributos sobre lucro reconhecidos por conta da aquisição da investida; e

    ■ ajustes por conta de mudanças de métodos e critérios contábeis na investida.

- O processo de avaliação de bens ativos e passivos que compõem um negócio tem caráter subjetivo, pois trata-se de estimativas com base em técnicas de avaliação que deveriam guardar nexo com a operação realizada e com a natureza do item objeto de avaliação. A Lei n. 12.973/2014 introduziu a hipótese de a autoridade fiscal desconsiderar o laudo de avaliação da mais ou menos-valia dos ativos líquidos da participação societária adquirida na hipótese em que dos dados nele constantes apresentem comprovadamente vícios ou incorreções de caráter relevante.

- Vale ressaltar que o ônus da prova para comprovar a existência de vícios ou incorreções relevantes no laudo é das autoridades tributárias. Assim, não basta às autoridades fiscais alegar, de forma genérica, que o laudo contém vícios ou incorreções relevantes. Elas devem estar consubstanciadas em provas e evidências documentais de que os fatos registrados no laudo não são verídicos. Para que o laudo seja considerado viciado, a sua elaboração deveria estar baseada em dados e pressupostos não verdadeiros, o que pode comprometer a sua eficácia jurídica. Por outro lado, as incorreções estariam mais associadas a erros, falhas ou equívocos na substância do laudo. Contudo, os vícios ou erros identificados deveriam ser relevantes, o que significaria dizer nesta hipótese que o laudo deixa de refletir a realidade objeto de análise ou deixa de guardar coerência com a operação transacionada. Sob essas hipóteses, entendemos que poderiam ser criados espaços para potenciais questionamentos das autoridades tributárias.

- Na hipótese de as autoridades fiscais lograrem êxito na desconsideração do laudo, não apenas a dedutibilidade fiscal da realização da mais ou mesmo-valia poderia ser prejudicada, mas também a amortização do próprio ágio.

- Contudo, apesar de a Lei n. 12.973/2014 estabelecer hipóteses de desconsideração do laudo de mais ou menos-valia, o poder das autoridades fiscais estaria restrito à validação formal do laudo que não estivesse aderente à legislação fiscal vigente, bem como à situação em que o laudo não guardasse consistência com a operação de fato realizada.

TRANSFERÊNCIAS DE BENS E DIREITOS COM AVJ EM REORGANIZAÇÕES SOCIETÁRIAS

Ricardo Bolan[1]
Vinícius Alberto Rossi Nogueira[2]

1. INTRODUÇÃO

Após um período de parcial desvinculação com a contabilidade,[3] o Decreto-Lei n. 1.598/1977, instituído logo após a Lei n. 6.404/1976, elegeu o lucro líquido contábil como ponto de partida para a apuração do Imposto de Renda das Pessoas Jurídicas (IRPJ). Nos termos do referido Decreto-Lei, especialmente do seu artigo 6º,[4] aplicam-se sobre o lucro apurado em conformidade com a contabili-

---

1   Sócio do escritório Lefosse Advogados. Bacharel e mestre em Direito pela Pontifícia Universidade Católica de São Paulo (PUC-SP).

2   Advogado sênior do escritório Lefosse Advogados. Bacharel e mestre em Direito pela Universidade de São Paulo (USP). Doutorando em Economia pela Universidade Federal do Rio de Janeiro (UFRJ).

3   Não é escopo do presente trabalho analisar a evolução histórica da legislação do imposto de renda e sua relação com a ciência contábil. Para tanto, veja: BIFANO, Elidie Palma. Evolução do Regime Contábil Tributário no Brasil. In: MOSQUERA, Roberto Quiroga; LOPES, Alexsandro Broedel (Coord.). *Controvérsias jurídico-contábeis* (aproximações e distanciamentos). São Paulo: Dialética, 2011. v. 3. p. 142-151.

4   "Art 6º. Lucro real é o lucro líquido do exercício ajustado pelas adições, exclusões ou compensações prescritas ou autorizadas pela legislação tributária. § 1º O lucro líquido do exercício é a soma algébrica de lucro operacional (art. 11), dos resultados não operacionais, do saldo da conta de correção monetária (art. 51) e das participações, e deverá ser determinado com observância dos preceitos da lei comercial. § 2º Na determinação do lucro real serão adicionados ao lucro líquido do exercício: a) os custos, despesas, encargos, perdas, provisões, participações e quaisquer outros valores deduzidos na apuração do lucro líquido que, de acordo com a legislação tributária,

68 Impactos tributários decorrentes da adoção do IFRS no Brasil

dade societária as adições e as exclusões previstas em lei para, então, chegar-se ao lucro real, base de cálculo do IRPJ.

Durante esse período, a contabilidade societária era praticada sob forte influência do direito, sobretudo da legislação fiscal.[5] As taxas de depreciação de bens do ativo imobilizado, por exemplo, seguiam o estabelecido pela legislação do imposto de renda, embora muitas vezes não representassem o efetivo tempo de vida útil econômica dos bens. O mesmo pode-se dizer quanto ao critério de reconhecimento e avaliação de diversos elementos patrimoniais da sociedade, calcado na identidade dos negócios jurídicos conforme tipificados pelo ordenamento jurídico.

Por essa razão, poucas eram as situações de conflito entre as práticas contábeis então vigentes e a legislação tributária no que tange à apuração do IRPJ com base no lucro líquido do exercício. No entanto, com a edição da Lei n. 11.638/2007, iniciou-se uma série de mudanças na forma como a contabilidade societária deveria reconhecer e apurar as mutações patrimoniais das sociedades. Essas alterações visaram adaptar a contabilidade brasileira aos padrões contábeis internacionais, especialmente ao *International Report Financial Standrds* (IFRS).

Esse novo paradigma contábil, trazido pela Lei n. 11.638/2007, destoa substancialmente da antiga contabilidade societária, que, como visto, costumava reconhecer e tratar os fatos econômico-financeiros relativos às sociedades mais em linha com as formalidades dos institutos diretamente regidos pelas normas de direito.

Embora o novo paradigma não tenha alterado o objetivo primordial da contabilidade, qual seja, informar investidores e demais tomadores de decisão sobre a condição econômico-financeira de uma sociedade,[6] ele estabeleceu regras, prin-

---

não sejam dedutíveis na determinação do lucro real; b) os resultados, rendimentos, receitas e quaisquer outros valores não incluídos na apuração do lucro líquido que, de acordo com a legislação tributária, devam ser computados na determinação do lucro real. § 3º Na determinação do lucro real poderão ser excluídos do lucro líquido do exercício: a) os valores cuja dedução seja autorizada pela legislação tributária e que não tenham sido computados na apuração do lucro líquido do exercício; b) os resultados, rendimentos, receitas e quaisquer outros valores incluídos na apuração do lucro líquido que, de acordo com a legislação tributária, não sejam computados no lucro real; c) os prejuízos de exercícios anteriores, observado o disposto no artigo 64."

5 Vitor Polizelli, em estudo sobre o tema das relações entre direito tributário e contabilidade, aponta que boa parte da doutrina especializada também reconhecia que a contabilidade societária então vigente no Brasil era bastante dependente do direito, especialmente do direito tributário. Vide: POLIZELLI, Victor Borges. Balanço comercial e balanço fiscal: relações entre o direito contábil e o direito tributário e o modelo adotado pelo Brasil. *Revista Direito Tributário Atual*, São Paulo, n. 24, p. 584-608, 2010.

6 Conforme item 0B2 do Pronunciamento Contábil Básico: "O objetivo do relatório contábil-financeiro de propósito geral é fornecer informações contábil-financeiras acerca da entidade que reporta

cípios e valores próprios para atingir tal objetivo, emancipados daqueles estabelecidos pelo direito. Ele também estabeleceu novas técnicas de modelagens, estimativas e julgamentos de fatos e eventos que, no mais das vezes, divergem da forma como o sistema jurídico brasileiro infere, reconhece e valora bens, direitos e obrigações da mesma sociedade.

A recomendação para a utilização desse novo instrumental técnico é trazida logo no Pronunciamento Contábil Básico[7] emitido pelo Comitê de Pronunciamentos Contábeis (CPC 00), que, em conjunto com a Lei n. 6.404/1976 (e suas alterações), inaugura uma série de normativos que regulam e informam a "nova" prática contábil:

> Em larga extensão, os relatórios contábil-financeiros são baseados em estimativas, julgamentos e modelos e não em descrições ou retratos exatos. A estrutura conceitual estabelece os conceitos que devem amparar tais estimativas, julgamentos e modelos.

A contabilidade passa, assim, a inferir a realidade a partir desses instrumentais, reconhecendo a constituição e as posteriores mutações patrimoniais da sociedade com base em uma metodologia própria, que não se limita a descrevê-las em sua forma jurídica.

Eis, então, o grande ponto de separação entre a nova prática contábil e o direito: a primeira preocupa-se em descrever a realidade a partir do que ela é capaz de apurar, por meio de técnicas e métodos próprios, buscando representar a essência econômica dos fatos,[8] enquanto o segundo ocupa-se de regular as relações entre os sujeitos a partir de um sistema normativo previamente posto que as obriga, permite ou proíbe.[9]

---

essa informação (reporting entity) que sejam úteis a investidores existentes e em potencial, a credores por empréstimos e a outros credores, quando da tomada de decisão ligada ao fornecimento de recursos para a entidade. Essas decisões envolvem comprar, vender ou manter participações em instrumentos patrimoniais e em instrumentos de dívida, e a oferecer ou disponibilizar empréstimos ou outras formas de crédito".

7 OB.11, pg. 9. Este Pronunciamento foi elaborado a partir de *The Conceptual Framework for Financial Reporting (BV 2011)*, emitido pelo International Accounting Standards Board (IASB).

8 Segundo Parecer de Orientação da Comissão de Valores Mobiliários (CVM) n. 37/2011: "a contabilidade somente cumprirá sua função essencial de fornecer informações úteis ao processo de tomada de decisão de seus usuários se refletir verdadeiramente a realidade econômica subjacente".

9 CARVALHO, Paulo de Barros. *Direito Tributário*: linguagem e método. 4. ed. São Paulo: Noeses, 2011. p. 174-175.

Nesse sentido, o novo paradigma contábil determina que, para fazer uma representação apropriada dos fatos econômico-financeiros que compõem e modificam o patrimônio da sociedade, é imperioso que se abdique do formalismo jurídico com que esses fatos se revestem. Trata-se do ideal da "prevalência da essência sobre a forma jurídica".

Nas palavras de Sérgio de Iudícibus,[10] atualmente

> A prevalência da essência sobre a forma é, certamente, a principal raiz que nutre e sustenta toda a árvore contábil. Quando se souber entendê-la e aplicá-la com propriedade, se chegará ao ponto mais alto da evolução contábil, no qual se saberá dosar relevância, objetividade e subjetivismo responsável.

Assim, a nova contabilidade societária passa a informar sobre acréscimos ou decréscimos de riqueza da sociedade a partir de uma avaliação independente de fatos que, na visão da própria contabilidade, traduz sua essência econômica. Quando analisados pela perspectiva do direito, contudo, esses fatos podem ainda não representar a aquisição, transferência ou perda de um bem, direito ou obrigação. Daí falar-se em "patrimônio contábil" como um instituto próprio da linguagem contábil e que deixou de ser equivalente ao "patrimônio jurídico".

Ricardo Mariz de Oliveira[11] muito bem explica a dissociação entre os sistemas contábil e jurídico:

> Neste cenário, tipicamente nacional, muitas diretrizes contábeis ora obrigatórias chocam-se com a realidade jurídica para dar uma leitura própria e distinta dos elementos do patrimônio empresarial e às ações em torno dele, inclusive as que acarretam mudanças para mais e para menos. Algumas poucas vezes a leitura contábil dos fenômenos econômicos chega a modificar propriedades intrínsecas aos respectivos negócios jurídicos ou aos titulares de direitos e obrigações deles emergentes (exemplo: "leasing" financeiro, considerado compra a prazo, em que o arrendador e proprietário é encarado

---

10 IUDÍCIBUS, Sérgio de. Essência sobre a forma e o valor justo: duas faces da mesma moeda. In: MOSQUERA, Roberto Quiroga; LOPES, Alexsandro Broedel (Coord.). *Controvérsias jurídico-contábeis* (aproximações e distanciamentos). São Paulo: Dialética, 2010. v. 1. p. 465-466.

11 OLIVEIRA, Ricardo Mariz de. Lei n. 12973: efeitos tributários das modificações contábeis (escrituração x realismo jurídico). In: CARVALHO, Paulo Barros de (Coord.). *O direito tributário entre a forma e o conteúdo*. São Paulo: IBET; Noeses, 2014. p. 1045.

como se fosse vendedor, e o arrendatário como comprador e proprietário), outras vezes, mais comuns, altera efeitos e elementos de negócios jurídicos, considerando como se tivessem naturezas distintas os direitos e as obrigações a eles relativos e cuja existência é uma e indissociável (exemplo: ajuste a valor presente derivados da dissociação, dentro do preço de venda devido a prazo, de parte do mesmo como se fosse receita ou despesa de um contrato de financiamento). Em outras vezes, igualmente frequentes, a contabilidade antecipa efeitos patrimoniais esperados e possíveis, mas ainda não concretizados (casos de realização antecipada de ativos ou passivos em nome dos ajustes a valor justo).

Como a mudança de paradigma contábil poderia provocar inúmeros impactos sobre a apuração do lucro real, que, como visto, depende do lucro contábil, a Lei n. 11.941/2009 estabeleceu um período de transição em que a apuração do IRPJ continuaria a ser realizada a partir da contabilidade societária anterior à Lei 11.638/2007. Esse período ficou conhecido como Regime Tributário de Transição (RTT).[12]

Com a edição da Medida Provisória (MP) n. 627/2013, posteriormente convertida na Lei n. 12.973/2014, foi posto fim ao RTT e estabeleceu-se, ou buscou-se estabelecer, nova conciliação entre a contabilidade societária e a apuração do lucro real. Assim, o lucro real voltou a ser apurado a partir do lucro líquido, este calculado a partir dos princípios e regras trazidos pelo novo paradigma contábil.

Contudo, como mencionado, a contabilidade societária reconhece ingressos e saídas do patrimônio contábil da sociedade que, muitas vezes, ainda não recebem tratamento por parte do direito. Como a ciência contábil e o direito inferem a realidade a partir de regras, princípios e axiomas próprios, é de se esperar que exista um sem-fim de dissociações e conflitos entre eles. O legislador tributário, mesmo com a edição da Lei n. 12.973/2014, não foi capaz de prever e regular todos esses pontos de maneira exaustiva, nem poderia sê-lo, cabendo ao intérprete essa função.

---

12 Escapa ao propósito do presente trabalho analisar o período do RTT. Para maiores detalhes sobre este tema, veja: MOSQUERA, Roberto Quiroga; LOPES, Alexsandro Broedel (Coord.). *Controvérsias jurídico-contábeis* (aproximações e distanciamentos). São Paulo: Dialética, 2010. v. 1. FERNANDES, Edison Carlos; PEIXOTO, Marcelo Magalhães. Aspectos tributários da nova Lei Contábil: Lei 11.638/07 (com a Lei 11.941/09). São Paulo: MP, 2010.

Dessa forma, deve-se reconhecer como um dado inerente ao sistema de apuração do imposto de renda brasileiro a possibilidade de haver acréscimos ou decréscimos captados pelo patrimônio contábil que, para fins legais, ainda não representem efetiva aquisição de novo bem ou direito ou assunção de nova obrigação pela sociedade beneficiária e que, portanto, não deveriam informar o fato gerador do IRPJ. Em outras palavras, não é somente porque a contabilidade reconhece e mensura determinado fenômeno como parte integrante do patrimônio contábil da sociedade que deverá a legislação do IRPJ também recepcioná-lo como tal.

Inúmeros são os exemplos que ilustram essa conclusão. Um dos mais emblemáticos, e que é objeto da presente análise, é o acréscimo (ou decréscimo) ao lucro líquido do exercício provocado pelos ajustes relativos à avaliação a valor justo (AVJ) de ativos e passivos da sociedade. Como veremos adiante, a AVJ pode ser definida, grosso modo, como uma técnica contábil de mensuração prospectiva de ativos e passivos da sociedade a fim de reportá-los a partir de seu suposto valor de mercado.

Os ajustes de AVJ, como regra geral, seriam neutros para fins tributários. A Lei n. 12.973/2014 estabelece que os seus efeitos sobre o lucro contábil do período seriam excluídos temporariamente do lucro real até que o ativo ou passivo que lhes deu causa seja realizado pela sociedade por meio de alienação, baixa, amortização, depreciação ou exaustão. Entretanto, algumas situações excepcionais podem gerar distorções relevantes sobre tal neutralidade.

O objetivo do presente artigo é analisar uma dessas situações: os efeitos da AVJ no lucro real quando o ativo/passivo que lhe deu causa é envolvido numa operação de reestruturação societária (incorporação, fusão ou cisão) ou em certas transações entre a sociedade e seus acionistas (subscrição e integralização de capital de sociedade, redução de capital da sociedade com bens e direitos, e liquidação de sociedade com devolução de bens a seus sócios).

Para tanto, apresentaremos nossas considerações gerais sobre o conceito de AVJ e seu tratamento contábil e jurídico na Seção 2 deste trabalho. Na Seção 3, analisaremos as regras e os princípios informadores do sistema de apuração e recolhimento do IRPJ e suas possíveis tensões com o reconhecimento e o tratamento contábil dos saldos de AVJ. Em seguida, na Seção 4, trataremos especificamente da casuística das operações entre a sociedade e suas partes relacionadas ou seus acionistas envolvendo ativos e passivos sujeitos aos ajustes de AVJ.

2. CONSIDERAÇÕES GERAIS SOBRE A AVJ

2.1 Tratamento dado pela Lei n. 6.404/1976 e pelos Pronunciamentos da CPC

Como visto anteriormente, a finalidade da contabilidade societária é fornecer informações úteis sobre a situação contábil-financeira da sociedade para todos os interessados. Para tanto, conforme Parecer de Orientação do Conselho de Valores Mobiliários (CVM) n. 37/2011 e CPC 00, a informação deve ser relevante e fidedigna. Informação contábil relevante é aquela que possua valor preditivo (base para que o usuário possa projetar resultados futuros da entidade) e/ou valor confirmatório (elemento para que o usuário confirme predições anteriores). Informação contábil fidedigna, por sua vez, é aquela que retrata a situação patrimonial da sociedade de forma completa, neutra e livre de erros, na medida do possível.

A partir dessas premissas, a contabilidade societária define dois métodos principais para o reconhecimento e a mensuração de ativos e passivos da sociedade: (i) a partir dos valores pelos quais eles ingressam no seu patrimônio – o custo histórico, que representa um valor recuperável pela sociedade; ou (ii) a partir de valores pelos quais eles poderiam sair desse patrimônio – o valor justo, que representa um potencial valor a ser recebido pela sociedade e pago pelo mercado.[13]

Nesses termos, a AVJ poderia ser definida como uma técnica contábil, dentre algumas possíveis, para reconhecimento e mensuração do valor dos ativos e dos passivos da sociedade. O Pronunciamento Técnico n. 46 do CPC (CPC 46)[14] define AVJ como "o preço que seria recebido pela venda de um ativo ou que seria pago pela transferência de um passivo em uma transação não forçada entre participantes do mercado na data de mensuração".

A mensuração de ativos e passivos com base em seu valor justo foi efetivamente introduzida no Brasil pela Lei n. 11.941/2009, embora muitos dos elementos que formam o seu conceito já pudessem ser encontrados no texto original da

---

13 Para uma análise mais aprofundada sobre valores de entrada e saída do patrimônio contábil da sociedade, veja: HADDAD, Gustavo L; SANTOS, Luiz Alberto Paixão dos. Reflexos tributários dos efeitos contábeis decorrentes da avaliação a valor justo. In: MOSQUERA, Roberto Quiroga; LOPES, Alexsandro Broedel (Coord.). *Controvérsias jurídico-contábeis* (aproximações e distanciamentos). São Paulo: Dialética, 2014. v. 5. p. 101-148.

14 Elaborado a partir do IFRS 13 – *Fair Value Measurement* (IASB).

Lei 6.404/1976 e nas alterações trazidas pela Lei n. 11.638/2007, ainda que ambas tratassem do conceito de valor de mercado à época em que foram editadas.

Em que pese suas aproximações e, de certa forma, seu uso intercambiável pelas normas societárias ao longo da evolução legislativa da Lei n. 6.404/1976, o valor justo não deve ser confundido com o valor de mercado. Embora em muitas situações esses conceitos se aproximem e possam até mesmo reproduzir mesmo valor, em outras tantas eles assumem significados distintos.

Alfred M. King[15] informa que a principal diferença entre os conceitos é que, no valor justo, a valoração depende exclusivamente da perspectiva do vendedor, isto é, do detentor do ativo/passivo, ao passo que o valor de mercado leva em consideração os interesses de ambas as partes do negócio, comprador e vendedor. O valor de mercado é de maior pragmatismo, uma vez que se baseia em transações de fato ocorridas, ao passo que o valor justo representa uma expectativa, dentro de juízos de razoabilidade do vendedor, do valor a que faria jus caso decidisse alienar seu ativo/passivo.

Vê-se, portanto, que o termo "valor justo" é de fato mais apropriado que "valor de mercado" à avaliação de ativos e passivos de uma sociedade quando executada por ela mesma, seja quando do ingresso do ativo/passivo em seu patrimônio, seja em momento posterior, pois tal avaliação é realizada unilateralmente, na perspectiva da própria sociedade, sem levar em consideração os interesses de um pretenso adquirente. Essa conclusão é importante e será retomada na Seção 4 deste trabalho.

O art. 183 da Lei n. 6.404/1976 trata dos ativos sujeitos à avaliação a valor justo, sendo estes: os direitos, os títulos de crédito, bem como os instrumentos financeiros, incluindo-se os derivativos, classificados no ativo circulante, realizável a longo prazo, estoques etc.

O CPC 46 indica algumas das características elementares da mensuração de ativos e passivos a valor justo que devem ser observadas pelas sociedades:

i. Deve ser considerado o mercado principal do ativo ou passivo ou, na sua ausência, o mercado mais vantajoso (§ 16).

ii. Devem ser utilizadas as premissas que os participantes do mercado utilizariam ao precificar o ativo ou passivo, presumindo-se que estes ajam em seu melhor interesse econômico (§ 22).

---

15 KING, Alfred M. Conceito de valor justo. In: CATTY, James P. *IFRS*: guia de aplicação do valor justo. Porto Alegre: Bookman, 2013. p. 15-16.

iii. Deve ser considerada a capacidade do participante do mercado de gerar benefícios econômicos utilizando o ativo em seu melhor uso possível (§ 27).

iv. O melhor uso possível de um ativo não financeiro leva em consideração o seu uso no limite do fisicamente possível, do legalmente permitido e do financeiramente viável (§ 28).

A legislação societária não define propriamente as situações em que a avaliação a valor justo é facultativa ou obrigatória. Contudo, os diversos Pronunciamentos do CPC, que acabam por compor o arcabouço normativo geralmente utilizado pela contabilidade societária, recomendam a sua utilização para a mensuração do valor dos seguintes tipos de ativos e passivos:[16]

i. ativos imobilizados no momento da adoção inicial do novo padrão contábil (*deemed cost*) – Interpretação Técnica n. 10 do CPC (ICPC 10);

ii. produtos e serviços recebidos em transações com pagamento baseado em ações – CPC 10;

iii. propriedade mantida para investimento – CPC 28;

iv. ativos biológicos – CPC 29;

v. investimento residual em sociedade antigamente controlada – CPC 36;

vi. ativos financeiros – CPC 38.

Nesses casos, a sociedade pode, ou deve, mensurar ela mesma seus ativos e seus passivos a valor justo sem que esteja a transacioná-los com terceiros. Trata-se da aplicação dos conceitos de AVJ unilateralmente, somente na perspectiva da sociedade.

As normas contábeis também preveem a adoção da avaliação a valor justo em transações com terceiros definidas como combinações de negócios (CPC 15). Nesse caso, contudo, a referibilidade de mercado é mais tangível, na medida em que a avaliação decorre de uma efetiva operação comercial realizada pela sociedade com partes não relacionadas.

---

16 Existem discussões sobre a ampliação da utilização da AVJ para passivos e outros ativos que não aqueles previstos pelo art. 183 da Lei n. 6.404/1976. Para mais detalhes sobre o tema, vide: BIANCO, João Francisco. O conceito de valor justo e seus reflexos tributários. In: MOSQUERA, Roberto Quiroga; LOPES, Alexsandro Broedel (Coord.). *Controvérsias jurídico-contábeis* (aproximações e distanciamentos). São Paulo: Dialética, 2014. v. 5. p. 160-174. No mesmo sentido: FERNANDES, Edison Carlos. Valor justo: conceito jurídico, reconhecimento, mensuração, divulgação e tratamento tributário. In: MOSQUERA, Roberto Quiroga; LOPES, Alexsandro Broedel (Coord.). *Controvérsias jurídico-contábeis* (aproximações e distanciamentos). São Paulo: Dialética, 2014. v. 5. p. 51-76.

Não abordaremos neste trabalho os reflexos da AVJ quando realizada no contexto de uma combinação de negócios (CPC 15), mas somente quando realizada unilateralmente pela sociedade detentora do ativo ou passivo, nas situações descritas anteriormente (itens i a vi).

Parece não haver muita discussão sobre o fato de que a mensuração de um ativo ou passivo com base em seu valor justo confere mais qualidade à informação contábil, na medida em que representa um valor mais próximo àquele de mercado, refletindo de forma mais fidedigna a situação patrimonial da sociedade. Ademais, a AVJ também permite ao usuário da informação realizar comparações entre sociedades com maior acuidade, pois quaisquer sociedades que detenham ativos ou passivos semelhantes atribuirão a eles um valor parecido, parametrizado com o mercado.

Para fins contábeis, a contrapartida do reconhecimento e da mensuração de ativos e passivos pelo seu valor justo geralmente é feita a crédito de conta de resultado do exercício (ganho ou perda). Há exceções, entretanto, como os ajustes em instrumentos financeiros mantidos para venda futura, que devem ser lançados em conta de patrimônio líquido.

Não obstante, exceto pelos casos envolvendo combinação de negócios, a AVJ permanece uma mera estimativa, não representando o valor dispendido ou recebido pela sociedade para a aquisição do respectivo ativo ou passivo ou um valor que a sociedade efetivamente recebeu ou dispendeu. Dessa forma, embora o valor da AVJ represente uma informação útil àquele que pretende tomar uma decisão a partir da situação econômico-financeira da sociedade, ele não representa efetivo patrimônio da companhia, ao menos quando analisado sob a perspectiva do direito.

Nessa mesma linha, o saldo de AVJ não pode ser considerado um elemento representativo de acréscimo ou decréscimo de riqueza da sociedade porque é mera estimativa do valor de seu ativo ou passivo, e este valor estimado não pode ser exigido de terceiros, sequer representa um interesse juridicamente tutelado pelo direito. E é exatamente por essa razão que o legislador tributário buscou neutralizar os efeitos da AVJ sobre o lucro tributável da sociedade no momento de seu reconhecimento contábil, como veremos a seguir.

2.2 Aspectos gerais do tratamento fiscal

Nos termos do art. 13 da Lei n. 12.973/2014,[17] os ganhos registrados em razão de ajustes em ativos e passivos em função de sua mensuração a valor justo, desde

---

17 "Art. 13. O ganho decorrente de avaliação de ativo ou passivo com base no valor justo não será computado na determinação do lucro real desde que o respectivo aumento no valor do ativo ou

que sejam evidenciados em subcontas vinculadas ao respectivo ativo/passivo, não devem ser considerados na apuração do lucro real. Eles serão, contudo, oferecidos à tributação na medida em que o ativo/passivo que os gerou é realizado, seja mediante alienação, baixa, depreciação, amortização ou exaustão.

As perdas por AVJ, por sua vez, são indedutíveis no momento em que reconhecidas pela contabilidade, podendo ser computadas no lucro real à medida que o respectivo ativo/passivo for realizado, também desde que esses ajustes sejam contabilmente evidenciados por meio de subcontas, conforme o estabelecido pelo art. 14 da Lei n. 12.973/2014.[18]

Dessa forma, pode-se ver que o legislador tributário andou bem ao estabelecer relativa neutralidade fiscal para os reflexos do reconhecimento imediato da AVJ sobre o lucro líquido da sociedade. Somente quando da sua efetiva realização, estritamente conectada com a realização do próprio ativo ou passivo que lhe deu causa, mediante alienação, baixa, depreciação, amortização ou exaustão, é que

---

a redução no valor do passivo seja evidenciado contabilmente em subconta vinculada ao ativo ou passivo. § 1º O ganho evidenciado por meio da subconta de que trata o caput será computado na determinação do lucro real à medida que o ativo for realizado, inclusive mediante depreciação, amortização, exaustão, alienação ou baixa, ou quando o passivo for liquidado ou baixado. § 2º O ganho a que se refere o § 1º não será computado na determinação do lucro real caso o valor realizado, inclusive mediante depreciação, amortização, exaustão, alienação ou baixa, seja indedutível. § 3º Na hipótese de não ser evidenciado por meio de subconta na forma prevista no caput, o ganho será tributado. § 4º Na hipótese de que trata o § 3º, o ganho não poderá acarretar redução de prejuízo fiscal do período, devendo, neste caso, ser considerado em período de apuração seguinte em que exista lucro real antes do cômputo do referido ganho. § 5º O disposto neste artigo não se aplica aos ganhos no reconhecimento inicial de ativos avaliados com base no valor justo decorrentes de doações recebidas de terceiros. § 6º No caso de operações de permuta que envolvam troca de ativo ou passivo de que trata o caput, o ganho decorrente da avaliação com base no valor justo poderá ser computado na determinação do lucro real na medida da realização do ativo ou passivo recebido na permuta, de acordo com as hipóteses previstas nos §§ 1º a 4º."

18 "Art. 14. A perda decorrente de avaliação de ativo ou passivo com base no valor justo somente poderá ser computada na determinação do lucro real à medida que o ativo for realizado, inclusive mediante depreciação, amortização, exaustão, alienação ou baixa, ou quando o passivo for liquidado ou baixado, e desde que a respectiva redução no valor do ativo ou aumento no valor do passivo seja evidenciada contabilmente em subconta vinculada ao ativo ou passivo. (Vigência) § 1º A perda a que se refere este artigo não será computada na determinação do lucro real caso o valor realizado, inclusive mediante depreciação, amortização, exaustão, alienação ou baixa, seja indedutível. § 2º Na hipótese de não ser evidenciada por meio de subconta na forma prevista no caput, a perda será considerada indedutível na apuração do lucro real."

haverá o reconhecimento tributário dos efeitos da AVJ, mediante sua inclusão ou exclusão, conforme o caso, no lucro tributável da sociedade.

Note-se, contudo, que mesmo após a efetiva realização fiscal do saldo de AVJ, havendo o seu efetivo reconhecimento na apuração do lucro real concomitantemente à realização do ativo/passivo que lhe deu causa, geralmente os seus efeitos financeiros permanecem, ao final do procedimento, matematicamente neutros para fins fiscais.

Tomemos, por exemplo, os casos envolvendo ativo com ajustes de AVJ sujeito a quotas de depreciação, amortização ou exaustão. Para fins contábeis, o saldo de AVJ é creditado na conta de resultado de lucro líquido no mesmo período de sua mensuração, porém é reconhecido para fins fiscais apenas à medida da depreciação/amortização/exaustão do ativo, quando deve ser, então, incluído ao lucro real do período correspondente.

Quando o contribuinte procede com o reconhecimento fiscal desse saldo de AVJ ele deve, no mesmo período, considerar as próprias despesas com a amortização/depreciação/exaustão do ativo, que, caso se tratem de despesas dedutíveis, reduzem o lucro líquido e o lucro real do período. O valor da despesa de depreciação/amortização/exaustão é calculado a partir do "novo" valor contábil do ativo, que inclui o saldo de AVJ.

Dessa forma, se por um lado o contribuinte reconhece uma receita de AVJ para fins fiscais na medida da depreciação/amortização/exaustão do ativo, por outro, ele também deve reconhecer uma despesa dedutível calculada proporcionalmente sobre o valor total do ativo, que inclui o próprio saldo de AVJ. Como o valor da AVJ é incluído como receita e excluído como despesa no mesmo período fiscal e segundo as mesmas taxas de depreciação/amortização/exaustão, é possível concluir que seu efeito é, nesse caso, nulo para fins fiscais. Assim, ao final desse procedimento, o contribuinte acabará por reconhecer como efetiva despesa dedutível um valor líquido igual ao custo de aquisição do ativo, como se nenhum ajuste de AVJ tivesse ocorrido.

O mesmo raciocínio é aplicado aos casos de alienação ou baixa. No caso da baixa, ao mesmo tempo que o saldo de AVJ deve ser incluído no lucro real, a correspondente perda também deve ser excluída (caso se trate de uma perda dedutível), de forma que a perda líquida para fins fiscais acaba sendo, novamente, o valor inicialmente atribuído ao ativo baixado (seu custo de aquisição).

Já no caso de alienação, o saldo de AVJ deve ser adicionado ao lucro real ao mesmo tempo que o valor do custo de aquisição para fins fiscais passa a incorporá-lo, o que reduz o valor ganho tributável apurado pela diferença entre o preço recebido e o custo do ativo alienado.[19] Novamente, o impacto fiscal da AVJ é nulo, pois, ainda que ela fosse totalmente desconsiderada para fins tributários, não seria computada no lucro real do período relativo à alienação do ativo, ao mesmo passo que não comporia o valor de seu custo de aquisição. Assim, quando da alienação desse ativo, todo o valor compreendido pela diferença entre o preço recebido e o custo de aquisição seria oferecido à tributação como ganho de capital.[20]

Contudo, pode haver casos em que o ativo ou passivo sujeito aos ajustes de AVJ não seja propriamente objeto de alienação, baixa, depreciação, amortização ou exaustão pela sociedade. Em vez disso, ele é transferido, movimentado, a outras sociedades ou pessoas pertencentes ao mesmo grupo societário em razão de uma reestruturação societária.

As operações que melhor exemplificam reestruturações societárias seriam (i) a incorporação, fusão ou cisão da sociedade – representando hipótese de sucessão legal de patrimônio; (ii) a contribuição de bens e direitos ao capital de uma sociedade investida e o seu retorno via redução de capital; (iii) a permuta de bens e direitos entre partes relacionadas (fora do contexto de combinação de negócios tratada pelo CPC 15); e (iv) a liquidação da sociedade com retorno de bens e direitos a seus acionistas – representando transações de capital. O legislador também buscou regular estas situações na Lei n. 12.973/2014.

2.2.1 Sucessão de ativos e passivos

O artigo 26[21] estabelece que, nos casos de cisão, fusão e incorporação, os ganhos decorrentes de AVJ feitas pela sociedade sucedida não poderão ser considerados na sucessora como integrante do custo do bem ou direito que lhe deu

---

19 Assumindo que o preço recebido seja igual ou superior ao valor do custo de aquisição do ativo acrescido pelo saldo de AVJ.

20 Vale ressaltar que a equivalência matemática aqui demonstrada somente é alcançada porque tanto o ganho de capital tributável como a receita produzida pelo reconhecimento fiscal do saldo de AVJ sujeitam-se ao IRPJ à mesma alíquota.

21 "Art. 26 Nos casos de incorporação, fusão ou cisão, os ganhos decorrentes de avaliação com base no valor justo na sucedida não poderão ser considerados na sucessora como integrante do custo do bem ou direito que lhe deu causa para efeito de determinação de ganho ou perda de capital e do cômputo da depreciação, amortização ou exaustão.

Parágrafo único. Os ganhos e perdas evidenciados nas subcontas de que tratam os arts. 13 e 14 transferidos em decorrência de incorporação, fusão ou cisão terão, na sucessora, o mesmo tratamento tributário que teriam na sucedida."

causa para efeito de determinação de ganho ou perda de capital e do cômputo da depreciação, amortização ou exaustão. Por outro lado, se os ajustes de AVJ forem controlados em subcontas, os ganhos e as perdas relativos a tais ajustes, quando transferidos, terão na sociedade sucessora o mesmo tratamento tributário que teriam na sucedida.

Assim, vê-se que o legislador buscou garantir a continuidade da neutralidade conferida ao saldo de AVJ de determinado ativo ou passivo quando este é sucedido por outra sociedade como resultado de uma operação de reestruturação societária.

2.2.2 Transações de capital entre a sociedade e seus acionistas

O art. 17[22] da Lei n. 12.973/2014 estabelece que o ganho decorrente de AVJ de bem do ativo incorporado ao patrimônio de outra pessoa jurídica em integralização

---

22 "Art. 17. O ganho decorrente de avaliação com base no valor justo de bem do ativo incorporado ao patrimônio de outra pessoa jurídica, na subscrição em bens de capital social, ou de valores mobiliários emitidos por companhia, não será computado na determinação do lucro real, desde que o aumento no valor do bem do ativo seja evidenciado contabilmente em subconta vinculada à participação societária ou aos valores mobiliários, com discriminação do bem objeto de avaliação com base no valor justo, em condições de permitir a determinação da parcela realizada em cada período. (Vigência) § 1º O ganho evidenciado por meio da subconta de que trata o caput será computado na determinação do lucro real: I – na alienação ou na liquidação da participação societária ou dos valores mobiliários, pelo montante realizado; II – proporcionalmente ao valor realizado, no período-base em que a pessoa jurídica que houver recebido o bem realizar seu valor, inclusive mediante depreciação, amortização, exaustão, alienação ou baixa, ou com ele integralizar capital de outra pessoa jurídica; ou III – na hipótese de bem não sujeito a realização por depreciação, amortização ou exaustão que não tenha sido alienado, baixado ou utilizado na integralização do capital de outra pessoa jurídica, nos 5 (cinco) anos-calendário subsequentes à subscrição em bens de capital social, ou de valores mobiliários emitidos por companhia, à razão de 1/60 (um sessenta avos), no mínimo, para cada mês do período de apuração. § 2º Na hipótese de não ser evidenciado por meio de subconta na forma prevista no caput, o ganho será tributado. § 3º Na hipótese de que trata o § 2º, o ganho não poderá acarretar redução de prejuízo fiscal do período e deverá, nesse caso, ser considerado em período de apuração seguinte em que exista lucro real antes do cômputo do referido ganho. § 4º Na hipótese de a subscrição de capital social de que trata o caput ser feita por meio da entrega de participação societária, será considerada realização, nos termos do inciso III do § 1º, a absorção do patrimônio da investida, em virtude de incorporação, fusão ou cisão, pela pessoa jurídica que teve o capital social subscrito por meio do recebimento da participação societária. § 5º O disposto no § 4º aplica-se inclusive quando a investida absorver, em virtude de incorporação, fusão ou cisão, o patrimônio da pessoa jurídica que teve o capital social subscrito por meio do recebimento da participação societária."

de capital social com bens e direitos não será computado na determinação do lucro real, desde que o aumento no valor do bem/direito do ativo seja evidenciado contabilmente em subconta vinculada à participação societária adquirida.

Esse ganho deve ser computado no lucro real apenas na alienação ou na liquidação da participação societária, na medida em que o valor for realizado pela sociedade investida, inclusive mediante depreciação, amortização, exaustão, alienação ou baixa, ou caso ela integralize capital de outra pessoa jurídica com o ativo. Caso o ativo não seja depreciável nem tenha sido alienado, baixado ou utilizado na integralização do capital de outra pessoa jurídica nos cinco anos subsequentes à operação de integralização, o valor da AVJ será computado ao lucro real à razão mínima de 1/60 por mês.

A perda decorrente de AVJ de bem/direito do ativo incorporado ao patrimônio de outra pessoa jurídica em integralização de capital segue a mesma lógica de evidenciação em subcontas para que seja dedutível no momento da realização do bem/direito ou do investimento, nos termos do art. 18 da mesma lei.

No caso de permuta, o ganho de AVJ poderá ser computado na determinação do lucro real na medida da realização do ativo ou passivo recebido na troca (art. 13, § 6°). Há exceção, contudo, no caso de permuta de unidades imobiliárias, hipótese em que a parcela do lucro bruto decorrente da AVJ das unidades permutadas será computada na determinação do lucro real pelas permutantes quando o imóvel recebido em permuta for alienado, inclusive como parte integrante do custo de outras unidades imobiliárias ou realizado a qualquer título, ou quando, a qualquer tempo, for classificada no ativo não circulante de investimentos ou imobilizado.

A redução de capital e a liquidação da sociedade com retorno de bens e direitos ao patrimônio dos acionistas foram situações não reguladas pela Lei n. 12.973/2014. Para esses casos, permanecem aplicáveis as regras anteriores à referida legislação, como veremos na Seção 4 deste trabalho.

Pode-se ver, portanto, que o legislador tributário tentou abarcar grande parte das situações de movimentação societária de ativos e passivos com ajustes de AVJ envolvendo sucessão legal, continuidade empresarial ou transação de capital a fim de garantir que o lucro real da sociedade não fosse afetado, contanto que algumas condições fossem observadas pelos contribuintes.

Contudo, para algumas situações envolvendo transações de capital entre a sociedade e seus acionistas, a Lei n. 12.973/2014 ordenou que o ajuste de AVJ atribuído ao bem ou direito objeto da operação fosse considerado na base de cálculo do IRPJ, sem maiores informações sobre a efetiva ocorrência da realização desse ativo pela sociedade. Já para outras situações, como a redução de capital e a liquidação societária, a lei sequer ofereceu algum tratamento, permanecendo silente.

Assim, o legislador não foi capaz de prever e oferecer tratamento tributário adequado a todas as reais e efetivas dissociações e potenciais tensões entre o tratamento contábil dado aos ajustes de AVJ e a hipótese de incidência do IRPJ. Diante dessa conclusão, aprofundaremos nossa análise sobre os impactos do IRPJ sobre as operações de reestruturação societária envolvendo ativos e passivos avaliados a valor justo na Seção 4 deste trabalho. Antes disso, contudo, é importante tratarmos dos princípios e das regras que informam a hipótese de incidência tributária do IRPJ.

3. O CONCEITO JURÍDICO DE RENDA E SUA POTENCIAL TENSÃO COM A AVJ

3.1 Conceitos de renda, de proventos de qualquer natureza e de acréscimo patrimonial

O art. 153, inciso III, da Constituição Federal outorga à União a competência para instituir impostos sobre "renda e proventos de qualquer natureza". No entanto, a Constituição não define o conceito de "renda" ou de "proventos de qualquer natureza", atribuindo a tarefa ao legislador complementar, nos termos do art. 146, inciso III, alínea "a".

O Código Tributário Nacional (CTN), recepcionado pela Constituição como lei complementar, define, no art. 43, os conceitos de renda e de proventos de qualquer natureza. Nos termos desse artigo, a renda é o produto do capital, do trabalho ou da combinação de ambos, enquanto os proventos de qualquer natureza seriam os demais acréscimos patrimoniais não compreendidos no próprio conceito de renda.

Embora não seja objeto do presente estudo analisar em profundidade a definição dos conceitos de renda e de proventos de qualquer natureza, é necessário tecer algumas considerações sobre esse tema a fim de se estabelecer quando o saldo de AVJ de um ativo ou passivo reconhecido contabilmente a crédito no lucro líquido do período deve ser considerado como renda ou provento de qualquer natureza, nos termos da legislação do IRPJ.

Luis Eduardo Schoueri,[23] em estudo sobre o lucro real, sintetiza as principais teorias econômicas sobre o conceito de renda, agrupando-as em duas correntes: renda-produto e renda-acréscimo.

---

23 SCHOUERI, Luís Eduardo. O mito do lucro real na passagem da disponibilidade jurídica para a disponibilidade econômica. In: MOSQUERA, Roberto Quiroga; LOPES, Alexsandro Broedel (Coord.). *Controvérsias jurídico-contábeis* (aproximações e distanciamentos). São Paulo: Dialética, 2010. v. 1.

Segundo o autor, a teoria de renda-produto explica a renda como o resultado gerado por uma fonte produtiva, como o fruto que, uma vez separado da entidade que o criou, passa a representar riqueza nova a seu beneficiário, mantendo-a preservada para a geração de novos frutos. A título exemplificativo, citam-se as maçãs de uma macieira que, uma vez colhidas, representam um novo ativo ou signo de riqueza, uma nova renda a seu beneficiário, sem que a macieira perca sua inteireza constitutiva, continuando hábil a produzir novas maçãs em períodos futuros.

A teoria da renda-acréscimo, por sua vez, define renda como a diferença positiva entre duas situações patrimoniais de um mesmo contribuinte mensuradas dentro de um mesmo período. Vale ressaltar uma variação desse modelo, proposta por Schanz-Haig-Simons, definida como modelo SHS de renda, que inclui nas comparações patrimoniais os gastos do contribuinte com consumo.

O legislador complementar parece ter buscado a definição mais ampla possível do conceito de renda, estabelecendo no art. 43, inciso I, do CTN que renda é o produto do capital e do trabalho – demonstrando aproximações com o conceito de renda-produto mencionado – e, no inciso II, que os proventos de qualquer natureza são outros acréscimos patrimoniais – aproximando-se do segundo conceito de renda explicado, a renda-acréscimo. Assim, renda em sentido estrito seria o produto percebido pelo contribuinte a partir de seu trabalho, seu capital ou da combinação de ambos, enquanto renda em sentido lato, que incluiria os proventos de qualquer natureza, contemplaria os acréscimos patrimoniais.

Muito já se debateu sobre a aplicação dos conceitos de renda-produto e renda-acréscimo propostos pela teoria econômica à definição de renda estabelecida pelo art. 43 do CTN. Ricardo Maitto da Silveira,[24] em estudo sobre o princípio da realização da renda, traz um panorama bastante elucidativo dessa questão.

De toda forma, para os fins do presente, basta-nos adotar a posição doutrinária majoritária segundo a qual ambos os incisos do art. 43 poderiam ser entendidos no sentido de que os conceitos de renda e de proventos sempre representariam um acréscimo patrimonial ao contribuinte. Assim, tanto a renda-produto como a renda-acréscimo, no fim, representariam para o contribuinte um acréscimo em seu patrimônio.[25]

---

24 SILVEIRA, Ricardo Maitto da. *O princípio da realização da renda no direito tributário brasileiro.* p. 323-324. In: Revista de direito tributário atual. v. 21, São Paulo: Dialética/IBDT, 2007, p. 317-344.

25 É importante apenas trazer à baila a advertência proposta por Luis Eduardo Schoueri de que nem sempre a renda representa um acréscimo patrimonial para fins de incidência tributária. Nos

Concluído esse ponto, cumpre-nos, então, desvendar o próprio conceito de acréscimo patrimonial para os fins do art. 43 do CTN. Poderia o conceito de acréscimo patrimonial utilizado pelo legislador abarcar o patrimônio contábil da sociedade, apurado em conformidade com o novo paradigma contábil? Ou seria este um conceito estritamente jurídico, guardando pouca ou nenhuma relação com a nova contabilidade?

A doutrina majoritária se posiciona no sentido de ser o acréscimo patrimonial um conceito estritamente jurídico. Essa posição, vale ressaltar, foi sedimentada muito antes da edição da Lei n. 11.638/2007 e de qualquer discussão acerca do conflito entre os patrimônios jurídico e contábil.

Brandão Machado,[26] por exemplo, há muito já expressou seu entendimento de que o termo "acréscimo" representaria incremento, adição, majoração, ao passo que "patrimônio" seria uma universalidade de direitos e obrigações conforme definido pelo Código Civil. Assim, na posição do autor, não seria possível dissociar da noção de patrimônio o seu caráter fundamentalmente jurídico, uma vez que ele nada mais seria que um complexo de direitos reais e pessoais.

Ricardo Mariz de Oliveira[27] também entende acréscimo patrimonial como uma adição, majoração ou incremento de direitos à entidade. Segundo o autor, patrimônio constitui-se pela universalidade dos direitos e das obrigações de

---

casos de contribuinte não residente, por exemplo, o legislador tributário, porque não tem como apurar o acréscimo patrimonial por ele percebido ou por ter optado por não o fazer, trata como renda a remuneração paga, remitida, entregue ou creditada por fonte brasileira. Nesse caso, se estaria diante de uma definição de renda nos moldes da teoria de renda-produto, sem maiores considerações sobre a ocorrência de acréscimo patrimonial a seu beneficiário. Entretanto, porque analisamos tão somente os impactos da AVJ sobre o lucro tributável do contribuinte, tal advertência pode ser prudentemente desconsiderada e, assim, podemos seguir com a premissa de que a renda ou provento do contribuinte representará, sempre, um acréscimo patrimonial. Veja: SCHOUERI, Luís Eduardo. O mito do lucro real na passagem da disponibilidade jurídica para a disponibilidade econômica. In: MOSQUERA, Roberto Quiroga; LOPES, Alexsandro Broedel (Coord.). *Controvérsias jurídico-contábeis* (aproximações e distanciamentos). São Paulo: Dialética, 2010. v. 1. p. 243.

26 MACHADO, Brandão. Breve exame crítico do art. 43 do CTN. In: MARTINS, Ives Gandra da Silva (Coord.). *Imposto de renda*: conceitos, princípios e comentários (em memória de Henry Tilbery). 2. ed. São Paulo: Atlas, 1996. p. 107-124.

27 OLIVEIRA, Ricardo Mariz de. Reconhecimento de receitas: questões tributárias importantes (uma nova noção de disponibilidade econômica?). In: MOSQUERA, Roberto Quiroga; LOPES, Alexsandro Broedel (Coord.). *Controvérsias jurídico-contábeis* (aproximações e distanciamentos). São Paulo: Dialética, 2012. v. 1. p. 297.

uma pessoa que tenham conteúdo econômico. Para fundamentar sua conclusão, o autor explica que, desde o Código Civil de 1916, por meio do art. 57, o patrimônio já era definido como uma universalidade de direitos. O Código Civil de 2002 manteve a mesma definição, porém de maneira mais explícita, por meio do art. 91.

Luis Eduardo Schoueri,[28] por outro lado, entende que não somente o conceito de patrimônio dado pelo direito civil poderia ser recepcionado pelo direito tributário. Para o autor, o legislador complementar tributário não está limitado pelas definições estabelecidas pelo direito civil e teria autonomia para, até mesmo, propor definições próprias em vez de "importá-las" de outros ramos do direito. Adicionalmente, o autor lembra que, no direito privado, não apenas o Código Civil como também as normas do direito empresarial propõem uma definição para o termo "patrimônio" sendo esta última definição mais em linha com o conceito proposto pela própria contabilidade societária.

Em que pese a liberdade do legislador tributário para definir conceitos próprios para os termos e as expressões utilizados em normas tributárias, independentes do direito privado, no que tange especificamente ao termo "acréscimo patrimonial" utilizado no art. 43 do CTN, não nos parece ser possível interpretá-lo de outra forma que não a partir do conceito estabelecido pelo Código Civil. Isso porque o fato gerador do IRPJ deve necessariamente recepcionar fatos que representem efetivo signo presuntivo de riqueza, que sejam capazes de evidenciar capacidade contributiva da sociedade, sendo certo que apenas bens e direitos plenamente reconhecidos pelo ordenamento jurídico se traduzem em riqueza para esses fins, pois não representam estimativas ou meras expectativas do contribuinte.

Assim, os conceitos de "renda", "proventos de qualquer natureza" e "acréscimo patrimonial" devem ser compreendidos na sua dimensão estritamente jurídica e não contábil, sendo certo que apenas no direito civil tal definição pode ser encontrada. O conceito de patrimônio do Código Civil tem por objetivo afirmar o direito de propriedade da sociedade sobre seus ativos e seus passivos ou infirmar interesse de terceiros sobre estes. Já o conceito de patrimônio definido pelo Código Comercial serve mais ao propósito de informar terceiros sobre a situação

---

28 SCHOUERI, Luís Eduardo. O mito do lucro real na passagem da disponibilidade jurídica para a disponibilidade econômica. In: MOSQUERA, Roberto Quiroga; LOPES, Alexsandro Broedel (Coord.). *Controvérsias jurídico-contábeis* (aproximações e distanciamentos). São Paulo: Dialética, 2010. v. 1. p. 249-251.

econômico-financeira da sociedade, objetivo mais próximo àquele das práticas contábeis, como explicado na Seção 1.

De toda forma, o art. 43 do CTN não define apenas a ocorrência do acréscimo patrimonial para que o fato gerador do IRPJ esteja perfectibilizado. É preciso, ainda, que se verifique a aquisição da disponibilidade econômica ou jurídica desse acréscimo por parte do contribuinte. Afinal, nos termos do caput do art. 43, "O imposto [...] sobre a renda e proventos de qualquer natureza tem como fato gerador a aquisição da [sua] disponibilidade econômica ou jurídica".

Portanto, não basta que determinada receita contábil seja recepcionada pelo direito tributário como um acréscimo ao patrimônio jurídico do contribuinte. É necessário, também, que o contribuinte tenha adquirido a disponibilidade jurídica ou econômica sobre esse acréscimo patrimonial para que se tenha configurado o fato gerador do IRPJ.

Como bem aponta Luis Eduardo Schoueri,[29] é tal a relevância da aquisição da disponibilidade (econômica ou jurídica) do acréscimo patrimonial para a formalização do fato gerador do IRPJ que ela põe fim mesmo aos questionamentos quanto à definição do termo "patrimônio". Segundo o autor:

> Não é necessário indagar qual a diferença entre a disponibilidade econômica e a disponibilidade jurídica. O legislador dispensou tal discussão: seja disponibilidade apenas econômica, seja ela apenas jurídica, seja, enfim, econômica e jurídica, de qualquer modo haverá tributação. O que importa – e isso é relevante para o legislador complementar – é haver alguma disponibilidade. Se não houver disponibilidade, não há tributação.

Por **aquisição de disponibilidade econômica ou jurídica da renda** a doutrina é relativamente mansa em reconhecê-la como o momento em que o contribuinte passa a ter a faculdade de dela dispor. Em outras palavras, afirmar que o contribuinte adquiriu a disponibilidade da renda equivale a dizer que este não mais se submete a quaisquer condições ou incertezas quanto à possibilidade de

---

29 SCHOUERI, Luís Eduardo. O mito do lucro real na passagem da disponibilidade jurídica para a disponibilidade econômica. In: MOSQUERA, Roberto Quiroga; LOPES, Alexsandro Broedel (Coord.). *Controvérsias jurídico-contábeis* (aproximações e distanciamentos). São Paulo: Dialética, 2010. v. 7. p. 251-252.

dela usufruir. Victor Polizelli[30] assume a posição, com a qual concordamos, de que a aquisição da disponibilidade alude ao próprio princípio da realização da renda.

Alcides Jorge Costa,[31] quando tratou do princípio da realização da renda, se valeu de um termo bastante elucidativo para explicar a renda ainda não realizada: "renda virtual". Segundo o saudoso professor, renda virtual seria aquela que, embora esperada pelo contribuinte com algum grau de certeza, ainda não possa ser por ele utilizada ou empregada.

Para definir o momento da ocorrência da aquisição da disponibilidade da renda, Victor Polizelli[32] propôs identificar os elementos que, uma vez presentes, contribuem para a evolução da renda potencial para renda realizada, quais sejam: (i) o cumprimento da obrigação; (ii) a mudança de posição patrimonial; (iii) a troca no mercado; e (iv) a liquidez e a certeza sobre os valores a que a sociedade faz jus. Esses seriam os principais elementos que contribuiriam para a configuração da realização da renda, isto é, capazes de transformá-la de renda-potencial em renda-concretizada.

Nesse contexto, o cumprimento da obrigação seria o principal elemento a definir a realização da renda (teoria da passagem dos riscos), embora possa haver situações, estatisticamente negligenciáveis a nosso ver, em que ocorre a realização de um acréscimo patrimonial sem que a sociedade tenha incorrido no cumprimento de uma contraprestação (por exemplo, no caso de uma doação).

Com relação à mudança de posição patrimonial, esta significa a alternância de uma posição devedora (cumprimento de uma obrigação assumida) para uma posição credora (direito a exigir a contraprestação correlata) ou vice-versa. Trata-se do surgimento de um direito novo, como resultado de uma contraprestação sinalagmática, que pode ser exigido, cedido, emprestado, dado em garantia ou descontado pelo contribuinte. Assim, a partir dessa posição, operações que, uma vez concluídas, deixariam o contribuinte numa mesma situação patrimonial não resultariam em acréscimo patrimonial, ainda que representassem uma transação bilateral sinalagmática (como uma operação de permuta de bens similares).[33]

---

30 POLIZELLI, Victor Borges. *O princípio da realização da renda*: reconhecimento de receitas e despesas para fins do IRPJ. São Paulo: Quartier Latin, 2012. p. 189. No mesmo sentido: ZILVETI, Fernando Aurélio. O princípio da realização da renda. In: *Direito Tributário*: homenagem a Alcides Jorge Costa. São Paulo: Quartier Latin, 2003. v. 1. p. 297.

31 COSTA, Alcides Jorge. *Anais das XI Jornadas do Instituto Latino Americano de Derecho Tributário*. Rio de Janeiro, 1983. p. 166.

32 POLIZELLI, Victor Borges. "O princípio da realização da renda [...]". op cit., p. 253-270.

33 Para tanto, o autor se vale das explicações de Klaus Tipke, para quem a ausência de mudança na posição patrimonial costuma ser a justificativa para que determinadas operações de permuta

No que tange à troca no mercado, sua relevância para a configuração da realização da renda se dá não somente quanto à confirmação do cumprimento da obrigação por parte do contribuinte, como também porque confere liquidez e certeza sobre o *quantum* a que faz jus o contribuinte. Bulhões Pedreira[34] e Brandão Machado[35] afirmam que o reconhecimento da receita gerada pela troca pressupõe uma transação de mercado, com parte não relacionada e interessada, na medida em que somente nessas condições se tem a conformação do negócio individualmente considerado à situação de normalidade geralmente verificável em toda e qualquer operação de natureza semelhante.

Portanto, não poderá haver a incidência do IRPJ sobre a receita de AVJ reconhecida contabilmente enquanto ela representar apenas uma renda potencial para a sociedade, ou seja, enquanto o seu valor representar mera estimativa de recebimento futuro de caixa. Deve haver a efetiva concretização dessa receita, assim entendida a recepção pelo ordenamento jurídico do direito líquido e certo da sociedade de recebê-la, para que se perfectibilize o fato gerador do IRPJ. A presença dos elementos descritos anteriormente (cumprimento de obrigação sinalagmática, mudança de posição patrimonial, troca no mercado e liquidez e certeza sobre os valores) pode contribuir para a constatação da realização desse tipo de renda.

3.2 O momento da realização fiscal da AVJ e o conceito jurídico de renda

Como visto na Seção 2.2, a Lei n. 12.973/2014 buscou neutralizar os efeitos da AVJ sobre o lucro real, estabelecendo que ganhos e perdas por ela gerados e reconhecidos contabilmente em conta de resultado do exercício fossem temporariamente excluídos da base de cálculo do IRPJ, até que o ativo ou passivo que lhes deu causa fosse efetivamente realizado pelo contribuinte, desde que alguns requisitos fossem observados.

---

sejam eximidas de tributação, pois tais transações deixam o contribuinte na mesma posição patrimonial anterior. Nesse sentido: POLIZELLI, Victor Borges. "O princípio da realização da renda [...]". op cit., p. 260-261.

34 PEDREIRA, José Luiz Bulhões. *Finanças e demonstrações financeiras da companhia*: conceitos fundamentais. Rio de Janeiro: Forense, 1989. Também do mesmo autor: *Imposto sobre a renda*: pessoas jurídicas. Rio de Janeiro: Justec, 1979.

35 MACHADO, Brandão. MACHADO, Brandão. Breve exame crítico do art. 43 do CTN. In: MARTINS, Ives Gandra da Silva (Coord.). *Imposto de renda*: conceitos, princípios e comentários (em memória de Henry Tilbery). 2. ed. São Paulo: Atlas, 1996. p. 108.

Após apresentarmos o conceito de AVJ na Seção 2.1 e os princípios informadores da tributação sobre a renda na Seção 3.1, a conclusão a que se chega é que a neutralidade fiscal da AVJ não pode ser entendida como uma benesse do legislador ou sequer uma opção de política fiscal. Ao contrário, a missão do legislador ao estabelecer a neutralidade fiscal da AVJ foi garantir a adequação desta "nova" técnica contábil de avaliação de ativos e passivos da sociedade aos já consolidados princípios da capacidade contributiva e da realização da renda, nos exatos contornos conferidos pelo art. 43 do CTN.

Isso porque, como a AVJ realizada fora do âmbito de uma combinação de negócios é mera estimativa unilateral do valor de saída do ativo/passivo da sociedade, ela representa mera escrituração contábil, sem atender a nenhum dos elementos denotativos da realização da renda comentados na Seção 3.1.

De fato, a sociedade não tem de quem exigir o valor justo por ela atribuído ao ativo ou passivo até que decida por efetivamente negociá-lo no mercado e, nessa situação, não há nenhuma garantia de que (i) ela encontrará um terceiro interessado nesse ativo ou passivo; e (ii) o valor justo por ela escriturado será aquilo que efetivamente a contraparte estaria disposta a pagar para adquirir o ativo ou a receber para assumir um passivo.

O saldo de AVJ atribuído a um ativo ou passivo não representa um direito da sociedade. Ele não pode ser oponível contra terceiros nem representa sequer uma pretensão juridicamente tutelada, como já apontamos anteriormente neste trabalho. Por isso, não há de se falar em acréscimo ao patrimônio jurídico da sociedade, como se o saldo de AVJ contabilmente reconhecido representasse de fato um novo elemento de riqueza por ela percebido, passível de tributação pelo IRPJ.

Em outras palavras, a mera escrituração contábil do saldo de AVJ não pode ser recepcionada pelo direito tributário como uma hipótese de aquisição jurídica ou econômica de renda ou de proventos de qualquer natureza – condição necessária e suficiente à incidência do IRPJ, conforme estabelece o art. 43 do CTN.[36]

---

36 Nas palavras de Ricardo Mariz de Oliveira: "Neste sentido, na parte relacionada às novas práticas para demonstração e medição do patrimônio e para determinação do lucro líquido, a Lei n. 12973 teve a sabedoria de anular (ou permitir anular) efeitos de ajustes a valor presente ou a valor justo, e em geral respeitou o princípio da efetiva realização da renda, que impede a tributação de rendas meramente potenciais, ou simplesmente escriturais, em atenção ao princípio constitucional da capacidade contributiva, do qual a realização (disponibilidade, na dicção do art.43 do CTN) da renda é reflexo específico no âmbito dos tributos sobre a renda, mas também dos que incidem sobre receitas" (OLIVEIRA, Ricardo Mariz de. Lei n. 12973: efeitos tributários das modificações contábeis

Dessa forma, somente no momento da realização do ativo ou passivo sujeito aos ajustes de AVJ seria possível verificar a aquisição, pela sociedade, da disponibilidade econômica ou jurídica sobre a renda representada pelo saldo de AVJ. Apenas nesse momento o valor justo do ativo ou passivo, antes representativo de mera expectativa de recebimento futuro de caixa, é confirmado pela transação executada e passa a representar efetiva propriedade de seu titular, na perspectiva jurídica.

Como visto na Seção 2, nas situações em que a realização de ativos e passivos ocorre em razão de amortização, depreciação, exaustão ou baixa, os impactos do saldo de AVJ reconhecido pela contabilidade é geralmente neutro para fins fiscais, na medida em que provoca adições de receita e exclusões de despesa equivalentes no mesmo período de apuração.

Nos casos envolvendo a realização de ativos e passivos por meio da sua alienação no mercado, essa equivalência continua aplicável. Com efeito, se por um lado a alienação provoca o reconhecimento fiscal da receita de AVJ, por outro, permite a consideração desse mesmo valor como parte do custo de aquisição do ativo ou passivo, geralmente reduzindo o ganho tributável na operação.

Não obstante, nas operações de reestruturação societária mencionadas no item 2.2, essa equivalência na base de cálculo do IRPJ pode não ser verificada. Isso decorre do fato de que essas transações são realizadas entre partes relacionadas, e

---

(escrituração x realismo jurídico). In: CARVALHO, Paulo Barros de (Coord.). *O direito tributário entre a forma e o conteúdo*. São Paulo: IBET; Noeses, 2014, p. 1045-1062). Da mesma forma, Natanael Martins: "Entretanto, se no plano específico de normas de Direito privado e de normas de Direito Tributário, os efeitos de regras de contabilização forem diversos, isto é, se contrários ao de normas de Direito privado e de Direito Tributário, estes, simplesmente, devem ser desconsiderados. Assim, se em face de vigentes normas de Direito privado ou de tributação, a forma estabelecida no negócio jurídico entabulado indicar que a propriedade legal do bem é de terceiro e não da entidade contábil que assim o reconheceu, como sucede no caso de arrendamento financeiro de bens, no plano do Direito privado, este (o terceiro) será o efetivo proprietário do bem, podendo, nesses termos, exercer todos os direitos inerentes ao direito de propriedade. E, no plano do Direito Tributário, a relação vai se estabelecer segundo a específica norma de tributação. Não há, nessa conclusão, domínio de regras de contabilidade sobre regras de Direito privado ou regras de tributação ou vice-versa, mas, apenas e tão somente, a aplicação de cada regra no seu específico campo de atuação, como de resto se verifica nas interfaces existentes nos diversos ramos do Direito que compõem o ordenamento jurídico, que podem tomar um mesmo evento com significados diversos conforme a regra de regência". (MARTINS, Natanael. A realização da renda como pressuposto de sua tributação. Análise sobre a perspectiva da nova contabilidade e do RTT. In: MOSQUERA, Roberto Quiroga; LOPES, Alexsandro Broedel (Coord.). *Controvérsias jurídico-contábeis* (aproximações e distanciamentos). São Paulo: Dialética, 2010. v. 1. p. 346-370.

a contrapartida à "alienação" do ativo ou passivo da sociedade é geralmente feita em conta de patrimônio líquido, a débito de conta de capital social.

Assim, os elementos que caracterizam a realização da renda na alienação de bens e direitos pela sociedade no mercado não são observados nesse tipo de transação. Dito de outro modo, não há o cumprimento de uma obrigação por parte da sociedade que lhe permita exigir uma contraprestação que resulte no ingresso de um novo bem ou direito em seu patrimônio. Também não há mudança de posição patrimonial, na medida em que a saída de bens do ativo ou passivo da sociedade em razão da reestruturação provoca tão somente um aumento ou diminuição da conta de patrimônio líquido. Por fim, a operação não representa uma troca no mercado, pois envolve partes relacionadas, ligadas por um vínculo societário.

Não por outra razão o direito tributário permite, há muito tempo, que tanto as operações de sucessão como as de transação de capital sejam realizadas a valor de mercado ou contábil – este entendido como o valor de custo de aquisição do ativo/passivo –, a depender da intenção das partes.

Segundo a redação original do art. 21 da Lei n. 9.249/1995, "A pessoa jurídica que tiver parte ou todo o seu patrimônio absorvido em virtude de incorporação, fusão ou cisão deverá levantar balanço específico para esse fim, no qual os bens e direitos serão avaliados pelo valor contábil ou de mercado". Essa redação foi modificada pela Lei n. 12.973/2014, suprimindo-lhe a parte final relativa à avaliação dos bens a valor contábil ou de mercado.

A redação do art. 22 da Lei 9.249/1995 estende esse tratamento para as operações de redução de capital: "os bens e direitos do ativo da pessoa jurídica, que forem entregues ao titular ou a sócio ou acionista a título de devolução de sua participação no capital social, poderão ser avaliados pelo valor contábil ou de mercado". Vale ressaltar que, diferentemente do art. 21, a redação original do art. 22 não foi alterada pela Lei n. 12.973/2014 ou por qualquer outra lei e continua vigente.

Essa permissão confere neutralidade tributária às operações de reestruturação societária, quando assim desejado pelas partes, evitando que a transferência de ativos e passivos provoque a realização de eventuais sobrevalores a eles atribuídos antes que sejam efetivamente transacionados no mercado.

Por outro lado, com o novo paradigma da contabilidade societária, o "valor contábil" deixou de representar o custo de aquisição do respectivo ativo/passivo, vez que passou a incorporar os ajustes de AVJ. Em razão disso, um exame mais apressado da questão poderia levar à conclusão de que, a partir da Lei n. 12.973/2014, as operações de reestruturação societária, sobretudo as transações de capital, poderiam provocar a incidência do IRPJ, mesmo quando executadas a valor contábil, na medida em que representariam uma hipótese de realização do saldo de AVJ dos ativos e dos passivos envolvidos na operação. No entanto, conforme detalhado a seguir, a nosso ver tal conclusão não resiste a uma análise jurídica mais detida.

4. TRANSFERÊNCIA DE BENS E DIREITOS EM REORGANIZAÇÕES SOCIETÁRIAS: HIPÓTESE DE REALIZAÇÃO DA AVJ?

Como já mencionado, a Lei n. 12.973/2014 buscou neutralizar os efeitos da AVJ no momento em que são reconhecidos contabilmente. Ela também procurou neutralizar os efeitos da AVJ para as hipóteses que, embora pareçam à primeira vista uma alienação dos respectivos ativos e passivos relevantes, tratam, na verdade, de reestruturações societárias que não implicam sua realização.

Contudo, essa neutralização foi apenas parcial. Conforme já explicado, a regulação das operações envolvendo incorporação, fusão e cisão, incluída no art. 26, e das operações de contribuição de ativos em aumento ao capital social de sociedade investida, inserida no caput dos art. 17 e 18, deixa bastante clara a não realização tributária do saldo de AVJ nessas operações, permitindo a continuidade do tratamento fiscal dado aos ativos sucedidos/recebidos pela sociedade por meio da manutenção do controle em subcontas.

Porém, algumas operações, embora bastante comuns na prática, não foram expressamente tratadas pela Lei n. 12.973/2014. Por essa razão, ainda que, por sua natureza jurídica, elas não pudessem representar um acréscimo patrimonial concretamente realizado, exatamente por ficarem à margem do novo marco legislativo poderiam dar azo a eventual posição de que tais operações desencadeariam a incidência de IRPJ sobre o saldo de AVJ, haja vista os seus efeitos contábeis.

Já outras, expressamente reguladas pela referida lei, demonstram a opção do legislador em capturar os efeitos meramente contábeis de AVJ para a apuração do lucro real, ainda que, nos termos do art. 43 do CTN, tais efeitos não possam, a nosso ver, ser tratados como hipóteses de aquisição de disponibilidade de renda.

Passemos, então, à análise de cada uma dessas situações.

4.1 Contribuição de bens ajustados por AVJ

O art. 17, § 1º, inciso II, da Lei n. 12.973/2014 estabelece que, caso a sociedade que tenha recebido ativos ajustados por AVJ os utilize para integralizar capital de outra sociedade, o respectivo saldo mantido em controle em subcontas pela primeira sociedade que contribuiu os ativos será considerado realizado para fins fiscais.

Nesse caso, percebe-se que o legislador teria autorizado somente uma única operação de integralização de bens e direitos ao capital de sociedade sem que o saldo de AVJ correspondente fosse considerado realizado. Assim, eventuais integralizações subsequentes com os mesmos ativos são consideradas hipóteses de realização fiscal do saldo de AVJ registrado pela primeira investidora, independentemente da capacidade dessa sociedade e da receptora de mantê-los controlados em subcontas.

A nosso ver, essa opção do legislador por tributar, na sociedade investidora, as subsequentes operações de integralização de capital realizada por suas investidas diretas e indiretas não tem respaldo no ordenamento jurídico, sobretudo no art. 43 do CTN.

A contribuição do ativo sujeito a AVJ ao capital da sociedade investida tem, como contrapartida, a aquisição de participação societária. Nesse sentido, nenhum dos elementos denotativos da realização da renda se mostram presentes nesse tipo de operação. Tanto é verdade que a própria Lei n. 12.973/2014 permite à sociedade que realiza a contribuição manter o controle do saldo de AVJ em subcontas, relacionando-as ao próprio investimento adquirido e reconhecendo o respectivo ganho somente na medida em que a sociedade receptora dos bens também os realize. Entretanto, o legislador estranhamente interrompe a neutralidade tributária conferida à operação a partir de qualquer movimentação subsequente do ativo pela sociedade receptora.

Não há fundamento que justifique a Lei n. 12.973/2014 vedar esse mesmo tratamento para a operação subsequente com o mesmo ativo. Deveras, operações subsequentes de contribuição desse ativo são idênticas à primeira e, portanto, não implicam elementos denotativos de realização da renda tanto quanto a primeira.

Como veremos adiante, a legislação tributária historicamente permitia a contribuição de bens e direitos ao capital de sociedade investida pelo valor de seu "custo de aquisição" ou de mercado.[37] Nesse sentido, antes do novo paradigma contábil

---

37 A bem da verdade, a legislação permitia a redução de capital da sociedade para seus acionistas com entrega de bens e direitos pelo seu valor contábil ou de mercado, conforme art. 22 da Lei n. 9.249/1995. Contudo, doutrina e jurisprudência são pacíficas em estender a previsão também para as operações de contribuição de bens e direitos, pelo acionista, ao capital da sociedade, dado que estas são equivalentes à primeira, apenas com a propriedade dos bens e dos direitos sendo transferida no sentido inverso.

e da edição da Lei n. 12.973/2014, as sucessivas contribuições de bens e direitos ao capital de sociedades pertencentes ao mesmo grupo podiam ser realizadas sempre, à opção das partes, a valor de custo, evitando qualquer impacto de IRPJ na operação.

Como à Lei n. 12.973/2014 foi atribuída a função de conciliar a legislação tributária à nova prática contábil, era de se esperar que os mecanismos criados pelo legislador para evitar distorções no lucro real do período levassem em conta as regras e os princípios gerais que informam a tributação sobre a renda. Não obstante, da forma como foram criados, esses mecanismos acabaram por desvirtuar a sistemática de neutralidade tributária historicamente aplicável a essas operações porque (i) exigem que a contribuição seja realizada, pelo menos, pelo valor justo dos ativos e (ii) neutralizam os efeitos do saldo de AVJ apenas para a primeira contribuição.

Parece-nos que uma opção mais eficaz e que atenderia plenamente à exigência de neutralidade nas transações de capital entre sociedade e acionistas seria o legislador ter conferido à sociedade a opção de contribuir bens e direitos ao capital de suas investidas pelo valor relativo ao seu "custo de aquisição". Isso permitiria que sucessivas contribuições de bens e direitos continuassem, todas elas, a ser realizadas sem impactos de IRPJ.

Entretanto, a Lei n. 12.973/2014 não adotou essa política fiscal e seguiu no caminho de autorizar o controle do saldo de AVJ em subcontas a fim de garantir neutralidade fiscal. Essa opção também poderia ter atendido aos mesmos objetivos de neutralidade, não fosse a previsão descabida de que o controle em subcontas não pode ser replicado para posteriores integralizações de capital com os mesmos ativos. Ora, como já dito, as razões que justificam a neutralidade da primeira operação de integralização de capital se mantêm inalteradas para as subsequentes operações intragrupo.

Adiante, segundo o art. 17, § 1º, inciso III, da Lei n. 12.973/2014, na hipótese de bem não sujeito a realização por depreciação, amortização ou exaustão que não tenha sido alienado, baixado ou utilizado na integralização do capital de outra pessoa jurídica nos cinco anos subsequentes à subscrição em bens de capital social, o saldo de AVJ, mantido em subconta relativa ao investimento adquirido, será realizado para fins fiscais à razão de 1/60, no mínimo, para cada mês do período de apuração.

Entendemos que essa previsão também ofende o disposto no art. 43 do CTN. Ao receber um ativo ajustado por AVJ que não se sujeita a depreciação/amortização/exaustão e que não é objeto de alienação ou baixa, a pessoa jurídica receptora não incorre em qualquer hipótese de realização do ativo. Pelo contrário, ele permanece inalterado em sua contabilidade, pouco importando o valor pelo qual ele tenha sido recebido pela sociedade. Da mesma forma, como o reconhecimento fiscal do saldo de AVJ pela sociedade investidora depende da realização dos ativos pela sociedade que os recebeu, não haveria como pressupor sua ocorrência.

Assim, como o ativo não é realizado por ninguém, não ocorre qualquer evento que, numa perspectiva fiscal, justifique a atribuição de realização do saldo de AVJ à sociedade investidora. Exatamente por não haver qualquer evento de realização do saldo de AVJ, o legislador optou por tributá-lo, na sociedade investidora, após um prazo "máximo" em que o bem permanece inerte na contabilidade da sociedade receptora, em clara ofensa à sistemática que regula a incidência tributária do IRPJ.

4.2 Retorno de capital aos sócios por meio da entrega de bens ajustados por AVJ

O retorno do capital por meio de entrega de bens e direitos pela sociedade investida a seus investidores não foi tratado pela Lei n. 12.973/2014.

Na ausência de nova previsão normativa sobre o tema, conclui-se que o tratamento oferecido pelo art. 22 da Lei 9.249/1995 continua vigente. Tal conclusão é corroborada também pelo fato de que o texto do art. 21 da referida lei, que trata das hipóteses de fusão, incorporação e cisão, foi expressamente alterado pela Lei n. 12.973/2014. Portanto, quisesse o legislador modificar o conteúdo ou a extensão do art. 22, ele certamente o teria feito na mesma oportunidade.

Nos termos do mencionado art. 22, a redução de capital da sociedade investida por meio da entrega de bens e direitos a seus acionistas poderá ser realizada com base no "valor de mercado" ou no "valor contábil" destes.

Caso a sociedade siga com a redução de capital ou liquidação por meio da entrega de bens e direitos avaliados a "valor de mercado", não há dúvida sobre a realização dos ativos e sua tributação pelo IRPJ pela diferença entre esse valor e aquele relativo ao seu custo de aquisição. Por outro lado, no caso de se operar tal redução ou liquidação pelo valor contábil de bens e direitos, não está mais tão claro na legislação se tal valor consideraria o saldo de AVJ atribuído a bens e direitos transferidos ou se seria apenas aquele relativo ao seu custo de aquisição.

A Receita Federal do Brasil (RFB) já se manifestou sobre o tema.[38] Segundo ela, a sociedade pode realizar a redução de capital por meio da entrega de bens e

---

38 Solução de Consulta Cosit n. 415, de 8 de setembro de 2017. No mesmo sentido, Solução de Consulta Disit (10ª RF) n. 10.014, de 17 de novembro de 2017.

direitos aos sócios pelo seu valor contábil, não gerando, assim, ganho de capital. No entanto, o valor contábil incluiria o ganho decorrente de AVJ vinculada ao ativo e, quando da transferência de bens e direitos aos sócios, o aumento do valor do ativo, anteriormente excluído da determinação do lucro real, deveria, na visão da RFB, ser adicionado à apuração da base de cálculo do IRPJ.

Explicando de outra forma: a RFB entende que redução de capital com entrega de ativo por seu valor contábil incluiria o valor do saldo de AVJ a ele relativo. Assim, a transferência do ativo para os acionistas da sociedade representaria hipótese de realização desse saldo, devendo ser oferecido à tributação pela sociedade.

Em que pese a posição da RFB estar em linha com os preceitos contábeis agora vigentes, entendemos que essa interpretação literal do art. 22 não resistiria a uma análise mais aprofundada sobre a finalidade da norma e o contexto histórico em que ela se insere. Ademais, simplesmente atribuir ao termo "valor contábil" usado no art. 22 o significado proposto pela nova contabilidade ofenderia toda a sistemática de apuração e recolhimento do IRPJ. Explicamos mais detalhadamente essas conclusões.

Em primeiro lugar, há de se considerar que o legislador da Lei n. 9.249/1995 estabeleceu o conceito de redução de capital ou liquidação a valor contábil em período anterior à vigência da Lei n. 11.638/2007 e do novo paradigma contábil. À época em que foi editada a referida lei, "valor contábil" e "custo de aquisição" para fins fiscais eram sinônimos, representando o mesmo valor.

Ao permitir a redução de capital ou liquidação pelo valor contábil de bens e direitos, em oposição a "valor de mercado", o legislador buscava conferir neutralidade fiscal às transações de capital entre a sociedade e seus acionistas. No entanto, para que essa finalidade normativa permaneça válida, é imperioso que o termo "valor contábil" usado pelo legislador seja interpretado como "valor de custo de aquisição", do contrário não seria mais possível conferir total neutralidade fiscal à operação, considerando o novo paradigma contábil e as disposições da Lei n. 12.973/2014.

Daí nossa primeira conclusão sobre o conteúdo normativo do art. 22 da Lei n. 9.249/1995: o termo "valor contábil" há de ser interpretado como "valor de custo de aquisição", pois, do contrário, qualquer operação de redução de capital ou liquidação com entrega de bens e direitos ajustados por AVJ provocaria automaticamente a incidência do IRPJ, em clara ofensa à neutralidade tributária que, historicamente, se buscou conferir às operações de transação de capital entre a sociedade e seus acionistas, que, como vimos, não apresentam quaisquer dos elementos representativos de realização da renda.

Outro elemento que merece ser considerado é que o conteúdo normativo do art. 22 concede claramente uma opção ao contribuinte, permitindo que ele adote o valor contábil ou o valor de mercado para executar a redução de capital.

Como demonstrado na Seção 2.1, para o novo paradigma contábil, o "valor de mercado" é o preço que pode ser obtido pela sociedade em uma transação de mercado com parte não relacionada e interessada no negócio. Nesse sentido, caso o art. 22 seja interpretado a partir dos novos conceitos contábeis, seria impossível às partes envolvidas na redução de capital (sociedade e acionistas) adotar o "valor de mercado" para a operação, visto que este pressupõe partes não relacionadas e transação executada no mercado. Assim, no contexto do art. 22 e a partir do novo paradigma contábil, o termo "valor de mercado" está mais próximo do conceito de "valor justo", na medida em que representa um valor de mercado estimado pela administração da sociedade, relativo ao que ela poderia receber caso se envolvesse numa operação de mercado com uma parte não relacionada e interessada.[39]

Entretanto, o termo "valor contábil" utilizado pelo legislador também significaria, na perspectiva da "nova" contabilidade, "valor justo", como já bem apontou a RFB. Nesses termos, seguindo a visão da RFB, as expressões "valor contábil" e "valor de mercado" empregadas pela n. Lei 9.249/1995 passariam a significar, a partir do novo paradigma contábil, "valor justo".

Assim, adotar a linha de raciocínio da RFB levaria à conclusão paradoxal de que, após a edição da Lei n. 12.973/2014, o art. 22 da Lei 9.249/1995 conferiria alternativa ao contribuinte ("valor contábil" *versus* "valor de mercado"), porém as alternativas de valores propostas seriam sempre equivalentes quando se estiver tratando da devolução de bens ajustados por AVJ (pois ambos os valores seriam traduzidos como "valor justo"). Em outras palavras, seguir o entendimento da RFB é, na prática, afirmar que a Lei n. 12.973/2014, sem apresentar ela mesma

---

39 Embora concordemos com a posição da RFB de que o valor de mercado e o valor justo são conceitos que não se confundem, ainda que se aproximem em muitas situações, a posição assumida pela RFB de que o primeiro valor, quando adotado, representaria uma redução de capital a valor de mercado enquanto a segunda representaria redução a valor contábil não se sustenta. Isso porque, como bem explica a RFB, o valor de mercado representaria o valor pelo qual o bem ou direito é de fato transacionado com terceiros e, assim, esse valor jamais poderia ser aquele atribuído à redução de capital, dado que o bem ou direito objeto da transferência não é transacionado com terceiros no mercado, mas entregue a parte relacionada, numa operação indiscutivelmente fora do ambiente de mercado. Assim, o próprio valor justo, por representar o valor aproximado de mercado conforme avaliação fundamentada da administração da companhia, representa, a nosso ver, o único "valor de mercado" possível para os fins do art. 22 da Lei n. 9.249/1995.

tratamento específico a esse tipo de operação, teria derrogado tacitamente o art. 22 em questão ao restringir a sua aplicação única e exclusivamente aos casos de devolução de bens e direitos que não tenham sofrido ajuste de AVJ.

Ora, tal entendimento, além de não se coadunar com o princípio da realização da renda, é também totalmente incompatível com todo o arcabouço normativo da Lei n. 12.973/2014, que pretende neutralizar para fins tributários os ajustes de AVJ. Como dissemos anteriormente, caso o legislador tivesse a intenção de alterar o conteúdo ou a extensão do art. 22, ele certamente o teria feito expressamente, como fez para o art. 21 da mesma lei. Reiteramos, portanto, a nossa posição de que os conceitos de "valor de marcado" e "valor contábil" no contexto do art. 22 da Lei n. 9.249/1995 só podem ser interpretados a partir do seu significado à época em que tal lei foi editada.

Vale ainda ressaltar que a redução de capital por seu valor de custo histórico certamente produziria uma perda contábil à sociedade quando da entrega de bens ajustados por AVJ, a qual poderá reduzir o seu lucro líquido do período caso a contabilidade estabeleça que tal perda transite em conta de resultado. Essa perda, naturalmente, seria indedutível para fins fiscais da mesma forma que o ganho inicialmente registrado contabilmente e excluído temporariamente do lucro real (controlado pelo Lalur) deveria passar a representar uma exclusão definitiva.

Por meio dessa operacionalização, teríamos a mesma equivalência matemática na apuração fiscal da AVJ explicada na Seção 2.2, isto é, a mesma soma zero entre receita e despesa de AVJ reconhecidas, no mesmo período, no lucro real. Nesse caso, a equivalência seria obtida por meio de exclusão definitiva da receita e inclusão da despesa (por ser indedutível) na base de cálculo do IRPJ. De toda forma, a neutralidade fiscal dos impactos da AVJ restaria assegurada.

Assim, para os fins do art. 22 da Lei n. 9.249/1995, caso a sociedade decida por executar a redução de capital ou liquidação pelo "valor de mercado" de bens e direitos transferidos, o valor justo a eles atribuído contabilmente representaria um excelente critério de valor de mercado. Em contrapartida, caso a sociedade decida pela redução a "valor contábil", o valor do custo de aquisição é, a nosso ver, o único critério que atende ao disposto no mesmo artigo e o que se adequa plenamente ao princípio da realização da renda.

GANHOS E PERDAS DE CAPITAL NA ALIENAÇÃO DE PARTICIPAÇÕES SOCIETÁRIAS SEM PERDA DE CONTROLE

Rafael M. Malheiro[1]

1. INTRODUÇÃO

Seguindo a diretriz definida para esta publicação, que reúne artigos relacionados à reforma da legislação societária, cuja edição, há mais dez anos, marcou o início da harmonização das normas contábeis brasileiras aos padrões internacionais de contabilidade, o objeto de estudo deste artigo retrata um tema, ou, melhor dizendo, uma hipótese contábil para a qual o novo regramento tributário instituído pela Lei n. 12.973, de 13 de maio de 2014, teria sido omisso.

Trata-se da incidência do Imposto de Renda das Pessoas Jurídicas (IRPJ) e da Contribuição Social sobre o Lucro Líquido (CSLL) sobre determinados ganhos e perdas de capital em hipótese com a qual as pessoas jurídicas passaram a conviver após a edição da lei. A hipótese diz respeito à composição das bases de cálculo do IRPJ e da CSLL nas situações em que determinados **resultados não operacionais**, decorrentes da alienação de participações societárias, deixaram de impactar o resultado do exercício.

Ocorre que, em determinados casos, o ganho e a perda de capital apurados em decorrência de alienação de determinada participação societária podem ser consignados, contabilmente, em contrapartida do patrimônio líquido (PL), em vez de transitar pelo resultado do exercício, como se poderia supor.

---

1 Sócio do escritório Felsberg Advogados. Formado em Direito Tributário pela Pontifícia Universidade Católica de São Paulo (PUC-SP). Especialista em Finanças Corporativas pelo Laboratório de Finanças pela Fundação Instituto de Administração da Universidade de São Paulo (FIA-USP).

Por força da adoção dos atuais padrões internacionais de contabilidade, transações como essa, **quando não acarretam perda do controle da participação alienada**, são registradas como transações patrimoniais, isto é, como transações com os sócios, em outros resultados abrangentes. Teoricamente falando e a despeito da questão contábil, que é determinante, efeitos desse gênero (leia-se decorrentes exclusivamente da adoção de regras e padrões internacionais de contabilidade pelo Brasil) deveriam ser neutros do ponto de vista tributário.

Esse foi o princípio privilegiado pela Lei n. 11.638, de 28 de dezembro de 2007, que, ao dar início ao processo de harmonização do padrão contábil, introduziu o § 7º ao art. 177 da Lei n. 6.404, de 15 dezembro de 1976 (Lei das S.A.), hoje revogado, nos seguintes termos:

> Os lançamentos de ajuste efetuados exclusivamente para harmonização de normas contábeis, nos termos do §2º deste artigo, e as demonstrações e apurações com eles elaboradas não poderão ser base de incidência de impostos e contribuições nem ter quaisquer outros efeitos tributários.

A Lei n. 11.941, de 27 de maio de 2009, instituidora do Regime Tributário de Transição (RTT), por sua vez, agiu com o mesmo espírito ao criar método que preservasse os efeitos da lei tributária na ocorrência de disposições que conduzissem ou incentivassem a utilização de métodos ou critérios contábeis diferentes daqueles determinados pela legislação contábil/societária.

Todavia, com a extinção do RTT e a substituição do regime de transição pelo disciplinamento dos efeitos dos novos critérios contábeis pela Lei n. 12.973/2014, com as alterações da Lei n. 13.043, de 13 de novembro de 2014, existe um certo receio de que prevaleça a premissa, nem sempre verdadeira, de que os efeitos contábeis passam a repercutir fiscalmente exceto quando disciplinado de maneira diversa pela Lei n. 12.973/2014.

Essa premissa levaria à conclusão de que, tendo em vista que a Lei n. 12.973/2014 não distingue tratamento especial aos valores registrados como "outros resultados abrangentes" ou "transações de capital", uma vez reconhecido em contrapartida do PL, sem transitar pelo resultado do exercício, o ganho de capital reconhecido nessas circunstâncias não deveria ser considerado parte integrante do lucro do exercício, ponto de partida para determinação das bases de cálculo do IRPJ e da CSLL, ao passo que a perda, *mutatis mutandis*, não seria dedutível.

Tal conclusão, naturalmente, criaria uma situação não isonômica derivada da interpretação da legislação tributária e, em princípio, deveria ser confrontada, entre outros, com os seguintes elementos se aplicada na prática:

i. Implicaria oferecer tratamento tributário desigual para o ganho de capital apurado – e tributado – de acordo com os mesmos critérios.

ii. O RTT, hoje revogado, deveria vigorar até a entrada em vigor de lei que disciplinasse os efeitos tributários dos novos métodos e critérios contábeis, buscando a neutralidade tributária, espécie de "princípio" orientador reconhecido expressamente pela Lei n. 11.049/2002, que não estaria sendo respeitado caso o ganho de capital tributado reconhecido em conta de PL produzisse efeito diverso daquele que teria produzido antes da convergência do padrão contábil.

iii. Por último, mas talvez mais importante, é preciso questionar a premissa de que os efeitos contábeis repercutem fiscalmente exceto quando disciplinados de maneira diversa pela Lei n. 12.973/2014, sob pena de criar um regime de prevalência da contabilidade sobre a legislação tributária.

2. O REGIME FISCAL DA LEI N. 12.973/2014

Um dos painéis do V Congresso Brasileiro de Direito Tributário Atual,[2] patrocinado pelo Instituto Brasileiro de Direito Tributário (IBDT) em parceria com a Associação dos Juízes Federais do Brasil, a Associação dos Juízes Federais de São Paulo e do Mato Grosso do Sul e a Faculdade de Direito da Universidade de São Paulo, propôs-se a discutir os **grandes desencontros entre a contabilidade e a tributação**, chamando nossa atenção para a influência da contabilidade na interpretação e na aplicação da Lei n. 12.973/2014 e para os efeitos das suas omissões.

Entre as variadas e valiosas contribuições para a compreensão desse problema de interpretação, Ricardo Mariz de Oliveira reiterou que a contabilidade, como espécie de linguagem, reflete relações econômicas, mas não as cria. O assunto já havia sido tangenciado por ele próprio[3] ao esclarecer o motivo pelo qual a alocação contábil do preço de aquisição de participações societárias não mantinha – ou poderia não manter – uma relação direta com o fundamento econômico atribuído ao ágio pelo adquirente da mesma participação societária, dissociando essa motivação do propósito da linguagem contábil. Sérgio André Rocha, por seu turno, enfatizou que não há prevalência da contabilidade sobre a legislação tributária.

---

2 Realizado de 29 a 31 de maio de 2017 no Salão Nobre da Faculdade de Direito da Universidade de São Paulo.

3 OLIVEIRA, Ricardo Mariz de. Os motivos e os fundamentos econômicos dos ágios e deságios na aquisição de investimentos, na perspectiva da legislação tributária. *Revista Direito Tributário Atual*, São Paulo, n. 23, p. 449-489, 2009.

Cada um a seu modo buscou demonstrar que a omissão da Lei n. 12.973/2014 não nos leva à conclusão automática de que a contabilidade passa a determinar, ela própria, o regime tributário aplicável a uma determinada situação. Há várias maneiras de explicar as razões dessa conclusão e a primeira delas deriva do histórico de harmonização das regras e princípios gerais de contabilidade vigentes no Brasil aos padrões internacionais de contabilidade.

No quarto volume da série temática a respeito da reforma da legislação societária,[4] em artigo cujo assunto foi a suposta permissão que teria sido dada ao fisco para incidência de imposto de renda sobre lucros não tributados no RTT, tivemos[5] a oportunidade de lembrar que um dos maiores obstáculos à alteração do padrão contábil brasileiro foi romper com o "entendimento induzido pelo próprio Fisco no sentido de que determinados efeitos fiscais [...] só poderiam ser percebidos quando obtidos por reflexo de um determinado comportamento contábil", enquanto a harmonização do padrão contábil caminhava em sentido contrário; quer dizer, era preciso assegurar ao contribuinte que não haveria ruptura do tratamento tributário derivado da contabilidade até então.

O fato é que, depois de a Lei n. 11.638/2007 ter assegurado que os lançamentos de ajuste para harmonização de normas contábeis não poderiam ser base de incidência tributária, sobreveio o RTT – que se tornou permanente a partir do ano-calendário 2010 – até que fosse editada nova lei que disciplinasse os efeitos tributários dos novos métodos e critérios contábeis, **buscando a sua neutralidade**.[6]

É evidente que, em teoria, a Lei n. 12.973/2014, editada com esse objetivo, pode ter modificado expressa e "conscientemente" qualquer preceito da legislação tributária. A questão aqui é de interpretação nos casos em que a lei é omissa para as hipóteses em que o novo padrão contábil leva a uma mudança do critério de quantificação ou qualificação de receita e custo, e de apuração e exatidão do momento de apropriação do resultado.

---

4 ROCHA, Sérgio André (Coord.). *Direito tributário, societário e a reforma da Lei das S/A*. Vol. IV – Desafios da neutralidade e a Lei 12.973/2014. São Paulo: Quartier Latin, 2015.

5 Em coautoria com BARRIEU, Roberto. O tratamento fiscal aplicável aos dividendos no RTT e após a Lei nº 12.973/14. In: ROCHA, Sérgio André (Coord.). *Direito tributário, societário e a reforma da Lei das S/A*. Vol. IV – Desafios da neutralidade e a Lei 12.973/2014. São Paulo: Quartier Latin, 2015. p. 501-517.

6 Vide art. 15, § 1º, da Lei n. 11.941/2009: "O RTT vigerá até a entrada em vigor de lei que discipline os efeitos tributários dos novos métodos e critérios contábeis, **buscando a neutralidade tributária**".

Como veremos mais detalhadamente adiante, a repercussão dessa omissão para fins tributários não poderia criar incidência tributária, sob pena de admitir que o sistema contábil poderia fazê-lo preenchendo a lacuna da lei. Por ora, o importante a considerar do ponto de vista interpretativo é que a Lei n. 11.941/2009 foi aprovada com a expectativa de que a lei que substituísse o regime tributário proposto por ela, o RTT, **buscasse** a neutralidade que o regime anterior assegurava de maneira integral, constituindo-se numa espécie de princípio orientador da Lei n. 12.973/2014 e da interpretação[7] dos seus efeitos.

Em suma, o propósito da Lei n. 12.973/2014, que a Lei n. 11.941/2009 antevê ao referir-se à busca pela neutralidade, é mantê-la, dando seguimento a ela, em oposição à ideia de uma possível ruptura caso permitíssemos que a contabilidade se sobrepusesse ou preenchesse lacunas da legislação tributária na sua omissão.

O art. 58 da Lei n. 12.973/2014 parece partir dessa mesma premissa ao determinar que a "modificação ou a adoção de métodos e critérios contábeis [...] posteriores à publicação desta Lei, não terá implicação na apuração dos tributos federais até que lei tributária regule a matéria". É claro que é sempre possível interpretar retoricamente a disposição aplicável às modificações de métodos e critérios contábeis porvir, de maneira a assinalar a ressalva da "não implicação" em meio a uma suposta regra geral de "implicação", aplicável às modificações dos critérios contábeis já em vigor. Ao que parece, todavia, a disposição é um reforço de não implicação, alinhando-se nesse aspecto à orientação contida na Lei n. 11.941/2009. A busca pela neutralidade é um objetivo a ser perseguido para os efeitos presentes e futuros.

Nesse contexto, ainda que tenha se proposto a disciplinar todos **os efeitos tributários dos novos métodos e critérios contábeis**, seria improvável que a Lei n. 12.973/2014 enumerasse todas as situações para as quais seriam necessários ajustes ao lucro real.

Por esse motivo, no cenário legislativo atual, há hipóteses para as quais foi proposta claramente uma nova normatização, por exemplo, para o (novo) tratamento fiscal do *goodwill*, da compra vantajosa e da mais ou menos-valia na aquisição de

---

7 Questão que remete ao método de interpretação sistemática. Entre vários autores, Alfredo Augusto Becker citando E. Vanoni em texto traduzido do original em italiano por Rubens Gomes De Sousa: "Toda norma é válida e obrigatória, unicamente em uma relação necessária de influência recíprocas com um número ilimitado de outras normas, que a determinam mais expressamente, que a limitam, que a completam de modo mais ou menos imediato" (BECKER, Alfredo Augusto. *Teoria Geral do Direito Tributário*. São Paulo: Lejus, 1998. p. 116).

104 Impactos tributários decorrentes da adoção do IFRS no Brasil

participações societárias, em que a Lei n. 12.973/2014 expressamente adotou a referência da alocação contábil do preço para fins tributários.[8] Também há situações em relação às quais a lei expressamente neutralizou, para fins tributários, os efeitos das alterações contábeis, como é o caso dos ajustes de ativos a valor justo, valor presente, teste de *impairment* e de custos, e despesas relacionadas à emissão de ações.[9] Finalmente, há situações como a deste estudo, em que a legislação foi omissa.

Esse último caso exige do intérprete um esforço adicional para definir a incidência tributária sobre determinado fato concreto, sem esquecer que não é preocupação específica ou necessária da linguagem contábil expressar fatos econômicos tributáveis ou não tributáveis.

No julgamento do Recurso Extraordinário (RE) n. 606107/RS, o pleno do Supremo Tribunal Federal (STF) deixou clara a acepção do tribunal quanto ao caráter instrumental da função contábil, que, como tal, não pode subordinar a tributação, como esclarece o seguinte trecho da ementa:

> Ainda que a contabilidade elaborada para fins de informação ao mercado, gestão e planejamento das empresas possa ser tomada pela lei como ponto de partida para a determinação das bases de cálculo de diversos tributos, **de modo algum subordina a tributação**. A contabilidade constitui ferramenta utilizada também para fins tributários, mas moldada nesta seara pelos princípios e regras próprios do Direito Tributário. (RE n. 606107/RS, Rel. Min. Rosa Weber, julgamento em: 22 maio 2013, DJe: 22 nov. 2013, publicado em: 25 nov. 2013, grifo nosso)

Em tema já mais afeito ao das disposições da Lei n. 12.973/2014, há sentenças e tutelas confirmadas em regimes de cognição sumária pelos Tribunais Regionais Federais (TRF)[10] favoráveis à manutenção dos coeficientes de presunção do lucro presumido aplicáveis ao transporte de cargas para as concessionárias transmissoras de energia cujas receitas, em função da harmonização do padrão contábil, passaram a ser consignadas em suas respectivas demonstrações financeiras como

---

8   Vide Pronunciamento Técnico n. 15 do Comitê de Pronunciamentos Contáveis (CPC 15) e art. 2º a 28 da Lei n. 12.973/2014.

9   Art. 38-A do Decreto-Lei n. 1.598, de 26 de dezembro de 1977, introduzido pelo art. 2º da Lei n. 12.973/2014.

10 AI n. 0025617-15.205.4.03.000/SP na AD n. 0017049-43.2015.4.03.6100.

se decorressem da manutenção e da operação do sistema e ao ressarcimento de custos com construção da infraestrutura de transmissão da rede.[11]

Enfim, ao que parece, no cenário tributário pós-RTT, a conclusão pela implicação de efeitos tributários derivados da alteração da norma contábil, ou, em outras palavras, a conclusão pela não neutralidade só é certa quando expressa e inequivocamente determinada pela Lei n. 12.973/2014. A omissão deve ser estudada caso a caso, sem perder de vista (i) a diretriz das Leis n. 11.638/2007 e n. 11.941/2009 no que se referem à "busca" pela neutralidade; (ii) a motivação para a adoção de determinado comportamento contábil; e (iii) a interpretação do sistema tributário em toda a sua extensão, rejeitando, portanto, a ideia de que a contabilidade repercute na determinação da incidência do IRPJ e da CSLL em todas as hipóteses em que, a partir da extinção do RTT, a lei não tenha neutralizado expressamente os seus efeitos, sob pena de aceitarmos passivamente como válida a premissa de que o tratamento contábil cria ou descria incidências tributárias.

3. GANHOS DE CAPITAL NA ALIENAÇÃO DE PARTICIPAÇÕES SOCIETÁRIAS

O critério para aferição do ganho ou perda de capital na alienação de investimentos em participações societárias avaliadas pelo método de equivalência patrimonial (MEP) foi determinado pelo art. 33 do Decreto-Lei n. 1.598/1977, então reproduzido pelo art. 426 do RIR/99.

A Lei n. 12.973/2014, por sua vez, não alterou substancialmente a sua redação, a não ser para adaptar o conteúdo da disposição às regras para alocação do preço de aquisição e quantificação do *goodwill*/ágio (art. 2º), espírito que foi mantido na nova regulamentação do RIR/2018 (art. 507). Apenas para registro, o valor contábil para determinação do ganho/perda de capital nesse caso será a soma do valor de PL pelo qual o investimento estiver registrado na contabilidade; da mais ou menos-valia; do *goodwill*; e de eventual provisão para perdas que tenha sido computada na apuração do lucro real em período pretérito. O produto dessa operação é tratado como **resultado** não operacional (RIR/2018, art. 501, e Decreto-Lei

---

11 Essa hipótese é ainda mais atípica, uma vez que a própria Lei n. 12.973/2014 pretendeu alterar a natureza jurídicas das receitas das concessionárias (vide art. 35 e 36).

n. 1.598/1977, art. 31) e computado como tal na determinação do lucro real e da base de cálculo da CSLL.

Essa ordem de ideias derivou implicitamente a tese segundo a qual, se não produziram impactos no resultado do exercício, então os ganhos na alienação de participações societárias sem perda do controle não deveriam compor o lucro real e a base de cálculo da CSLL, sempre, reitere-se, com base na premissa de que atualmente os efeitos contábeis repercutem fiscalmente exceto quando disciplinados de maneira diversa pela Lei n. 12.973/2014.

Não obstante, qualquer conclusão acerca da tributação ou não de renda ou de acréscimos patrimoniais derivará da hipótese de incidência do imposto de renda, consubstanciada, entre nós, no art. 153, inciso III, da Constituição Federal, que delega à União competência para instituir impostos sobre renda e **proventos de qualquer natureza**.[12]

Tendo em vista a multiplicidade de significados e a imprecisão intrínseca dos termos "renda" e "proventos de qualquer natureza", o legislador complementar disciplinou com maior precisão a hipótese de incidência do imposto ao editar o art. 43 do Código Tributário Nacional (CTN), em que o termo "renda" foi definido como o produto do capital, do trabalho ou da combinação de ambos, enquanto a expressão "proventos de qualquer natureza" teve seu significado referido como o **acréscimo patrimonial** não compreendido no conceito de renda. Há, então, uma necessidade de se determinar, quantitativamente, essa renda (ou lucro) e o acréscimo patrimonial para efeito de incidência do imposto sobre a renda.

Até o marco da harmonização das normas e princípios de contabilidade geralmente aceitos no país aos padrões internacionais de contabilidade, a conclusão aceita como consenso era de que essa quantificação só poderia ser verificada pela medição dos fluxos **contábeis** das variações e das mutações patrimoniais.

Bulhões Pedreira[13] dizia que:

> O conceito de lucro como fluxo de renda financeira coincide com a noção contábil de diferença entre (a) receitas auferidas durante determinado período

---

12 Para citar um único autor, recorremos à doutrina de José Artur Lima Gonçalves: "Qualquer que seja o conceito de renda adotado, dúvida não pode haver, repita-se, quanto à necessidade de que ocorra um ganho patrimonial (acréscimo patrimonial) efetivo pelo sujeito passivo, sob pena de não se configurar a hipótese constitucional do imposto sobre a renda" (GONÇALVES, José Artur Lima. *Imposto sobre a renda*: pressupostos constitucionais. São Paulo: Malheiros, 1997. p. 192).

13 PEDREIRA, José Luiz Bulhões. *Imposto sobre a Renda*: Pessoas Jurídicas. Vol. I. Rio de Janeiro: Justec, 1979. p. 178-179.

e (b) custos ou despesas incorridas para criar essa receita. [...] Nossa legislação do imposto tradicionalmente adota esse conceito de lucro, como diferença entre receita e despesa que é informada pela demonstração do resultado do exercício [...] Somente o lucro real é determinado a partir da demonstração do resultado do exercício. E mesmo nessa hipótese a lei não define o que é lucro mas regula a sua determinação (com base na escrituração contábil do contribuinte) dispondo sobre as receitas e as deduções que devem ou podem ser incluídas ou excluídas para se chegar ao montante do lucro que é base de cálculo do imposto.

Não era difícil chegar às mesmas conclusões pela leitura do próprio RIR/99, que, em seu art. 248, determinava apurar o lucro líquido de acordo com os preceitos da lei comercial (vide art. 259 do RIR/2018).

A lei comercial em questão é a própria Lei das S.A. Seu art. 177 determina que a escrituração da companhia será mantida em registros permanentes, com obediência aos preceitos da legislação comercial e desta lei e aos princípios de contabilidade geralmente aceitos, cuja redação foi alterada pela Lei n. 11.638/2007, permitindo a adoção do novo padrão contábil.

Em todo caso, prevalecia a linha de raciocínio segundo a qual o lucro apurado de acordo com os princípios de contabilidade geralmente aceitos deveria ser considerado o bastante para justificar a incidência ou não do imposto de renda sobre esses resultados à época da sua quantificação. Na ausência de comando fiscal específico, aceitava-se que indiretamente a contabilidade poderia criar ou inibir incidências tributárias e que eventual inobservância da lei comercial distorceria a base tributável. A mudança do padrão contábil, todavia, descortinou a vulnerabilidade desse raciocínio, quer dizer, havia nele a premissa oculta de que, à época, a contabilidade levava à aferição efetiva da renda e dos acréscimos patrimoniais.

Como esse estudo já antecipou, à época da convergência, a análise de muitos a respeito das práticas envolvidas na preparação das demonstrações financeiras para fins societários era de que elas eram fortemente impregnadas por preocupações de natureza eminentemente tributária, o que impedia que evoluíssem para convergirem com as práticas internacionais. Ou seja, a lógica era inversa e a ideia de uma norma jurídica contábil com efeitos tributários era aceita até quando traduzia, na maioria dos casos, o conceito de renda como definido pelo CTN.

Na hipótese do ganho ou perda de capital na alienação de participações societárias que não transitam pelo resultado, portanto, é fundamental responder se essa circunstância poderia significar que o ganho ou a perda de capital não foram efetivamente realizados. A resposta parece ser claramente em sentido oposto. Basta dizer que não há, a propósito, nenhuma diferença materialmente relevante para fins de incidência do imposto na alienação de participações societárias cujos ganhos ou perdas transitam pelo resultado do exercício e as que são lançadas em contrapartida do patrimônio líquido.

Nesse aspecto, a justificativa contábil para o lançamento do ganho ou perda na alienação de investimento, sem perda do controle societário, como transação de capital, está relacionada ao modelo para elaboração de demonstrações financeiras consolidadas, em que a entidade econômica representada por controladora e controlada está obrigada a apresentar demonstração financeira consolidada como se fossem uma única entidade, de forma que a contrapartida do acervo incorporado excedente à participação do controlador seja registrada em conta de PL – participação de não controladores –, não fazendo sentido lógico patrimonial registrar ganhos e perdas com transações do mesmo PL em conta de resultado.[14]

O balanço individual da entidade controladora não registra a participação de não controladores, mas seguiu a diretriz das demonstrações consolidadas para consignação do ganho ou perda na alienação da participação sem perda de controle, representada como transações com o sócio minoritário, sem efeito contábil. Ou seja, a motivação para a consignação de ganhos ou perdas de capital em contrapartida do PL no caso da alienação de participações societárias sem perda do controle não tem qualquer relação objetiva ou mesmo indireta com a efetiva realização do acréscimo patrimonial, ou ainda com a sua quantificação. A sua consignação em conta de PL, por seu turno, não acrescenta, reduz ou modifica a natureza do ganho ou perda para fins tributários.

---

14 Vide Interpretação Técnica n. 9 do CPC (ICPC 09), em cujo item 66 pode ser lido o seguinte: "Por isso o Pronunciamento Técnico CPC 36 requer, em seus itens 23 e 24, que as mudanças na participação relativa da controladora sobre uma controlada que não resultem na perda de controle devem ser contabilizadas como transações de capital (ou seja, transações com sócios, na qualidade de proprietários) nas demonstrações consolidadas. Em tais circunstâncias, o valor contábil da participação da controladora e o valor contábil da participação dos não controladores devem ser ajustados para refletir as mudanças nas participações relativas das partes na controlada. Qualquer diferença entre o montante pelo qual a participação dos não controladores tiver sido ajustada e o valor justo da quantia recebida ou paga deve ser reconhecida diretamente no patrimônio líquido atribuível aos proprietários da controladora, e não como resultado". Vide também Pronunciamento Técnico n. 36 (CPC 36) (itens 22 a 24); os itens B94 a B96 contém orientações para contabilização.

O sentido econômico de renda/acréscimo patrimonial é celebrado por Misabel Derzi,[15] para quem "o lucro [só] é tributável se há uma mudança patrimonial – acréscimo de valor – efetiva e concreta, que se tornou dinheiro ou em valor equivalente; enfim, quando está realizado. A mera probabilidade não leva à incidência do imposto".

Naturalmente, a aquisição da disponibilidade de renda ou proventos de qualquer natureza pode ser jurídica e não propriamente financeira, desde que haja "direito de posse", representado por um título líquido e certo sobre um ou outro. Todavia, desde que se possa usufruir ou tirar proveito da renda ou do provento livremente, sem embaraços, e estes tenham acrescentado valor "efetivo e concreto" ao patrimônio da pessoa jurídica, desencadeia-se o fato gerador do imposto.

A orientação geral em matéria de imposto sobre a renda e, em especial, de submissão dos ganhos de capital ao imposto é de que a tributação ocorre quando efetivamente realizado o ganho, tendo até mesmo o então Ministro da Fazenda, no texto da Exposição de Motivos do Decreto-Lei n. 1.598/1977, declarado que "O projeto adota a orientação geral de submeter os ganhos de capital ao imposto somente quando realizados, isto é, quando a pessoa jurídica tem condições financeiras de suportar o ônus tributário".

Mas, uma vez realizado o ganho e se tornado disponível o acréscimo patrimonial (CTN, art. 43, observada a distinção da doutrina entre disponibilidade jurídica e econômica), o pressuposto é de incidência do imposto. Nem por isso ganhos de capital na alienação de participações societárias sem perda do controle, reconhecidos contabilmente em conta de PL, deixam ser realizados econômica e juridicamente ou, de outra forma, não deixam de ser considerados ganhos realizados unicamente por esse motivo. Não havendo embaraço à sua realização ou à posse do acréscimo patrimonial nele contido, tributa-se o ganho e deduz-se a perda como regra geral.

4. QUESTÕES ADICIONAIS CORRELATAS

Existem ao menos dois efeitos tributários conexos ao reconhecimento contábil do ganho ou perda na alienação de participações societárias em contrapartida do PL em vez do resultado do exercício.

---

15 BALEEIRO, Aliomar. *Curso de direito tributário brasileiro*. 11. ed. Atualizado por DERZI, Misabel Abreu Machado. Rio de Janeiro: Forense, 1999. p. 304.

O primeiro deles remete ao critério de cálculo do limite de dedutibilidade dos juros sobre o capital próprio (JCP), quando calculado com base no lucro do exercício. Como se sabe, os JCP são determinados mediante aplicação da taxa de juros de longo prazo (TJLP) sobre o PL[16] da pessoa jurídica no encerramento do último exercício, e sua dedução para fins de apuração das bases de cálculo do IRPJ e da CSLL[17] está condicionada à existência de **lucros**, estes compostos, dentre outros, por **resultados não operacionais**. Daí a dúvida quanto à possibilidade ou não de imputar o ganho de capital não consignado em conta de resultado ao resultado do exercício a fim de determinar o limite de dedutibilidade dos JCP.

O segundo tema está associado ao aproveitamento do *goodwill* e da mais-valia na aquisição de participação societária adicional ao controle. A Lei n. 12.973/2014 trata expressamente da aquisição em estágios, isto é, dos casos em que o controle é adquirido numa segunda transação após a aquisição inicial de uma participação minoritária. No caso da aquisição de participação adicional ao controle, o *goodwill* não é alocado como desdobramento do custo do investimento, mas como transação com o sócio, no PL, como ocorre com os ganhos e as perdas na alienação de participação sem perda do controle.

De uma maneira geral, é possível afirmar que, pelos motivos já expostos, as conclusões caminham no sentido de que (i) o resultado não operacional da alienação de participação societária sem perda do controle deve ser acrescido (ou subtraído) do resultado do exercício para fins de determinação do limite de dedutibilidade dos JCP; e (ii) é permitido o aproveitamento fiscal do *goodwill* e da mais-valia na aquisição de participação societária adicional ao controle.

No caso do limite de dedutibilidade dos JCP, é ainda importante desfazer o mal-entendido de que a dedução do pagamento ou crédito de JCP seria um favor fiscal. Nunca foi. Não é uma renúncia, por assim dizer, mas um mecanismo pelo qual se busca equiparar a carga tributária das fontes de financiamento da atividade empresarial, permitindo que a pessoa jurídica deduza o efeito da TJLP sobre o PL,

---

16 O art. 59 da Lei n. 11.941, de 27 de maio de 2009, excluía a conta de ajuste de avaliação patrimonial entre as componentes do PL para fins de aplicação da TJLP. A Lei n. 12.973/2014, todavia, revogou expressamente o referido art. 59, ao mesmo tempo que passou a dispor que, para fins de cálculo dos JCP, somente poderão ser consideradas as contas de (i) capital social; (ii) reservas de capital; (iii) reservas de lucros; (iv) ações em tesouraria; e (v) prejuízos acumulados.

17 Leia-se: a dedutibilidade está limitada a 50% dos lucros acumulados ou do exercício, dos dois o maior.

o capital próprio, do mesmo modo como deduz o serviço da dívida que remunera o capital de terceiros.[18]

Tecnicamente, os JCP têm a natureza jurídica de dividendos, que, sujeitos a um regime especial de tributação, assumiram a missão de estimular o capital próprio como fonte de financiamento da atividade empresarial, equiparando o tratamento tributário deste a fontes de financiamento exógenas, isto é, ao capital de terceiros. A equiparação do capital próprio ao de terceiros, em oposição à ideia de que estaríamos diante de uma renúncia ou de um benefício fiscal, não é inócua ou meramente acadêmica, uma vez que orienta e inibe a interpretação literal do instituto.

Por esse motivo, seria equivocado desviar atenção do mérito para afirmar que, em sua literalidade, o limite de dedutibilidade de JCP referido pela lei remete ao lucro líquido contábil, no pressuposto de que tenha necessariamente impactado o resultado do exercício. Ultrapassada a amarra da interpretação literal e principalmente porque não é verdadeira a premissa de que os efeitos contábeis passaram a repercutir, obrigatoriamente, na esfera fiscal exceto quando disciplinados de maneira diversa pela Lei n. 12.973/2014, a resposta quanto à inclusão ou não de resultados não operacionais ao limite de dedutibilidade dos juros deverá atender aos parâmetros já examinados.

Quanto ao *goodwill* na aquisição de participação societária adicional ao controle, não é prudente olvidar que, não obstante a orientação contábil que leva ao modelo de contabilização como transação com os sócios, com efeitos apenas no PL, a Lei n. 12.973/2014 não distingue a compra de participações majoritárias, minoritárias ou adicionais ao controle quando disciplina o tratamento fiscal do *goodwill* e da mais-valia na aquisição de investimentos, não cabendo ao intérprete fazer distinção onde a lei não faz.

5. CONSIDERAÇÕES FINAIS

A conclusão deste estudo é de que os ganhos e as perdas de capital na alienação de participações societárias sem perda de controle repercutem na base de

---

18 Não é coincidência, portanto, que a sua dedução nos moldes atuais tenha sido delineada no ano-calendário de 1995. Até então, as empresas tributadas com base no lucro real deduziam o efeito líquido da correção monetária de balanço sobre o ativo permanente e o patrimônio líquido, corrigindo, assim, parte da distorção de tratamento tributário entre o capital próprio e o de terceiros. Com o advento do plano real e o sentimento de que a correção dos balanços provocava uma indexação indesejada para o propósito de interromper o ciclo inflacionário, a correção foi extinta e a dedução dos juros sobre o capital próprio a substituiu nesse papel.

cálculo do IRPJ e da CSLL, ainda que, em função do padrão contábil atual, seus efeitos sejam reconhecidos em contrapartida do PL em detrimento do resultado do exercício.

Entre as razões determinantes para essa conclusão, sobressai o fato de que a contabilidade por si só não inibe incidências tributárias, bem como não as cria. Como espécie de linguagem, ela pode retratar um fato econômico cuja grandeza pode ou não traduzir quantitativa e qualitativamente renda, proventos e **ganhos ou perdas de capital**, o que exige do intérprete refletir não apenas acerca da existência efetiva do ganho ou perda, juridicamente falando, mas também quanto aos motivos pelos quais a contabilidade orienta registrar determinado evento seguindo um ou outro modelo.

A motivação contábil para o lançamento do ganho de capital na alienação de participações societárias sem perda de controle contra o PL, em detrimento do resultado, não se deve a um possível privilégio da **essência sobre a forma** ou a qualquer outra razão que coloque em dúvida a efetiva ocorrência do acréscimo patrimonial de acordo com a definição do CTN.

É preciso ter em mente que, pelos motivos referidos anteriormente, a omissão da Lei n. 12.973/2014 quanto a determinado efeito resultante da adoção de novas práticas contábeis não nos leva necessariamente à conclusão de que a contabilidade preenche essa lacuna, sobrepondo-se à legislação tributária. O regime não é de prevalência da contabilidade sobre a legislação tributária, mas de manutenção da neutralidade, como antecipou a Lei n. 11.941/2009, exceto quando a disposição da lei for inequivocamente em sentido oposto, ou, na sua omissão, quando a contabilidade retratar ato ou fato de modo coincidente com a sua natureza jurídica.

REORGANIZAÇÃO SOCIETÁRIA: EFEITOS FISCAIS DO *DEEMED COST* E DE DIFERENÇAS DE DEPRECIAÇÃO

Clarissa Giannetti Machado Miras[1]
Telírio Pinto Saraiva[2]

1. INTRODUÇÃO

Um dos raros consensos existentes na comunidade jurídica era de que as operações de reorganização societária, quando realizadas pelo valor contábil dos ativos e dos passivos envolvidos, poderiam ser neutras para fins fiscais brasileiros.[3] Alguma dúvida pairava em relação à obrigatoriedade de os eventos de incorporação, cisão ou fusão ocorrerem pelo valor de mercado dos bens, direitos e obrigações transferidos, porém há muito essa discussão foi encerrada, quando a legislação tributária, em meados dos anos 1990,[4] expressamente definiu que tais eventos poderiam ocorrer tanto a valor contábil como de mercado.[5]

---

1 LL.M pela Columbia University School of Law de Nova York e advogada em São Paulo.

2 Mestrando em Direito Tributário pela Fundação Getúlio Vargas e advogado em São Paulo.

3 No presente estudo nos dedicaremos à referida neutralidade apenas em relação ao Imposto sobre a Renda das Pessoas Jurídicas (IRPJ) e à Contribuição Social sobre o Lucro Líquido (CSLL).

4 Lei n. 9.249/1995, art. 21 (redação original): "A pessoa jurídica que tiver parte ou todo o seu patrimônio absorvido em virtude de incorporação, fusão ou cisão deverá levantar balanço específico para esse fim, no qual os bens e direitos serão avaliados pelo valor contábil ou de mercado".

5 Segundo entendimento da Receita Federal, os valores contábeis poderiam ser considerados como referência para os eventos de reorganização, mesmo nas situações em que o contribuinte tivesse levantado, para outros fins, laudo de avaliação do valor de mercado de ativos, vide teor da Solução de Consulta n. 4/2002: "Não se pode depreender da inteligência do art. 434 do RIR/99

Essa neutralidade estava associada ao fato de que, de maneira geral, o valor contábil refletia o custo histórico de aquisição de ativos e assunção de passivos. Contudo, essa tradicional perspectiva foi profundamente alterada a partir da recepção dos padrões internacionais de contabilidade[6] com a Lei n. 11.638/2007, momento em que foram importados pelo direito brasileiro institutos como a **avaliação a valor justo** (AVJ), responsável por reduzir o protagonismo do custo histórico como principal método de mensuração do patrimônio de um negócio.

Em um primeiro momento, tais inovações contábeis tiveram seus efeitos temporariamente neutralizados para fins fiscais, com a instituição do Regime Tributário de Transição (RTT).[7] Assim, também durante a vigência do RTT, foi mantida a ideia de que os eventos de reorganização societária realizados a valor contábil continuariam neutros para fins fiscais.

Em 2013, a Medida Provisória (MP) n. 627 se propôs a revogar o RTT e disciplinar a influência da nova contabilidade em relação ao Imposto sobre a Renda das Pessoas Jurídicas (IRPJ), à Contribuição Social sobre o Lucro Líquido (CSLL), à Contribuição para o Programa de Integração Social (PIS) e o Programa de Formação do Patrimônio do Servidor Público (Pasep), e à Contribuição para o Financiamento da Seguridade Social (Cofins). No ano seguinte, a MP n. 627 foi convertida na Lei n. 12.973/2014 e, de lá para cá, a outrora neutralidade fiscal dos eventos de reorganização tem sido repetidamente colocada à prova. Ou seja, migramos de uma realidade em que "o contábil seguia o fiscal" para uma nova fase cuja regra é que "o fiscal deve seguir o contábil".

Nesse contexto, ao final do 2017, a Receita Federal do Brasil (RFB) expediu uma série de Soluções de Consulta que simbolizam como o fisco deverá interpretar a aplicação da legislação fiscal atualmente vigente e, consequentemente, exigir a cobrança de tributos vinculados a institutos contábeis que, a princípio, deveriam continuar neutros para fins fiscais, mesmo após o encerramento do RTT. Isso porque, conforme detalhado neste artigo, tais institutos e procedimentos contábeis não resultam em real e imediato incremento de renda.

---

que a companhia, pelo simples fato de ter elaborado laudo de avalição do ativo, para fins de conferência, esteja obrigada a levar a registro, em sua contabilidade, eventual mais-valia apurada no valor do investimento".

6 Notadamente representados pelos *International Financial Reporting Standards* (IFRS) e pelos *International Accounting Standards* (IAS).

7 Instituído pela Lei n. 11.941/2009.

Por exemplo, a Solução de Consulta (SC) Cosit n. 415, de 8 de setembro de 2017, conclui que os eventos de redução de capital (que também é uma forma de reorganização societária) deflagram a tributação do ganho decorrente da avaliação de ativos a valor justo, mesmo que a devolução do capital seja realizada pelo valor contábil do bem ou direito. Já a SC Cosit n. 672, promulgada em dezembro do mesmo ano, estabelece que a redução a valor recuperável de ativos (*impairment*) ensejaria também a redução do âmbito de apuração dos créditos para o PIS e a Cofins.

Para direcionamento do nosso estudo, tomaremos como referência e focaremos nas conclusões registradas pela SC Cosit n. 659, de 27 de dezembro de 2017. Nessa oportunidade, ao analisar os efeitos da transferência de ativos por ocasião de cisão, a RFB entendeu que devem ser tributados pela realização por baixa do ativo: (i) os saldos referentes à diferença entre as taxas contábil e fiscal de depreciação; e (ii) os saldos positivos de AVJ atrelados ao reconhecimento do *deemed cost* (custo atribuído) constituído na vigência do RTT.

A tributação da AVJ, defendida pela SC Cosit n. 659, chama especial atenção, tendo em vista que o art. 26 da Lei n. 12.973/2014 expressamente determina que o saldo de AVJ transferido em evento de cisão é neutro para fins fiscais, desde que as subcontas relacionadas a ele sejam também transferidas para a sucessora.[8] A referida SC, contudo, afasta a aplicação desse dispositivo legal, sob o argumento de que o *deemed cost* realizado à época do RTT não possui natureza de AVJ, mas de **diferença pela adoção inicial da Lei n. 12.973/2014**.

A SC Cosit n. 659 suscita diversas questões que devem ser exploradas, como:

i. A mera circunstância de constituição da AVJ em momento anterior à adoção da Lei n. 12.973/2014 deflagra a tributação desse ajuste como renda?

ii. A espécie jurídica elencada pela SC – **diferença de adoção inicial** – possui legítimo valor jurídico, suficiente para que sejam ignoradas as naturezas dessas diferenças e também para se fazer distinção com os ajustes de AVJ registrados a partir da Lei n. 12.973/2014?

---

8   Lei n. 12.973/2014, art. 26: "Nos casos de incorporação, fusão ou cisão, os ganhos decorrentes de avaliação com base no valor justo na sucedida não poderão ser considerados na sucessora como integrante do custo do bem ou direito que lhe deu causa para efeito de determinação de ganho ou perda de capital e do cômputo da depreciação, amortização ou exaustão. Parágrafo único. Os ganhos e perdas evidenciados nas subcontas de que tratam os arts. 13 e 14 transferidos em decorrência de incorporação, fusão ou cisão terão, na sucessora, o mesmo tratamento tributário que teriam na sucedida".

iii. É possível, no caso concreto, afastar a aplicação da regra especial contida no art. 26 da Lei n. 12.973/2014, responsável por garantir a neutralidade do valor justo nos eventos de incorporação, fusão ou cisão?

Essas são algumas das questões que deverão ser examinadas por este ensaio.

2. AVJ: UMA VISÃO ECONÔMICA E PROSPECTIVA DA CONTABILIDADE

Os relatórios contábil-financeiros se destinam primariamente a investidores (atuais ou potenciais), financiadores e credores em geral, como estabelece o Pronunciamento Conceitual Básico do CPC (CPC 00). A partir dessa premissa, a contabilidade brasileira, em sintonia com os padrões IFRS, preza pela **utilidade** das informações contidas nas demonstrações financeiras das empresas.

Ainda segundo o CPC 00, a informação é útil quando fornece subsídios para um potencial investidor decidir se deve comprar ou vender ações da companhia, ou para uma instituição financeira julgar se deve ou não emprestar recursos para a entidade. Os relatórios contábil-financeiros têm como propósito geral fornecer informações que atendam aos interesses dos diversos agentes de mercado, para a tomada de decisões ligadas ao fornecimento de recursos para a entidade.

Com base nos interesses desses agentes, passamos a experimentar uma contabilidade que busca uma ficção do presente voltada para o futuro, ou seja, uma visão prospectiva. Não por menos a expressão **fluxos de caixa** é repetida como um mantra pelos Pronunciamentos Técnicos emitidos pelo Comitê de Pronunciamentos Contábeis (CPC),[9] pois, ao fim e ao cabo, os usuários das demonstrações financeiras estão interessados em "avaliar a capacidade [...] da entidade na geração de fluxos de caixa" futuros, como descrito no CPC 00. Ou, de outro modo, tais usuários querem saber a estimativa do valor de mercado de uma empresa, baseada na sua expectativa de rentabilidade futura.

É por essa razão que institutos como a avaliação de ativos e passivos a valor justo habitam lugar privilegiado na contabilidade moderna. Instrumentos como a AVJ auxiliam os usuários das demonstrações financeiras a conhecer o retorno potencial de uma empresa, seus ganhos e suas perdas esperados.

---

9   Apenas no CPC 00 a expressão é repetida 19 vezes.

O Pronunciamento Técnico n. 46 do CPC – Mensuração a Valor Justo(CPC 46) estabelece que o "valor justo é uma mensuração baseada em mercado e não uma mensuração específica da entidade", definindo como valor justo "o preço que seria recebido pela venda de um ativo ou que seria pago pela transferência de um passivo em uma transação não forçada entre participantes do mercado na data de mensuração". O ganho ou perda decorrente da AVJ, portanto, está associado a uma **ficção contábil**, pois baseado em um exercício meramente hipotético.

Usualmente, a AVJ é empregada em situações específicas. Se por intenção da administração, por exemplo, determinado título de crédito for destinado a negociação ou estiver disponível para venda, deve ser contabilmente mensurado pelo seu valor justo, independentemente do seu custo de aquisição (Lei n. 6.404/1976, art. 183, inciso I, alínea "a").

O *deemed cost*, objeto da SC Cosit n. 659, é outro exemplo de situação em que foi autorizada a aplicação dessa metodologia contábil. Conforme disciplina prevista pela Interpretação Técnica n. 10 do CPC (ICPC 10),[10] quando da adoção inicial das novas práticas contábeis pelas empresas há aproximadamente 10 anos, os bens do ativo imobilizado poderiam ser avaliados contabilmente pelo seu valor justo.[11]

Notadamente, a AVJ, na qualidade de ficção contábil, espelha ganhos e perdas apenas potenciais, expectativas de realização. Essas informações são de extrema relevância para os investidores e demais *players* do mercado, pois podem ajudá-los na tomada de decisão sobre investimentos adicionais, financiamentos, dentre outras operações econômicas. Contudo, os referidos ganhos e perdas potenciais muito se distanciam dos princípios aplicáveis ao imposto sobre a renda, cujo fato gerador é "auferir renda", uma situação real e concreta, não expectativa. Não por outro motivo, a Lei n. 12.973/2014 dedicou seção exclusiva ao tema, pautada pelo espírito de neutralidade tributária dos resultados associados à AVJ.

---

10 Interpretação sobre a aplicação inicial ao ativo imobilizado e à propriedade para investimento dos Pronunciamentos Técnicos n. 27, n. 28, n. 37 e n. 43 do CPC.

11 ICPC 10: "21. Quando da adoção inicial dos Pronunciamentos Técnicos CPC 27, 37 e 43 no que diz respeito ao ativo imobilizado, a administração da entidade pode identificar bens ou conjuntos de bens de valores relevantes ainda em operação, relevância essa medida em termos de provável geração futura de caixa, e que apresentem valor contábil substancialmente inferior ou superior ao seu valor justo (conforme definido no item 8 – Definições – do Pronunciamento CPC 04) em seus saldos iniciais. 22. Incentiva-se, fortemente, que, no caso do item 21 desta Interpretação, na adoção do Pronunciamento Técnico CPC 27 seja adotado, como custo atribuído (*deemed cost*), esse valor justo. Essa opção é aplicável apenas e tão somente na adoção inicial, não sendo admitida revisão da opção em períodos subsequentes ao da adoção inicial".

118 Impactos tributários decorrentes da adoção do IFRS no Brasil

3. LEI N. 12.973/2014: VALOR JUSTO E NEUTRALIDADE TRIBUTÁRIA

De maneira geral, a disciplina prescrita pela Lei n. 12.973/2014 em relação à AVJ esforça-se para preservar os limites dos princípios da realização da renda e da capacidade contributiva. Na prática, é como se a lei tivesse mantido o regime de neutralidade fiscal antes previsto pelo RTT.

O tratamento conferido à AVJ é consolidado pelos art. 13[12] (ganho) e 14[13] (perda) da referida lei. Em síntese a legislação determina que:

i. o ganho ou a perda decorrentes da avaliação de ativo ou passivo a valor justo só serão computados na determinação do lucro real na medida em que o ativo for realizado, inclusive mediante depreciação, amortização, exaustão, alienação ou baixa, ou quando o passivo for liquidado ou baixado; e

ii. a neutralidade do ganho está condicionada à sua evidenciação contábil em subconta vinculada ao respectivo ativo ou passivo

Trata-se de evidente regime de neutralidade. Tomemos como exemplo o registro de uma receita de AVJ vinculada a um ativo suscetível à depreciação. No momento em que o saldo de AVJ é constituído, a correspondente receita é excluída na apuração do lucro real (art. 13, caput), por não refletir um ganho efetivo, mas apenas a estimativa de uma renda potencial. No transcorrer da vida útil do ativo, na medida em que os encargos de depreciação forem computados no resultado, a parcela da depreciação relativa à AVJ deverá então ser adicionada

---

12 "Art. 13. O ganho decorrente de avaliação de ativo ou passivo com base no valor justo não será computado na determinação do lucro real desde que o respectivo aumento no valor do ativo ou a redução no valor do passivo seja evidenciado contabilmente em subconta vinculada ao ativo ou passivo. § 1º O ganho evidenciado por meio da subconta de que trata o caput será computado na determinação do lucro real à medida que o ativo for realizado, inclusive mediante depreciação, amortização, exaustão, alienação ou baixa, ou quando o passivo for liquidado ou baixado."

13 "Art. 14. A perda decorrente de avaliação de ativo ou passivo com base no valor justo somente poderá ser computada na determinação do lucro real à medida que o ativo for realizado, inclusive mediante depreciação, amortização, exaustão, alienação ou baixa, ou quando o passivo for liquidado ou baixado, e desde que a respectiva redução no valor do ativo ou aumento no valor do passivo seja evidenciada contabilmente em subconta vinculada ao ativo ou passivo. § 1º A perda a que se refere este artigo não será computada na determinação do lucro real caso o valor realizado, inclusive mediante depreciação, amortização, exaustão, alienação ou baixa, seja indedutível."

ao lucro real, por também não ilustrar a realização de um custo efetivamente incorrido pela entidade.

João Francisco Bianco,[14] ao analisar a disciplina da AVJ na MP n. 627/2013, corrobora o entendimento de que, em geral, a norma providenciou "regime de neutralidade da avaliação a valor justo". O autor ainda observa que "podemos concluir com segurança que os ajustes a valor justo, necessários do ponto de vista contábil para expressar com mais realismo a situação econômica da empresa, não podem gerar qualquer tipo de consequência na área do imposto de renda".

No mesmo sentido, Alexandre Pinto[15] sustenta que, em relação à Lei n. 12.973/2014, "o legislador optou por manter os efeitos da neutralidade tributária (antes alcançada pelo RTT), de forma que os resultados da avaliação a valor justo não são tributáveis"; bem como reconhecem Fernando Tonanni e Bruno Gomes[16] que, "regra geral, os dispositivos legais permitem a neutralidade do AVJ, para fins do IRPJ".

A RFB, no entanto, não parece compartilhar da mesma opinião, tendo, a partir da SC Cosit n. 659, relativizado o alcance da neutralidade assentada pela Lei n. 12.973/2014.

4. TRIBUTAÇÃO DA AVJ NAS REORGANIZAÇÕES SOCIETÁRIAS: A SC COSIT N. 659

A SC Cosit n. 659 debruça-se sobre a seguinte situação fática:

- Quando da adoção inicial das normas internacionais de contabilidade, a consulente classificou como ajustes de avaliação patrimonial as contrapartidas

---

14 BIANCO, João Francisco. O conceito de valor justo e seus reflexos tributários. In: MOSQUERA, Roberto Quiroga; LOPES, Alexsandro Broedel (Coord.). *Controvérsias jurídico-contábeis* (aproximações e distanciamentos). Vol. 5. São Paulo: Dialética, 2014. p. 167; 164-165.

15 PINTO, Alexandre Evaristo. A avaliação a valor justo e a disponibilidade econômica de renda. In: MOSQUERA, Roberto Quiroga; LOPES, Alexsandro Broedel (Coord.). *Controvérsias jurídico-contábeis* (aproximações e distanciamentos). Vol. 6. São Paulo: Dialética, 2015. p. 43.

16 TONANNI, Fernando; GOMES, Bruno. O conceito e a natureza jurídica do ajuste a valor justo e seu tratamento nas reorganizações societárias. In: MOSQUERA, Roberto Quiroga; LOPES, Alexsandro Broedel (Coord.). *Controvérsias jurídico-contábeis* (aproximações e distanciamentos). Vol. 6. São Paulo: Dialética, 2015. p. 228.

de aumentos e diminuições de valor atribuído a elementos do ativo em decorrência da sua avaliação a valor justo (*deemed cost* – custo atribuído disciplinado pelo ICPC 10).

- Os ativos sujeitos ao *deemed cost* foram depreciados para fins fiscais segundo as taxas de depreciação elencadas pela RFB. Essas taxas eram, no caso concreto, superiores às contábeis.
- Tanto os saldos associados à AVJ como as diferenças de depreciação passaram a ser evidenciados em subconta contábil, em atendimento à Lei n. 12.973/2014.
- Ao final de 2015, a consulente passou por uma operação de cisão parcial, transferindo os referidos ativos para outra entidade constituída especialmente para esse fim.

A partir desses fatos, o contribuinte questiona se a cisão parcial configura modalidade de realização de ativos, apta a ensejar a tributação dos valores relativos à diferença na depreciação acumulada, bem como os ganhos apurados pelo ajuste a valor justo atrelados ao *deemed cost*. A dúvida da consulente leva ainda em consideração o teor do art. 26 da Lei n. 12.973/2014, responsável por neutralizar o efeito da AVJ nos eventos de cisão.

A RFB então conclui no seguinte sentido:[17]

---

17 SC Cosit n. 659: "33. Caso o custo atribuído (deemed cost) tenha sido feito antes da adoção inicial dos arts. 64 a 70 da Lei nº 12.973, de 2014, e antes do processo de cisão, devem ser adotados os procedimentos dos itens 34 e 35. 34. O saldo positivo constante na subconta de que trata o art. 66 da Lei nº 12.973, de 2014, evidenciando a diferença positiva (ganho) na adoção inicial causada pelo deemed cost, assim como pela depreciação excluída nos termos do § 15 do art. 57 da Lei nº 4.506, de 1964, deve ser tributado no momento da cisão, pela realização por baixa do ativo. 35. Quanto aos valores de depreciação excluídos após a adoção inicial da Lei nº 12.973, de 2014 e antes do processo de cisão, com base no § 15 do art. 57 da Lei nº 4.506, de 1964, o saldo controlado na parte B do e-Lalur deverá ser adicionado no momento da cisão com base no § 6º do art. 31 do Decreto-Lei nº 1.598, de 1977. 36. Caso o custo atribuído (deemed cost) tenha sido feito após a adoção inicial dos arts. 64 a 70 da Lei nº 12.973, de 2014, e antes do processo de cisão, são prescritas as ações dos itens 37 e 38. 37. A operação de cisão parcial não implica a realização dos ativos transferidos à sucessora, para fins de tributação do ganho gerado em decorrência de avaliação de ativo com base na avaliação a valor justo. Os ganhos de AVJ evidenciados na subconta de que trata o art. 13 da Lei nº 12.973, de 2014, transferidos em virtude da operação, terão, na sucessora, o mesmo tratamento tributário que teriam na sucedida. Dessa forma, a sucessora poderá diferir a tributação do ganho conforme a realização do ativo, desde que evidencie este ganho transferido em subconta vinculada ao respectivo ativo. 38. Quanto aos valores excluídos antes da cisão a título de depreciação com base no § 15 do art. 57 da Lei nº 4.506, de 1964, o saldo controlado na

i. Os ganhos de AVJ relativos ao *deemed cost*, bem como as diferenças de depreciação, feitos antes da adoção inicial da Lei n. 12.973/2014[18] equivalem a diferenças positivas de adoção inicial da lei.[19]

ii. No entanto, essas diferenças, evidenciadas em subconta, não são de AVJ ou de depreciação, mas de **adoção inicial da lei.**

iii. O computo das diferenças de adoção inicial da lei no lucro real é regulado pelos art. 66 e 67 da Lei n. 12.973/2014, sendo irrelevante para aplicação desses dispositivos a causa das referidas diferenças (se decorrentes de AVJ, depreciação fiscal etc.).

iv. Na cisão, os saldos da avaliação a valor justo decorrentes do *deemed cost* e da diferença de depreciação controlados em subconta (denominados como diferenças de adoção inicial da lei) deverão ser tributados. Isso porque a cisão implica na baixa dos ativos vertidos, sendo a baixa de ativo hipótese de tributação das diferenças de adoção inicial da lei, nos termos do art. 66.

---

parte B do e-Lalur deverá ser adicionado no momento da cisão com base no § 6º do art. 31 do Decreto-Lei nº 1.598, de 1977".

18 Os art. 64 e seguintes da Lei n. 12.973/2014 disciplinaram o regime de adoção inicial da lei e a revogação do RTT. Em linhas gerais, o art. 64 manteve a neutralidade do RTT em relação às operações ocorridas até a adoção da lei: "Para as operações ocorridas até 31 de dezembro de 2013, para os optantes conforme o art. 75, ou até 31 de dezembro de 2014, para os não optantes, permanece a neutralidade tributária estabelecida nos arts. 15 e 16 da Lei no 11.941, de 27 de maio de 2009, e a pessoa jurídica deverá proceder, nos períodos de apuração a partir de janeiro de 2014, para os optantes conforme o art. 75, ou a partir de janeiro de 2015, para os não optantes, aos respectivos ajustes nas bases de cálculo do IRPJ, da CSLL, da Contribuição para o PIS/Pasep e da Cofins, observado o disposto nos arts. 66 e 67".

19 Segundo o art. 66 da Lei n. 12.973/2014, essa diferença positiva é resultado da comparação entre o valor de ativo mensurado de acordo com a contabilidade atual (disposições da Lei n. 6.404/1976) e o valor mensurado pelos critérios vigentes em 31 de dezembro de 2007, isto é, antes da recepção das práticas internacionais de contabilidade pelo direito brasileiro: "Para fins do disposto no art. 64, a diferença positiva, verificada em 31 de dezembro de 2013, para os optantes conforme o art. 75, ou em 31 de dezembro de 2014, para os não optantes, entre o valor de ativo mensurado de acordo com as disposições da Lei no 6.404, de 15 de dezembro de 1976, e o valor mensurado pelos métodos e critérios vigentes em 31 de dezembro de 2007, deve ser adicionada na determinação do lucro real e da base de cálculo da CSLL em janeiro de 2014, para os optantes conforme o art. 75, ou em janeiro de 2015, para os não optantes, salvo se o contribuinte evidenciar contabilmente essa diferença em subconta vinculada ao ativo, para ser adicionada à medida de sua realização, inclusive mediante depreciação, amortização, exaustão, alienação ou baixa".

v. No caso concreto, o art. 26 não seria aplicável, pois cuida de regular a neutralidade da AVJ em operações de reorganização societária, tomando como premissa que a AVJ foi registrada a partir da Lei n. 12.973/2014. No presente cenário, os valores não estão associados à AVJ, mas à diferença de adoção inicial da lei.

vi. Mesmo as diferenças de depreciação excluídas após a adoção inicial da lei devem ser tributadas pela cisão, em decorrência da baixa do ativo (vide previsão contida no § 6º do art. 31 do Decreto-Lei (DL) n. 1.598/1977).[20]

vii. Caso o *deemed cost* tenha sido feito após a adoção inicial da lei (no caso, a Lei n. 12.973/2014), os respectivos saldos de AVJ estão sujeitos à neutralidade fiscal disciplinada pelos art. 13, 14 e 26, de modo que o evento de cisão não deflagraria a sua tributação.

A posição da RFB é controversa: interpreta os **ajustes de adoção inicial da lei** como elemento dotado de valor jurídico próprio, independentemente da sua origem (se teria natureza de AVJ ou outra), e toma os eventos de reorganização societária como ensejadores da baixa de ativos. Esse entendimento coloca em xeque alguns dos princípios básicos que regem a tributação sobre a renda e passa ao largo dos efeitos caros à sucessão empresarial e inerentes aos eventos de incorporação, cisão e fusão. Passemos, então, a uma crítica mais detida das implicações da SC Cosit n. 659.

5. TRATAMENTO ANTI-INSONÔMICO E NECESSÁRIA APLICAÇÃO DA REGRA ESPECIAL CONTIDA NO ART. 26 DA LEI N. 12.973/2014

Como premissa básica, temos de considerar que o *deemed cost* registrado no passado tem natureza de AVJ. Entendemos que não pairam dúvidas nesse sentido, na medida em que o *deemed cost* tratou de procedimento prescrito na legislação da época que expressamente permitiu às empresas registrar determinados ativos de acordo com seu valor justo (quando, em termos de provável geração futura de

---

20 DL n. 1.598/1977, art. 31, § 6º: "A parcela de depreciação anteriormente excluída do lucro líquido na apuração do lucro real deverá ser adicionada na apuração do imposto no período de apuração em que ocorrer a alienação ou baixa do ativo".

caixa, os referidos ativos apresentassem valor contábil substancialmente inferior ou superior ao seu valor justo).

Nesse contexto, a SC Cosit n. 659 entende que tratamentos distintos devem ser dispensados ao saldo de AVJ dependendo se esse ajuste ter sido realizado antes ou após a adoção da Lei n. 12.973/2014: se feito antes, o evento de cisão deflagraria a tributação do valor de AVJ; se realizado depois, a cisão não ensejaria a sua tributação pela aplicação do art. 26 da referida lei.

Em outras palavras: se determinado contribuinte constituiu um saldo de AVJ antes do dia 31 de dezembro de 2014,[21] para fins fiscais, esse ajuste não teria natureza de AVJ, mas de adoção inicial da lei, devendo ser tributado em evento de reorganização societária; porém, se o mesmo contribuinte, pautado pelos mesmos fundamentos de valor justo, constituísse o referido saldo de AVJ no dia seguinte, em 1º de janeiro de 2015, esse ajuste seria neutro em relação aos eventos de cisão, incorporação e fusão.

A lógica empregada pelo fisco é contraditória e confere tratamento desigual para contribuintes que se encontram na mesma situação. Ajustes a valor justo constituídos antes ou após a adoção da Lei n. 12.973/2014 compartilham da mesma natureza, bem como são fundamentados pelos mesmos princípios e normas contábeis. Não há razão para a RFB inovar o ordenamento jurídico, atribuindo disciplinas distintas para fatos jurídicos idênticos, cuja única diferença é temporal.

Nesse aspecto, o racional da RFB é muito perigoso ao afirmar que as diferenças verificadas na adoção inicial da Lei n. 12.973/2014, controladas em subconta, "não são de AVJ, mas sim de adoção inicial". Na prática, ao rechaçar a origem dos ajustes que fundamentam essas diferenças, a interpretação da RFB justificaria a tributação de qualquer ajuste de RTT em eventos de reestruturação, independentemente da sua natureza (se decorrente de AVJ, ajuste a valor presente – AVP, *leasing*, *impairment*, diferenças de taxas de depreciação etc.).

É por essas razões que o elemento **diferença positiva de adoção inicial** ou **ajuste de adoção inicial**, capitulado pela SC Cosit n. 659 para justificar a não aplicação do art. 26 em relação ao *deemed cost*, não possui valor jurídico autônomo. Ao contrário do quanto disposto pela referida SC, é preciso estar atento à natureza do ajuste de RTT que deu causa à diferença, sobretudo quando se tratar de AVJ, cuja neutralidade, mesmo após a revogação do RTT, foi amplamente confirmada pela Lei n. 12.973/2014.

---

21 Ou 31 de dezembro de 2013, para os optantes da adoção antecipada da Lei n. 12.973/2014 (art. 75).

A verificação dessa natureza, no caso em estudo, levaria à necessária aplicação da regra especial contida no art. 26, cujo teor disciplinou a neutralidade da AVJ nos eventos específicos de incorporação, fusão e cisão. O fato de os artigos que regulam a adoção inicial da lei (art. 64 e seguintes) não terem dispensado tratamento específico para a AVJ nos eventos de reorganização não autorizaria a adoção de um tratamento fiscal não isonômico por parte das autoridades fazendárias, até porque os art. 64 e seguintes são normas de caráter geral, que cuidaram de disciplinar, de forma abrangente, a transição entre o encerramento do RTT e a adoção da Lei n. 12.973/2014.

6. VIOLAÇÃO AO PRINCÍPIO DA CAPACIDADE CONTRIBUTIVA

O conceito de **aquisição da disponibilidade econômica ou jurídica de renda**, como fato gerador do imposto sobre a renda (art. 43, Código Tributário Nacional – CTN), é amplamente estudado e debatido pela doutrina e pela jurisprudência. Em relação à AVJ, porém, maior alusão a esse debate mostra-se dispensável, tendo em vista que o legislador, como estudado, já optou por manter a AVJ à margem da apuração do lucro real. Vale dizer que o regime de neutralidade conferido pela Lei n. 12.973/2014 parte do consciente pressuposto de que ganhos e perdas atrelados a AVJ de ativos e passivos não possuem relevância imediata para fins fiscais, por ilustrarem resultados apenas potenciais e estimados.

Em uma acepção mais prática, o Ministro Marco Aurélio Mello, após extensa reflexão sobre o conceito de renda, resume a disponibilidade econômica de renda quando há o efetivo recebimento físico de recursos, e a disponibilidade jurídica quando há percepção do direito de receber um crédito (RE n. 172.085-1 SC, julgado em: 30 jun. 1995). Em relação à AVJ, não há uma coisa nem outra.

Os ensinamentos de Ricardo Mariz de Oliveira[22] nesse campo revelam que um ganho deve exprimir "necessariamente signo de capacidade contributiva" da entidade. Esse princípio, expressamente elencado pela Constituição Federal,[23] pressupõe "a possibilidade efetiva do cidadão para arcar com o tributo sem reduzir seu

---

22 OLIVEIRA, Ricardo Mariz de. *Fundamentos do Imposto de Renda*. São Paulo: Quartier Latin, 2008, p. 94.

23 Art. 145, § 1º: "Sempre que possível, os impostos terão caráter pessoal e serão graduados segundo a capacidade econômica do contribuinte, facultado à administração tributária, especialmente

capital produtor, respeitando o mínimo existencial e a capacidade contributiva".[24] Em relação à AVJ, essa circunstância mostra-se absolutamente ausente.

De fato, é incontroverso que a referida avaliação deva se pautar por critérios visando a uma aproximação dos valores de ativos e passivos aos seus "valores de mercado", ou seja, aos valores que poderiam ser obtidos no caso de uma eventual alienação ou realização. Porém, trata-se de uma avaliação interna da entidade. O ganho ou perda decorrente da avaliação contábil a valor justo espelha um acréscimo ou decréscimo apenas estimado. Não há a certeza sobre a realização dos ativos a esses valores, muito menos sobre o auferimento de renda ou perda patrimonial que afete a capacidade contributiva do contribuinte.

Em relação à SC Cosit n. 659, portanto, é flagrante a violação ao princípio da capacidade contributiva. Essa conclusão pode ser ilustrada a partir de um simples exercício hipotético:

i. Em 2008, a Empresa X possuía em seu patrimônio R$ 100 mil em caixa e uma planta industrial que, por sua antiguidade, se encontrava integralmente depreciada, embora ainda fosse operante.

ii. No ano seguinte, por força do ICPC 10, a empresa realizou o *deemed cost* da fábrica, tendo sido atribuído o valor justo de R$ 100 milhões. Em 2018, o valor líquido da depreciação acumulada é de R$ 50 milhões.

iii. Hoje, a entidade continua com apenas R$ 100 mil de capital em caixa, mas planeja reorganizar-se pela cisão da fábrica, com versão desse ativo para outra pessoa jurídica, no âmbito de uma reestruturação com potencial para alavancar os negócios.

Segundo a lógica prevista pela SC Cosit n. 659, a cisão implicaria na tributação integral desse saldo de AVJ pela empresa cindida e no recolhimento de aproximadamente R$ 18 milhões em tributos. Porém, como adimplir a suposta obrigação tributária se a operação não acarretou a aquisição econômica (entrada efetiva de recursos) ou jurídica (crédito a receber) de proventos? Se não há expressão de capacidade contributiva, não há identificação do fato gerador do imposto sobre a renda.

---

para conferir efetividade a esses objetivos, identificar, respeitados os direitos individuais e nos termos da lei, o patrimônio, os rendimentos e as atividades econômicas do contribuinte".

24 ZILVETI, Fernando Aurélio. O princípio da realização da renda. In: SCHOUERI, Luís Eduardo (Coord.). *Direito Tributário*: homenagem a Alcides Jorge Costa. São Paulo: Quartier Latin, 2003. p. 298-328.

Sob essa perspectiva, a posição fazendária será inibidora de legítimos processos de reestruturação societária. Pretende-se, pela tese elencada pela SC Cosit n. 659, tributar uma ficção societária, útil à contabilidade, mas imprestável como real disponibilidade de renda suscetível à tributação.

7. SUCESSÃO EMPRESARIAL E BAIXA DE ATIVOS

Os eventos de incorporação, cisão e fusão pressupõem a continuidade da situação patrimonial dos ativos e dos passivos transferidos, porém agora em uma nova entidade. Essa ideia resulta da noção, prescrita na Lei n. 6.404/1976, art. 227 a 229, de que há a sucessão, pela receptora, de todos os direitos e as obrigações vinculados ao acervo vertido.

Neste ponto, merecem ser revisitadas algumas antigas manifestações do fisco, notáveis pela lucidez sobre a matéria, a exemplo do Parecer Normativo (PN) CST n. 6/1985, que consubstanciou entendimento de que os eventos de incorporação, fusão e cisão não provocam a realização ou baixa de ativos:

> Segundo entendimento consagrado em atos normativos da Secretaria da Receita Federal, nos casos de incorporação, fusão e cisão não acontece descontinuidade na vida das empresas, tendo em vista que as obrigações tributárias das sucedidas continuam a ser cumpridas pelas sucessoras, como se não houvesse alteração nas firmas ou sociedades. **Não há, a rigor, baixa de bens e direitos de um patrimônio e ingresso em outro, mas, sim, a transposição de patrimônio de uma para outra pessoa jurídica, que sucede a primeira nos direitos e obrigações**. (grifo nosso)

Essa perspectiva era reforçada, ainda, pelo PN CST n. 39/1981, responsável por solidificar a ideia de que tais eventos de reorganização configuram mero "trespasse" de patrimônio:

> cabe observar que, na incorporação, fusão e cisão, há traspasse de "patrimônio", ou "patrimônios", cujo valor passará a formar o capital social, e que deverá ser, pelo menos, igual ao montante do capital a realizar (art. 226, caput, da Lei nº 6.404/76).
>
> [...] o direito obtido em subscrição ou aquisição não se extingue com as citadas operações, mas, ao contrário, mantém-se em relação ao patrimônio que absorveu o primitivo. Desta forma, as quotas ou ações que venham a

substituir títulos de participação societária, na mesma proporção das anteriormente possuídas, não podem ser consideradas "novamente subscritas ou adquiridas" [...].

Não havendo de se falar na realização ou baixa de ativos em operações de incorporação, fusão ou cisão, não há de se falar na tributação do saldo de AVJ associado ao acervo vertido. Esse espírito fundamentou a edição do parágrafo único do art. 26 da Lei n. 12.973/2014, preservando a neutralidade tributária da AVJ nos eventos de reorganização:

> Avaliação com Base no Valor Justo na Sucedida Transferido para a Sucessora
>
> Art. 26. Nos casos de incorporação, fusão ou cisão, os ganhos decorrentes de avaliação com base no valor justo na sucedida não poderão ser considerados na sucessora como integrante do custo do bem ou direito que lhe deu causa para efeito de determinação de ganho ou perda de capital e do cômputo da depreciação, amortização ou exaustão.
>
> Parágrafo único. Os ganhos e perdas evidenciados nas subcontas de que tratam os arts. 13 e 14 transferidos em decorrência de incorporação, fusão ou cisão terão, na sucessora, o mesmo tratamento tributário que teriam na sucedida.

Esse dispositivo, portanto, não se trata de uma escolha aleatória do legislador, mas possui lastro nas manifestações históricas do fisco (PN CST n. 6/1985 e PN CST n. 39/1981) e no princípio da sucessão empresarial, disciplinado pela legislação societária.

A sucessão a título universal alcança, inclusive, as obrigações tributárias associadas ao acervo vertido. Conforme destaca Higuchi,[25] "com exceção da compensação de prejuízos fiscais e da base negativa da CSLL e o diferimento do lucro inflacionário, os demais valores controlados na parte B do LALUR, para adição ou exclusão em períodos de apuração subsequentes, serão recepcionados pela incorporadora". O autor conclui registrando que, no "silêncio da lei fiscal, a incorporadora poderá usufruir do direito que existia na incorporada".

---

25 HIGUCHI, Hiromi. *Imposto de Renda das Empresas*: Interpretação e prática. 15 fev. 2017. Disponível em: <http://www.ibdt.org.br/material/arquivos/Biblioteca/IR2017.pdf>. Acesso em: 3 dez. 2018. p. 488.

Todo o sentido de neutralidade, peculiar à sucessão empresarial, é equivocadamente colocado de lado pela SC Cosit n. 659, sob o argumento de que a cisão acarreta a **baixa de ativos**. A partir dessa conclusão, a referida SC defende também a tributação das diferenças acumuladas entre as taxas de depreciação fiscal e contábil nos eventos de reorganização. Essa constatação contraria não apenas as tradicionais opiniões da própria RFB, mencionadas anteriormente, mas também conflita com o conceito de baixa de ativos previsto pelo DL n. 1.598/1977.

O art. 31 do referido DL classifica como ganho ou perda de capital o resultado na (i) alienação, (ii) baixa ou (iii) liquidação de bens classificados como investimentos, imobilizado e intangível.[26] Ao qualificar o termo **baixa**, o DL emprega os predicados **perecimento**, **extinção**, **desgaste**, **obsolescência** ou **exaustão**. Portanto, o termo baixa, como previsto pela legislação, está associado ao desgaste ou perecimento do bem, e não à sua simples transferência por ocasião dos eventos de incorporação, cisão ou fusão.

Especificamente ao justificar a tributação das diferenças de depreciação computadas após a adoção da Lei n. 12.973/2014, a SC Cosit n. 659 faz remissão ao § 6º do art. 31: "§ 6º A parcela de depreciação anteriormente excluída do lucro líquido na apuração do lucro real deverá ser adicionada na apuração do imposto no período de apuração em que ocorrer a alienação ou baixa do ativo". Embora esse dispositivo não conceitue o termo baixa, qualquer disposição nesse sentido seria redundante, na medida em que, como visto, o próprio caput do artigo já qualifica essa expressão.

Não sendo configurada a baixa de ativos nos eventos de incorporação, fusão ou cisão, não devem ser tributados os saldos de AVJ nem as diferenças de depreciação,[27] que deverão continuar a ser controladas pela entidade sucessora. Assumir que eventos de reestruturação, com plena sucessão empresarial, deflagram a realização e a tributação desses valores poderá acarretar na significativa e injustificada oneração das operações de reorganização.

---

26 Decreto-Lei n. 1.598/1977, art. 31: "Serão classificados como ganhos ou perdas de capital, e computados na determinação do lucro real, os resultados na alienação, inclusive por desapropriação (§ 4º), na baixa por perecimento, extinção, desgaste, obsolescência ou exaustão, ou na liquidação de bens do ativo não circulante, classificados como investimentos, imobilizado ou intangível".

27 No caso específico da depreciação, a SC Cosit n. 659 não traz distinção de tratamento fiscal ligada ao momento em que tais diferenças de depreciação ocorreram (se antes ou após a Lei n. 12.973/2014). Em ambas as situações, a conclusão das autoridades fiscais é de que as reorganizações societárias resultam na baixa dos ativos, atraindo a tributação das diferenças de depreciação previamente controladas pela empresa.

8. CONSIDERAÇÕES FINAIS

O ganho ou perda decorrente da AVJ está associado a uma **ficção contábil**, pois baseado em um exercício meramente hipotético e em expectativas. Reflete resultados apenas potenciais, que em muito se distanciam dos princípios aplicáveis ao imposto sobre a renda, que exigem uma situação real e concreta de auferimento de renda. Não por outro motivo, de maneira geral, a disciplina prescrita pela Lei n. 12.973/2014 esforça-se para preservar os limites dos princípios da realização da renda e da capacidade contributiva, atribuindo um regime de neutralidade à AVJ.

A RFB, no entanto, parece não compartilhar da mesma opinião, tendo, a partir da SC Cosit n. 659, concluído pela tributação pela baixa do ativo relativo à AVJ associada ao *deemed cost* constituído na vigência do RTT. A referida SC também conclui que as diferenças entre as taxas de depreciação fiscal e contábil igualmente devem ser tributadas por ocasião da baixa de ativos nos eventos de cisão.

A tributação do saldo de AVJ, defendida pela SC Cosit n. 659, chama especial atenção, tendo em vista que o art. 26 da Lei n. 12.973/2014 expressamente determina que o valor de AVJ transferido em evento de cisão é neutro para fins fiscais. A SC afasta a aplicação desse dispositivo, sob o argumento de que o *deemed cost* realizado à época do RTT não possui natureza de AVJ, mas de **diferença pela adoção inicial da Lei n. 12.973/2014**.

A lógica empregada pelo fisco é contraditória, pois confere tratamento desigual para contribuintes que se encontram na mesma situação. Ajustes a valor justo constituídos antes ou após a adoção da Lei n. 12.973/2014 compartilham da mesma natureza, bem como são fundamentados pelos mesmos princípios e normas contábeis. Nesse aspecto, o racional da RFB é duplamente perigoso ao afirmar que as diferenças verificadas na adoção inicial da lei, controladas em subconta, "não são de AVJ, mas sim de adoção inicial". Na prática, ao rechaçar a origem dos ajustes que fundamentam essas diferenças, a interpretação da RFB justificaria a tributação de qualquer ajuste de RTT em eventos de reestruturação, independentemente da sua natureza.

Por essas razões, o elemento **diferença positiva de adoção inicial** ou **ajuste de adoção inicial**, capitulado pela SC Cosit n. 659 para justificar a não aplicação do art. 26 em relação ao *deemed cost*, não possui valor jurídico autônomo. Ao contrário do quanto disposto pela SC, é preciso estar atento à natureza do ajuste de RTT que deu causa à referida diferença. A verificação dessa natureza, no caso em estudo, levaria à necessária aplicação da regra especial contida no art. 26, cujo teor disciplinou a neutralidade do saldo de AVJ nos eventos específicos de incorporação, fusão e cisão.

A SC Cosit n. 659 também incorre em violação ao princípio da capacidade contributiva, na medida em que, pela tese elencada pelo fisco, pretende-se tributar uma ficção societária, útil à contabilidade, mas imprestável como disponibilidade de renda suscetível à tributação. Ademais, a SC ignora o fato de que os eventos de incorporação, cisão e fusão pressupõem a continuidade da situação patrimonial dos ativos e dos passivos transferidos, porém agora em uma nova entidade. Essa noção encontra-se consubstanciada, inclusive, em históricas manifestações da própria fazenda (PN CST n. 6/1985 e n. 39/1981).

Todo o sentido de neutralidade, peculiar à sucessão empresarial, é equivocadamente colocado de lado pela SC Cosit n. 659, sob o argumento de que a cisão acarreta a baixa de ativos. Como visto, a partir dessa conclusão, a SC defende não só a tributação do valor de AVJ, mas também a tributação das diferenças acumuladas entre as taxas de depreciação fiscal e contábil nos eventos de reorganização.

Essa constatação conflita com o conceito de baixa de ativos previsto pelo DL n. 1.598/1977, art. 31, que expressamente associa o termo baixa ao desgaste ou perecimento de ativos, e não à sua simples transferência por ocasião de eventos de incorporação, cisão ou fusão.

A posição da RFB é controversa: interpreta os ajustes de adoção inicial da lei como elemento dotado de valor jurídico próprio, independentemente da sua origem, e toma os eventos de reorganização societária como ensejadores da baixa de ativos. Esse entendimento coloca em xeque alguns dos princípios básicos que regem a tributação sobre a renda e passa ao largo dos efeitos caros à sucessão empresarial e inerentes aos eventos de incorporação, cisão e fusão.

CUSTO DE AQUISIÇÃO DE INVESTIMENTO PARA FINS FISCAIS: PAGAMENTO A PRAZO, CONTRAPRESTAÇÃO CONTINGENTE E AJUSTES DE PREÇO

Daniel Abraham Loria[1]
José Otavio Haddad Faloppa[2]

1. INTRODUÇÃO

Já se passou uma década da adoção, no Brasil, do padrão contábil internacional (*International Financial Reporting Standard* – IFRS) para a preparação das demonstrações financeiras pelas sociedades anônimas.

Vivenciamos anos do Regime Tributário de Transição (RTT), que trazia uma ampla e genérica "neutralidade tributária" decorrente dos impactos contábeis oriundos do IFRS, e, em 2013, finalmente foi editada a Medida Provisória (MP) n. 627, posteriormente convertida na Lei n. 12.973, de 13 de maio de 2014, com o objetivo de aproximar as normas tributárias às regras contábeis do IFRS.[3] De maneira geral, o legislador estabeleceu tratamento tributário aplicável a determinados efeitos decorrentes da observância dos atos de natureza contábil editados

---

1   Sócio do escritório Barbosa, Müssnich, Aragão Advogados, em São Paulo.
2   Sócio do escritório Barbosa, Müssnich, Aragão Advogados, em São Paulo.
3   Esse objetivo constou, inclusive, da Exposição de Motivos da MP n. 627/2013: "A presente Medida Provisória tem como objetivo a adequação da legislação tributária à legislação societária e às normas contábeis e, assim, extinguir o RTT e estabelecer uma nova forma de apuração do IRPJ e da CSLL, a partir de ajustes que devem ser efetuados em livro fiscal. Além disso, traz as convergências necessárias para a apuração da base de cálculo da Contribuição para o PIS/PASEP e da COFINS (§4º)".

até aquele momento pelo Comitê de Pronunciamentos Contábeis (CPC), incorporando inclusive a nomenclatura ali prevista.

Ocorre que, como é de se esperar em trabalho dessa magnitude, a Lei n. 12.973/2014 não regulou integralmente os potenciais efeitos tributários de todos os Pronunciamentos Técnicos do CPC que se encontravam em vigor no Brasil na data de sua publicação. Em diversas situações, portanto, ainda podem existir distanciamentos, ou mesmo divergências, entre os tratamentos atribuídos pela norma contábil e pela norma tributária a determinado fato jurídico.

No tema de aquisição de participações societárias, a Lei n. 12.973/2014 trouxe nítidas aproximações entre os regimes tributário e contábil, este regulamentado pelo Pronunciamento Técnico n. 15 do CPC (CPC 15). Contudo, ainda há divergências entre os regimes em questão e, até certo ponto, algumas contradições que não foram reguladas expressamente pela legislação fiscal.[4]

No presente artigo, endereçamos primeiramente as aproximações e os distanciamentos aplicáveis à mensuração do custo de aquisição do investimento para fins contábeis e fiscais. Em seguida, abordamos as hipóteses de pagamento de preço de compra a prazo, seja de forma condicionada ou incondicionada, e da realização de ajustes no preço de compra após o período de 12 meses da data de aquisição.

2. CUSTO DE AQUISIÇÃO PARA FINS CONTÁBEIS

As Leis n. 11.638, de 28 de dezembro de 2007, e n. 11.941, de 27 de maio de 2009, introduziram mudanças relevantes nas regras de escrituração comercial constantes da Lei n. 6.404, de 15 de dezembro de 1976 (Lei das S.A.), com o objetivo de aproximar as regras contábeis brasileiras do IFRS.

O CPC é a instituição responsável, no Brasil, pela divulgação de princípios, normas e padrões contábeis, os quais são aprovados pela Comissão de Valores

---

4   Para citar um exemplo, temos o caso de combinação de negócios efetivada por meio de incorporação de ações ou contribuição ao capital, em que a norma contábil pode definir o "adquirente contábil" como a empresa cujas ações foram incorporadas ou contribuídas, divergindo do "adquirente jurídico" ("aquisição reversa"). Tratamos desse e de outros distanciamentos na vigência do RTT em: FALOPPA, José Otavio Haddad; MARANESI, Fábio Alves. *Ágio na aquisição de investimentos – divergência entre normas contábeis e fiscais*. In: ROCHA, Sergio André (Coord.). *Direito tributário, societário e a reforma da Lei das S/A*: alterações das Leis n° 11.638/07 e n° 11.941/09. São Paulo: Quartier Latin, 2010. p. 334-353. Embora parte dos distanciamentos endereçados em tal artigo tenha sido eliminada pela Lei n. 12.973/2014, alguns permanecem.

Mobiliários (CVM) e pelo Conselho Federal de Contabilidade (CFC), dentre outros órgãos, sendo de observância obrigatória pelas companhias abertas e fechadas.[5]

O CPC 15, em particular, regula os efeitos contábeis da aquisição de controle sobre um negócio em transação efetivada entre partes não dependentes. Esse normativo contábil, em uma ordem lógica, enumera os seguintes aspectos relevantes para a aplicação do método de aquisição: (i) enquadramento do objeto da aquisição na definição de "negócio"; (ii) forma de determinação do adquirente contábil; (iii) mensuração da contraprestação transferida, que é, basicamente, a denominação contábil para custo de aquisição do investimento; e (iv) critérios para alocação dessa contraprestação transferida ao valor justo dos ativos identificáveis adquiridos e dos passivos assumidos, e o saldo remanescente, ao ágio por rentabilidade futura (*goodwill*) se positivo ou ao ganho por compra vantajosa se negativo.

Especificamente em relação à contraprestação transferida, mencionada no item (iii), esta deve ser mensurada para fins contábeis, via de regra, pelo seu valor justo, conforme item 37 do CPC 15:

> 37. A contraprestação transferida em troca do controle da adquirida em combinação de negócios deve ser mensurada pelo seu valor justo na data da operação, o qual deve ser calculado pela soma dos valores justos: a) dos ativos transferidos pelo adquirente; b) dos passivos incorridos pelo adquirente junto aos ex-proprietários da adquirida; e c) das participações societárias emitidas pelo adquirente. [...] Exemplos de formas potenciais de contraprestação transferida incluem dinheiro, outros ativos, um negócio ou uma controlada do adquirente, uma contraprestação contingente [...].

Na hipótese de transferência de ativos monetários, como moeda corrente nacional, não há, obviamente, diferenças entre o valor justo da contraprestação transferida e seu valor contábil na data da aquisição. Por outro lado, quando a contraprestação envolve a transferência de ativos e passivos cujos valores justos divirjam daqueles existentes na escrituração comercial, a contraprestação transferida deve ser mensurada pelo primeiro método, isto é, valor justo.

---

5   Vide § 3º do art. 177 da Lei das S.A. O art. 5º da Lei n. 11.638/2007, ao acrescentar o art. 10-A à Lei n. 6.385, de 7 de setembro de 1976, autorizou a CVM a celebrar convênio com entidade que tenha por objeto a divulgação de princípios, normas e padrões de contabilidade. Essa função é hoje exercida pelo CPC, criado por meio da Resolução CFC n. 1.055/2005, cujos pronunciamentos são aprovados pela CVM, conforme Deliberação CVM n. 520, de 15 de maio de 2007.

134 Impactos tributários decorrentes da adoção do IFRS no Brasil

Comumente, as partes podem estabelecer que uma parcela do preço de aquisição seja paga em data futura, somente se e quando determinadas condições forem cumpridas. É comum que tais condições estejam vinculadas à performance financeira da empresa adquirida, como alcançar determinado patamar de lucro antes de juros, tributos, depreciação e amortização (LAJIDA, ou, em inglês, EBITDA), dentre inúmeras outras condições contratuais. O CPC 15 denomina esse pagamento condicionado como "contraprestação contingente", com a seguinte definição no seu Apêndice:

> Contraprestação contingente são obrigações contratuais, assumidas pelo adquirente na operação de combinação de negócios, de transferir ativos adicionais ou participações societárias adicionais aos ex-proprietários da adquirida, caso certos eventos futuros ocorram ou determinadas condições sejam satisfeitas [...].

Seguindo a mesma regra geral aplicável à mensuração da contraprestação transferida, a contraprestação contingente também deve ser mensurada a valor justo, na data da obtenção de controle sobre o "negócio", conforme previsão expressa do item 39 do CPC 15:

> 39. A contraprestação que o adquirente transfere em troca do controle sobre a adquirida inclui qualquer ativo ou passivo resultante de acordo com uma contraprestação contingente (veja item 37). O adquirente deve reconhecer a contraprestação contingente pelo seu valor justo na data da aquisição como parte da contraprestação para obtenção do controle da adquirida.

A lógica é que, do lado do ativo, o investimento seja mensurado pelo valor justo da contraprestação transferida, que é composta, inclusive, pelo valor justo da contraprestação contingente. Em contrapartida, do lado do passivo, o adquirente deve registrar uma obrigação correspondente ao mesmo valor justo da contraprestação contingente.[6]

O valor justo do passivo referente à contraprestação contingente pode, por inúmeras razões, variar após a aquisição. Assim, se uma condição é cumprida, de

---

6 Alternativamente, a contrapartida do lançamento contábil pode ser registrada no patrimônio líquido (se a contraprestação contingente envolver a emissão de ações ou outros valores mobiliários enquadrados como instrumentos patrimoniais) ou até mesmo em linha separada do ativo (se a contraprestação contingente já tiver sido paga e houver possibilidade de devolução).

modo que seja elevada a estimativa do valor justo do passivo, a contrapartida deve ser lançada a débito do resultado (perda). Por outro lado, se uma condição não é cumprida, há diminuição no valor justo do passivo, em contrapartida a crédito no resultado (ganho). Vide, nesse sentido, o item 58(b) do CPC 15:

> 58. [...] O adquirente deve contabilizar as alterações no valor justo da contra-prestação contingente, que não constituam ajustes do período de mensuração, da seguinte forma:
>
> (a) a contraprestação contingente classificada como componente do patrimônio líquido não está sujeita a nova mensuração e sua liquidação subsequente deve ser contabilizada dentro do patrimônio líquido;
>
> (b) outra contraprestação contingente, que:
>
> (i) **estiver dentro do alcance do CPC 48, deve ser mensurada ao valor justo em cada data de balanço e alterações no valor justo devem ser reconhecidas no resultado do período, de acordo com o citado pronunciamento;**
>
> (ii) não estiver dentro do alcance do CPC 48, deve ser mensurada pelo valor justo em cada data de balanço e alterações no valor justo devem ser reconhecidas no resultado do período. (grifo nosso)

O CPC 15 traz, ainda, um período de mensuração de até 1 ano, contado da data da aquisição, durante o qual os valores provisórios contabilizados na data da aquisição podem ser ajustados, de modo a refletir novas informações obtidas pela parte adquirente. Esses ajustes do período de apuração podem se referir, inclusive, ao valor da contraprestação transferida, conforme se extrai, por exemplo, do item 46(b) do CPC 15:

> 46. [...] O período de mensuração fornece um tempo razoável para que a adquirente obtenha as informações necessárias para identificar e mensurar, na data da aquisição e de acordo com este Pronunciamento, os seguintes itens:
>
> (a) os ativos identificáveis adquiridos, os passivos assumidos e qualquer participação de não controladores na adquirida;
>
> (b) **a contraprestação pelo controle da adquirida (ou outro montante utilizado na mensuração do ágio por rentabilidade futura – goodwill);**
>
> [...]. (grifo nosso)

É importante diferenciar (i) esses ajustes nos saldos provisórios lançados na data da aquisição (período de mensuração) de (ii) acontecimentos **posteriores à**

aquisição, que podem se refletir em mudanças no valor justo da contraprestação contingente resultando em alteração do valor do passivo, em contrapartida a débito ou crédito no resultado.

3. CUSTO DE AQUISIÇÃO PARA FINS FISCAIS

O art. 20 do Decreto-Lei (DL) n. 1.598, de 26 de dezembro de 1977, estabelece que, "por ocasião da aquisição da participação", o contribuinte deve desdobrar o "custo de aquisição" de acordo com as regras da legislação tributária. Embora a nova redação desse dispositivo tenha sido dada pela Lei n. 12.973/2014, a redação antiga já remetia à **aquisição** como o ato que ensejava o desdobramento do respectivo **custo de aquisição**.

A partir de 1º de janeiro de 2015, o custo de aquisição deve ser desdobrado consoante as seguintes regras:

i. no valor de patrimônio líquido contábil da sociedade adquirida, proporcionalmente ao percentual de participação adquirida, obedecendo, ainda, as demais regras trazidas pelo art. 21 do DL n. 1.598/1977, com as alterações da Lei n. 12.973/2014;

ii. para a diferença entre (a) o valor justo dos ativos, dos passivos e da sociedade adquirida e (b) o respectivo valor contábil, em mais-valia (se representar um montante positivo) ou menos-valia (se representar um montante negativo); e

iii. em ágio por rentabilidade futura (*goodwill*) ou ganho por compra vantajosa, que corresponde à diferença positiva ou negativa, respectivamente, entre o custo de aquisição do investimento e o somatório dos itens (i) e (ii) anteriores (em outras palavras, é o saldo residual).

Enquanto o adquirente mantiver a titularidade do investimento, eventuais amortizações, depreciações ou exaustões dos ativos e dos passivos da investida, ainda que se reflitam em reduções no valor da mais ou menos-valia, não devem surtir efeito tributário para o adquirente, isto é, são adicionadas ou excluídas, conforme o caso, na apuração do lucro real e da base de cálculo da Contribuição Social sobre o Lucro Líquido (CSLL). Durante tal período, o *goodwill* não é amortizado para fins contábeis e fiscais, ao passo que o ganho por compra vantajosa é, via de regra, lançado contabilmente como um ganho no resultado, também sem efeito fiscal.

Caso ocorra uma fusão, cisão ou incorporação envolvendo a adquirente e a adquirida, o saldo da mais-valia existente na data da aquisição pode ser considerado parte integrante do custo de aquisição do bem ou direito que lhe deu causa, tanto para fins de amortização, depreciação e exaustão quanto para fins de apuração de ganho ou perda de capital na alienação ou baixa desses bens ou direitos, nos termos do art. 20 da Lei n. 12.973/2014. O ágio por rentabilidade futura (*goodwill*) pode ser amortizado à razão máxima de 1/60 por mês, portanto, no prazo mínimo de 5 anos, conforme art. 22 da Lei n. 12.973/2014. Por fim, a menos-valia e o ganho por compra vantajosa são submetidos a tratamento tributário similar, porém de forma obrigatória, por força dos art. 21 e 23 da Lei n. 12.973/2014.

A Receita Federal do Brasil (RFB) editou a Instrução Normativa (IN) n. 1.700, de 14 de março de 2017, com vistas a regulamentar as novas regras da Lei n. 12.973/2014. No art. 178, caput, da IN n. 1.700/2017 são reproduzidas as expressões da referida lei concernentes à "aquisição" de participações societárias, havendo um "custo" a ela atrelado.

Em relação à mensuração do custo de aquisição do investimento (ou contraprestação transferida, na nomenclatura contábil), como já mencionado de forma mais ampla na introdução deste artigo, é necessário ponderar que o regime fiscal, ainda hoje, pode em certas circunstâncias não coincidir com o regime contábil. A norma contábil determina a mensuração da contraprestação transferida a valor justo na data da aquisição. Pela norma fiscal, por outro lado, o custo de aquisição do investimento deve corresponder à soma de todos os sacrifícios financeiros incorridos para que ocorra a transferência de titularidade da participação societária, sendo os ativos e os passivos transferidos pelo adquirente avaliados pelo valor a eles atribuído, via de regra, no ato ou negócio jurídico de aquisição.

Do ponto de vista tributário, para que se possa verificar a existência de custo de aquisição (e, consequentemente, um "ágio fiscal" em sentido amplo), é imperativo que tenha havido "efetivo pagamento" do preço para a aquisição de participação societária, seja em desembolso de recursos financeiros, seja mediante transferência de outros bens ou direitos.[7] Com efeito, a existência de um efetivo "custo de aquisição" da participação societária, na terminologia da lei, é pressuposto lógico de

---

7   A doutrina partilha tradicionalmente desse entendimento, como pode se verificar em manifestações anteriores à Lei n. 12.973/2014. Vide, por exemplo, o que diz Bulhões Pedreira: "o processo de aquisição do bem pode compreender diversos atos jurídicos e desenvolver-se em etapas durante um período, e neste caso o custo de aquisição é a soma de todos os sacrifícios suportados pela sociedade empresária para completar a aquisição do bem, até que ele se encontre sob seu poder e em condições de ser utilizado na sua destinação" (PEDREIRA, José Luiz Bulhões. *Finanças e demonstrações financeiras da companhia*. Rio de Janeiro: Forense, 1989. p. 465).

todo o tratamento conferido ao seu desdobramento (e ao respectivo "ágio") pela legislação fiscal. Talvez seja possível afirmar até que todo o conteúdo jurídico do art. 20 do DL n. 1.598/1977 gira em torno da mensuração correta do "custo de aquisição".

Essa necessidade já foi abordada pelo Conselho Administrativo de Recursos Fiscais (CARF) em número razoável de decisões, todas versando sobre o regime tributário de ágio anterior à Lei n. 12.973/2014, que, de igual forma, partia da determinação do "custo de aquisição" para estabelecer os efeitos fiscais ali previstos. Em casos nos quais se discutiu a possibilidade de pagamento do preço de aquisição com bens ou direitos, por exemplo, é pacífico na jurisprudência do CARF que a modalidade do pagamento é irrelevante para que haja o ágio, desde que tenha havido o efetivo dispêndio por parte do comprador.[8]

A Câmara Superior de Recursos Fiscais (CSRF), no Acórdão n. 9101-001.657, de 15 de maio de 2013, ao tratar do conceito de "aquisição" para fins de registro de ágio, analisou situação em que o ágio tinha sido registrado pelo contribuinte em subscrição de capital. Foi decidido que o conceito de "aquisição" deve abranger aumento de capital e que o "custo de aquisição" deve ser composto por recursos financeiros e todo e qualquer bem ou direito aportado ao capital da investida. Pode ser destacado o seguinte trecho do voto de relatoria da Conselheira Susy Gomes Hoffmann:

> Assim, pela análise da legislação positiva, resta indubitável que a Lei 6.404/74 fez a previsão da aquisição de participação societária por subscrição de ações. Na verdade, os efeitos contábeis independem da forma como a investidora adquiriu o seu investimento, quer tenha sido por subscrição de capital com recursos financeiros ou mediante a conferência de bens ou em participações societárias. A Lei não discriminou nenhuma dessas alternativas de aquisição de participação societária e não negou, em nenhuma dessas hipóteses, a possibilidade da amortização do ágio nos casos de incorporação reversa.

A própria RFB publicou a Solução de Consulta (SC) Cosit n. 3, de 22 de janeiro de 2016, versando sobre o regime tributário anterior à Lei n. 12.973/2014, em

---

8 Vide, nesse sentido, Acórdãos n. 1301-002-280, de 11 de abril de 2017; n. 1402-002.454, de 11 de abril 2017; n. 1302-002.126, de 17 de maio de 2017; n. 1103-000.960, de 6 de novembro de 2013; n. 101-96.029, de 1º de março de 2007; n. 105-16.395, de 25 de abril de 2007; n. 105-16.774, de 8 de novembro de 2007; e n. 101-94.008, de 6 de novembro de 2002.

que reconhece que o conceito de "aquisição" não é restritivo, podendo incluir aumento de capital integralizado em bens e assunção de passivos, dentre outras espécies de pagamento:

> Não é obrigatório o desencaixe direto de recursos financeiros pelo investidor. Com efeito, a aquisição acionária pode ser feita através de outras formas de integralização, como o oferecimento de bens ou ações, a assunção de passivos e emissão e entrega de instrumentos de capital ou o conjunto combinado de mais de um dos tipos de contraprestação. Entretanto, deve haver efetiva contribuição do investidor em qualquer espécie de bem suscetível de avaliação em dinheiro, já que só pode haver o registro do valor pago na escrituração contábil se houver segurança em sua mensuração.

No caso, a RFB analisava a aquisição de participação societária com ágio, sendo o pagamento do preço realizado em etapas. Foi pago um valor preliminar e depositados valores em uma conta-garantia (*escrow*), que só seria liberada após alguns anos, para garantir ajustes ao preço final de aquisição.

Segundo a RFB, a legislação civil impõe o requisito de que o preço de aquisição seja determinado ou determinável, por taxa de mercado ou outros critérios de fixação. Não é obrigatório que o pagamento se faça à vista, tampouco com desencaixe direto de recursos pelo investidor, podendo a aquisição ser feita por outras formas de pagamento. A ideia fundamental por trás dessa manifestação fazendária consiste no fato de que a apuração de ágio decorre imprescindivelmente da mensuração inicial do custo de aquisição do investimento, o que pode ser incorrido por qualquer modalidade de aquisição em que haja sacrifício patrimonial pelo adquirente.

Embora essas manifestações do CARF e da RFB tenham se dado anteriormente à Lei n. 12.973/2014, em nosso modo de ver, as conclusões permanecem aplicáveis ao novo regime introduzido pela referida lei, tendo em vista que, como dito, não houve alteração na legislação tributária da definição de "aquisição" ou "custo de aquisição" do investimento.

É importante mencionar, ainda, a obrigatoriedade legal de obtenção de laudo preparado por perito independente, nos termos do art. 20, § 3º, do DL n. 1.598/1977, com alterações da Lei n. 12.973/2014, tendo por objeto o valor justo dos ativos e dos passivos detidos pela pessoa jurídica adquirida. Esse laudo deve ser protocolado em cartório ou na RFB até o último dia útil do 13º mês após a aquisição.[9] Esse prazo coincide com o fim do período de mensuração previsto no CPC 15, de até 1 ano contado da aquisição, no qual os valores provisórios contabilizados podem ser confirmados, conforme já comentado. Caso haja vício ou incorreção de caráter relevante no laudo, este pode ser desconsiderado.[10]

A IN n. 1.700/2017, no art. 178, § 7°, enumera as informações básicas que precisam constar de eventual sumário do laudo registrado em cartório. Dentre essas informações, são exigidos "discriminação e valor justo dos itens que compõem a contraprestação total transferida". Neste ponto, a referida IN extrapola o disposto na Lei n. 12.973/2014, que exige informações, exclusivamente, sobre o valor justo de ativos e passivos. A utilidade prática da informação acerca da contraprestação transferida no laudo, em nossa visão, está limitada a evidenciar eventual diferença que possa existir entre a contraprestação transferida para fins contábeis e o custo de aquisição admitido para fins fiscais.

4. TERMO E CONDIÇÃO

Um contrato de compra e venda de participação societária pode prever que uma parcela do preço de aquisição seja paga em determinado prazo (termo), ou então que uma parcela do preço somente seja paga se e quando determinado evento futuro e incerto se materializar (condição).

No Código Civil (Lei n. 10.406, de 10 de janeiro de 2002), o termo é um acontecimento futuro e **certo**, definido pelas partes contratantes, ao qual se subordinam os efeitos de um negócio jurídico. O termo pode postergar o exercício de um direito, mas não afeta a sua certeza, conforme art. 131 do Código Civil. É a situação mais próxima do denominado pagamento a prazo ou em parcelas, sem que existam condições para mensuração dessas importâncias ou certeza no pagamento.

Já a condição é um evento futuro, porém de ocorrência **incerta**, regulada no art. 121 e seguintes do Código Civil. A condição subordina a eficácia total ou

---

9   Caso não haja o protocolo tempestivo do laudo, as consequências tributárias são distintas daquelas aplicáveis à situação com laudo protocolado tempestivamente, podendo ser vedada a dedução de despesas de amortização de mais-valia e *goodwill*, por exemplo.

10 Vide art. 188, § 1°, da IN n. 1.700/2017 e art. 20, § 4°, da Lei n. 12.973/2014. A redação deste é, de certo modo, mais branda que a antiga redação do art. 19, § 4°, da MP n. 627/2013. Na redação não convertida em lei, previa-se que o laudo de avaliação podia ser desconsiderado se os dados nele "[estivessem] incorretos ou não [merecessem] fé".

Custo de aquisição de investimento para fins fiscais: pagamento a prazo, contraprestação... 141

parcial do negócio jurídico. Quando a condição é suspensiva, a situação jurídica estará definitivamente constituída apenas no momento em que ocorrer o evento futuro e incerto. Por outro lado, se o negócio estiver subordinado a condição resolutiva, ele será eficaz desde a data da sua celebração, mas será extinto se for verificada a condição.

Tanto o termo quanto a condição são elementos acidentais do negócio jurídico, operando no seu plano de eficácia, que compreende constituição, modificação e extinção das relações jurídicas. O negócio jurídico existe e é valido. Porém, sua eficácia está postergada para data futura certa (termo) ou para evento futuro e incerto (condição).

O Código Tributário Nacional (CTN), nos art. 116 e 117, define que a obrigação tributária é constituída no momento em que "a situação jurídica [está] definitivamente constituída". Caso o negócio jurídico esteja subordinado a condição, o fato gerador reputa-se ocorrido: (i) se a condição for suspensiva, desde a data do implemento da condição; ou (ii) se a condição for resolutiva, desde a celebração do negócio.

As diferenças entre termo e condição implicam tratamentos tributários distintos ao negócio jurídico. Inclusive, termo e condição implicam diferentes formas de se reconhecer o custo de aquisição do investimento para fins fiscais, como abordaremos nos casos práticos a seguir.

5. PAGAMENTO A PRAZO

O primeiro caso prático envolve uma compra e venda de participação societária, sendo que uma parcela definida do preço será paga em prazo certo (termo). Para fins fiscais, como já mencionado, o custo de aquisição do investimento deve corresponder ao sacrifício econômico efetivamente incorrido pelo adquirente para que ocorra a transferência de titularidade da participação.

O regime de competência é de utilização obrigatória no reconhecimento de custos, despesas e receitas para fins fiscais.[11] À luz do regime de competência,

---

11 A obrigatoriedade de utilização do regime de competência para fins contábeis está prevista expressamente no art. 177 da Lei das S.A. O art. 187, § 1º, da mesma lei complementa essa regra ao prever que as receitas e os rendimentos "ganhos" serão computados no resultado do exercício, independentemente da sua realização em moeda. Para fins fiscais, essa obrigatoriedade está prevista nos art. 247 e 274 do Decreto n. 3.000, de 26 de março de 1999 (Regulamento do Imposto de Renda – RIR/99) e no art. 2º, § 1º, alínea "c", da Lei n. 7.689, de 15 de dezembro de 1988, dentre outros dispositivos.

o preço a ser pago a prazo (pagamento a termo) deve constituir um passivo, na medida em que há uma obrigação líquida e certa de pagamento, mesmo que o efetivo desembolso financeiro ocorra posteriormente. Assim, se o preço será pago em determinado prazo previsto no contrato (certeza), com valor igualmente determinado (liquidez), o passivo está constituído e, por consequência, o valor em questão deve compor o custo de aquisição do investimento para fins fiscais. Não há subordinação a qualquer evento futuro e incerto, inclusive no que diz respeito à mensuração dos respectivos valores.

Além das decisões em que o CARF abordou de forma mais ampla os conceitos de "aquisição" e "custo de aquisição", mencionados anteriormente, é interessante destacar algumas decisões da corte administrativa versando sobre pagamento a prazo. No Acórdão n. 1301-002-280, de 11 de abril de 2017, foi reconhecido que o conjunto de pagamento em dinheiro e assunção de dívida perante terceiros (em benefício da vendedora) configura sacrifício econômico, integrando o custo de aquisição de investimento. Já no Acórdão n. 1302-002.333, de 15 de agosto de 2017, foi analisada operação de aquisição de ações com pagamento do preço a prazo, estando este sujeito a correção monetária e juros. O tema principal das autuações não foi relativo à amortização do ágio, mas à dedução, na apuração do lucro real e na base de cálculo da CSLL, do valor dos juros integrantes da remuneração, antes da incorporação entre adquirente e adquirida. Os conselheiros, a partir da análise dos contratos da aquisição, entenderam que os juros deveriam integrar o custo de aquisição do investimento, não constituindo despesa financeira nem sendo permitida a dedução antes da incorporação.[12]

Todo esse contexto indica que a legislação tributária é indiferente em relação ao mero diferimento do pagamento quando a parcela a ser paga a prazo já tem valor definido (liquidez) e o prazo de pagamento está previsto em contrato (certeza). Nessa situação, o preço a ser pago a prazo deve, na concretização do negócio, já compor o custo de aquisição do investimento admitido para fins fiscais, cabendo alguma discussão a respeito de qual efeito fiscal deve ser atribuído a eventual atualização do preço (despesa financeira ou custo de aquisição do investimento).

Vale notar que se o valor contábil do passivo for distinto do preço a prazo previsto no contrato e admitido para fins fiscais – o que pode decorrer, por

---

12 A mesma operação gerou diferentes autos de infração. Na mesma sessão de julgamento, o CARF também proferiu os Acórdãos n. 1302-002.334 e n. 1302-002.335. Foram interpostos recursos que permaneciam pendentes de julgamento na data da elaboração deste artigo.

exemplo, de contabilização a valor justo ou a valor presente –, esse ajuste contábil não deve surtir efeito tributário, em linha com os dispositivos aplicáveis da Lei n. 12.973/2014.

6. CONTRAPRESTAÇÃO CONTINGENTE

Diferentemente da hipótese de pagamento a prazo, existe a possibilidade de o contrato de compra e venda prever que parte do preço de compra seja paga a prazo, **somente se e quando forem adimplidas determinadas condições, eventos futuros e incertos**. A própria quantificação da parcela do preço pode estar sujeita a acontecimento dessa natureza. Para utilizar a expressão do CPC 15, trata-se da hipótese de contraprestação contingente.

Nesses casos, a eficácia parcial do negócio jurídico fica condicionada. Parte da obrigação já é, de imediato, um direito subjetivo do vendedor (na hipótese de compra e venda). Porém, outra parcela dos pagamentos representa mera expectativa de direito do vendedor e apenas será incorporada ao seu patrimônio com o implemento da condição, seja para mensuração do valor devido, seja para se definir que tal valor é efetivamente devido.

A contraprestação contingente deve compor o custo de aquisição do investimento, para fins fiscais, somente se e quando do efetivo sacrifício econômico incorrido pelo adquirente. Isso deve ocorrer quando não houver mais eventos que possam influenciar a quantificação da parcela (liquidez) ou a certeza acerca da obrigação de se pagar tal parcela a prazo.

Vale frisar, mais uma vez, a distinção entre condições suspensivas e resolutivas. As condições anteriormente previstas – cujo adimplemento cria uma obrigação – são, por definição, suspensivas. Situação diferente ocorreria se a obrigação já estivesse constituída – inclusive se o pagamento já tivesse sido efetuado – e houvesse uma condição que possibilitasse a devolução do valor ao adquirente, com consequente extinção daquela obrigação. Nessa última hipótese, se trataria de condição resolutiva: o negócio jurídico estaria perfeito e haveria, posteriormente, o desfazimento desse negócio.

O CARF, no Acórdão n. 1402-002.336, de 5 de outubro de 2016, adotou esse posicionamento, no regime tributário anterior à Lei n. 12.973/2014. No caso, foi constituída uma conta-garantia (*escrow*) para parte do preço de aquisição. Os valores depositados nessa conta passariam à disponibilidade do vendedor, havendo a particularidade de que esses valores poderiam ser devolvidos ao comprador, sob **condição resolutiva**.

Os conselheiros entenderam que o valor depositado compunha o custo de aquisição do investimento, já que o depósito de parte do valor em garantia "não desnatura o valor apurado e avençado". Esclareceram que se, no futuro, a condição resolutiva não fosse cumprida, o contribuinte deveria recompor o seu ativo com o reingresso do numerário, estornar parte da operação de ágio, reverter os registros contábeis e adicionar os valores antes deduzidos das bases imponíveis do Imposto de Renda das Pessoas Jurídicas (IRPJ) e da CSLL, recolhendo os tributos e os encargos pertinentes.

O tema da contraprestação contingente e de mecanismos de ajuste de preço em geral também foi analisado pela RFB na SC Cosit n. 3/2016, já citada. Foi admitido um conceito não restritivo de custo de aquisição, definindo-se como tal "o valor total pago pelo comprador ao vendedor, considerando inclusive eventuais condições estipuladas pelas partes que tenham o condão de alterar o preço consignado em contrato". Adicionalmente, a RFB entendeu que somente a disponibilização definitiva dos valores, nos termos e nas condições do contrato, permite estabelecer que o valor integra o custo de aquisição.

Após a entrada em vigor da Lei n. 12.973/2014, a regulamentação de contraprestação contingente trazida pela IN n. 1.700/2017 é, em nosso entendimento, coerente com as regras contidas na legislação tributária, em especial os art. 116 e 117 do CTN, e com tudo que foi exposto até então. A referida IN determina, no art. 178, § 12, que a composição do custo de aquisição deve considerar as contraprestações contingentes.

Complementarmente, em seu art. 196, estabelece que os reflexos tributários de combinações de negócios subordinadas a evento futuro e incerto, inclusive nas operações que envolvam contraprestações contingentes, seguem a mesma lógica do CTN. Na hipótese de a condição ser suspensiva, pelo art. 196, inciso II, o valor do pagamento terá efeito reconhecido a partir do adimplemento da condição. Por outro lado, tratando-se de condição resolutória, os valores integrarão o custo de aquisição já no momento da prática do ato.

Ainda, de forma bastante similar ao conceito da legislação civil, o art. 197 da IN n. 1.700/2017 define como contraprestação contingente, em uma combinação de negócios: (i) as obrigações contratuais assumidas pelo adquirente de transferir ativos adicionais ou participações societárias adicionais aos ex-proprietários da adquirida, subordinadas a evento futuro e incerto; e (ii) o direito de o adquirente reaver parte da contraprestação previamente transferida ou paga, caso determinadas condições sejam satisfeitas.

Portanto, no regime jurídico atual, devem ser reconhecidos, simultaneamente: (i) o custo do investimento para fins contábeis, consistente no valor justo da contraprestação transferida, inclusive a contraprestação contingente, mensurada na data da aquisição, sendo as alterações após a aquisição lançadas em contrapartida a ganhos ou perdas no resultado; e (ii) o custo de aquisição do investimento admitido para fins fiscais, composto pelo efetivo sacrifício econômico, o qual, no caso das contraprestações contingentes, será verificado somente após cumprimento dos requisitos de liquidez e certeza.

Embora a legislação não contenha disposição expressa nesse sentido, na hipótese de ocorrerem, após a aquisição, variações no saldo contábil do passivo financeiro em contrapartida a resultado, a decorrência lógica é que os ganhos ou perdas no resultado não componham o lucro real e a base de cálculo da CSLL, da contribuição ao Programa de Integração Social (PIS) e da Contribuição para Financiamento da Seguridade Social (Cofins).

Vale lembrar que o laudo de avaliação de perito independente, que precisa ser protocolado no prazo máximo de 13 meses da aquisição, tem por objeto o valor justo de ativos líquidos identificáveis e passivos assumidos. As conclusões anteriores são igualmente aplicáveis a eventuais ajustes no preço de aquisição que venham a ocorrer após o protocolo do laudo, independentemente de estarem nele previstas ou não.

Por fim, outros pontos importantes – não endereçados neste breve estudo – podem surgir a partir de disposições contratuais que contenham cláusulas semelhantes à contraprestação contingente, como: (i) impactos no saldo passível de amortização de *goodwill* e ganho por compra vantajosa, para fins fiscais, em virtude de ajustes supervenientes no preço; (ii) tratamento tributário de eventuais previsões contratuais de pagamento de valores, como aqueles decorrentes de indenização; e (iii) apuração de ganho de capital por parte de eventual alienante.

7. CONSIDERAÇÕES FINAIS

Com base em todo o exposto, verifica-se que o regime contábil ainda pode divergir do tributário no tocante à mensuração do custo de aquisição do investimento.

Para fins contábeis, a contraprestação transferida é mensurada pelo seu valor justo, a partir de uma estimativa do desembolso futuro pela adquirente. As alterações em tal estimativa, em se tratando de passivo, são contabilizadas em contrapartida a ganho ou perda no resultado. Já para fins tributários, o custo de aquisição do investimento deve considerar os sacrifícios financeiros incorridos pelo adquirente, independentemente de serem valores já desembolsados financeiramente ou obrigações líquidas e certas com prazo futuro de liquidação.

A partir dessa constatação, concluímos que o preço de compra devido a termo, não subordinado a condição, deve compor de imediato o custo de aquisição do investimento pelo valor previsto no contrato. Concluímos também que as parcelas sujeitas a condição, referidas como contraprestação contingente na nomenclatura contábil, devem compor o custo de aquisição do investimento admitido para fins fiscais somente quando cumprirem os requisitos de liquidez e certeza, o que está em linha com a atual regulamentação trazida pela IN n. 1.700/2017.

Neste ponto, é necessário distinguir condição suspensiva, cujo adimplemento cria a obrigação de pagamento, e condição resolutiva, que desfaz negócio jurídico já concretizado. Na condição suspensiva, aplica-se a regra anterior de se atribuírem efeitos fiscais somente no adimplemento da condição, ao passo que, na condição resolutiva, a parcela devida pode compor desde já o custo de aquisição do investimento, devendo-se reverter esse efeito posteriormente, se o negócio jurídico for desfeito.

O fato de o laudo de avaliação requerido pela legislação tributária ter sido protocolado antes da determinação final do preço de aquisição não influencia nossas conclusões. Não há obrigatoriedade legal de inserir informações relativas à contraprestação transferida no laudo de avaliação, sendo que a exigência da IN n. 1.700/2017 nesse sentido carece de fundamento legal, podendo ter como utilidade prática, exclusivamente, evidenciar eventuais diferenças entre a contraprestação transferida para fins contábeis e o custo de aquisição admitido para fins fiscais.

Como consequência lógica dessas conclusões, nos casos de pagamento a prazo, contraprestação contingente e demais ajustes ao preço de aquisição que sejam contabilizados a débito ou crédito de resultado, esses ganhos ou perdas devem ser excluídos ou adicionados, respectivamente, na apuração do lucro real e na base de cálculo de CSLL, não devendo, contudo, compor a base de cálculo de PIS e Cofins.

AQUISIÇÃO DE PARTICIPAÇÃO SOCIETÁRIA: CLÁUSULA DE OPÇÃO DE VENDA (*PUT OPTION*) E OS IMPACTOS TRAZIDOS PELA LEI N. 12.973/2014

Bruno Carramaschi[1]
Breno Sarpi[2]

1. INTRODUÇÃO

A Lei n. 12.973, de 13 de maio de 2014, introduziu significativas mudanças no já complicado regime tributário brasileiro. Se antes de sua edição o domínio de conceitos contábeis já era importante para a correta interpretação da legislação tributária, após a sua entrada em vigor, o conhecimento e o uso da ciência contábil passaram a ser condição para a definição dos impactos fiscais dos diversos negócios e operações realizados pelas pessoas jurídicas brasileiras.

Isso porque, no regime tributário anterior à publicação da Lei n. 12.973/2014, era possível afirmar com tranquilidade que os impactos fiscais de uma transação deveriam ser determinados de acordo com o regime jurídico-tributário aplicável àquela transação, ainda que os registros contábeis indicassem para um caminho diferente. Já com o advento da referida lei, embora não se possa concluir que haja uma completa recepção do regramento contábil pela legislação tributária,[3] é fato

---

1   Sócio de Lefosse Advogados. Bacharel e especialista em direito tributário pela Pontifícia Universidade Católica de São Paulo (PUC-SP). LL.M em Direito Tributário Internacional pela Universidade de Leiden, Holanda.

2   Advogado de Lefosse Advogados. Bacharel em Direito pela Universidade Presbiteriana Mackenzie. LL.M em Direito Tributário pelo Instituto de Ensino e Pesquisa (Insper).

3   Entre outros, MARTINEZ, Antonio Lopo. Limites dos conceitos contábeis no fato gerador do Imposto de Renda. In: MOSQUERA, Roberto Quiroga; LOPES, Alexsandro Broedel (Coord.). *Controvérsias jurídico-contábeis* (aproximações e distanciamentos). São Paulo: Dialética, 2015. v. 6.

que a análise e a determinação dos impactos fiscais de uma transação partem, como regra, do tratamento contábil aplicável a tal transação.

Diante desse novo cenário jurídico-contábil-tributário, o que se pretende com este artigo é tratar de uma entre as diversas questões que surgiram com a publicação da Lei n. 12.973/2014, qual seja, a definição dos impactos tributários decorrentes dos registros contábeis realizados em razão da existência de cláusulas de exercício da opção de venda, comumente referidas como *put option clauses*, nos contratos de compra e venda de participações societárias.

A estipulação de cláusulas de exercício da opção de venda não é novidade em operações de compra e venda de participações societárias. São muito comuns em transações em que a parte vendedora permanece com uma participação minoritária em uma sociedade cujo controle é vendido a outra parte não relacionada. O que se pretende com a inclusão dessa cláusula é propiciar que o vendedor (que a partir da transação se torna sócio/acionista minoritário) aproveite do potencial incremento futuro de valor da sociedade,[4] mas, ao mesmo tempo, garanta o direito de vender a referida participação após determinado período.[5]

Até a entrada em vigor da Lei n. 12.973/2014, não havia dúvida de que a referida cláusula não deveria produzir efeitos fiscais até o momento em que o exercício da opção de venda fosse de fato consumado, uma vez que a possibilidade do exercício do direito de venda pelo acionista minoritário se caracteriza como mera expectativa de direito. Ademais, o efetivo exercício da opção de venda e a consequente aquisição "forçada" de participação societária imposta pelo vendedor ao comprador resultavam no registro pelo controlador de investimento adicional, com implicações para o seu custo de aquisição, inclusive com um registro adicional de ágio ou deságio, quando aplicável.

Com a entrada em vigor da Lei n. 12.973/2014, essa certeza deixou de existir, seja porque a mera existência de previsão de cláusula de opção de venda em contratos de compra e venda gera a necessidade de registros contábeis que impactam o resultado da pessoa jurídica adquirente, seja porque não há mais clareza sobre o tratamento fiscal aplicável quando da efetiva aquisição da participação societária, já que este fica dependente da determinação da natureza contábil dos registros que impactam o resultado da pessoa jurídica.

---

4 Normalmente alcançado por conta de investimentos feitos pelo novo controlador em dinheiro ou capital intelectual.

5 Especialmente porque o acionista vendedor pode não ter interesse em permanecer como investidor em sociedade na qual não detém mais o controle.

2. TRATAMENTO CONTÁBIL RESULTANTE DA ESTIPULAÇÃO DA CLÁUSULA DE OPÇÃO DE VENDA

Ao adquirir participação societária em uma operação de combinação de negócios,[6] o adquirente segue regras básicas para o registro do investimento que, a partir da vigência da Lei n. 12.973/2014, são coincidentes dos pontos de vista contábil e fiscal.

Combinação de negócios, de acordo com o Pronunciamento Técnico CPC 15 (R1) do Comitê de Pronunciamentos Técnicos (CPC 15), é uma operação ou outro evento em que um adquirente **obtém o controle** de um ou mais negócios, independentemente da forma jurídica da operação.

Assim, ao adquirir o controle de determinada sociedade de uma parte não relacionada, a sociedade adquirente, quando obrigada a registrar o investimento pelo método da equivalência patrimonial (MEP),[7] deve desdobrar o custo de aquisição da participação societária (nos termos da legislação tributária) em:[8]

i. **investimento**, que corresponde ao valor do patrimônio líquido da sociedade investida na data de aquisição, apurado pelo MEP, na proporção da participação societária adquirida;

ii. **mais ou menos-valia**, que corresponde à diferença entre o valor do patrimônio líquido da investida, apurado nos termos do item (i), e o valor justo de seus ativos líquidos, na proporção da participação adquirida; e

---

6 A Lei n. 12.973/2014 não fez referência direta à expressão "combinação de negócios" ao regular as implicações tributárias de uma aquisição de participação societária sujeita ao seu (novo) regime jurídico. Em razão dessa omissão – possivelmente proposital –, é possível discutir a necessidade/possibilidade de adotar os procedimentos previstos pela referida lei também para o registro de aquisições de participações societárias que não impliquem transferência (aquisição) de controle. Esse assunto, contudo, não é objeto de análise neste artigo.

7 De acordo com o art. 248 da Lei n. 6.404, de 15 de dezembro de 1976 (Lei das S.A.), devem ser avaliados pelo MEP os investimentos em coligadas, controladas ou outras sociedades que façam parte de um mesmo grupo ou estejam sob controle comum.

8 Art. 20 do Decreto-Lei (DL) n. 1.598, de 26 de dezembro de 1977. Existem regras de "desdobramento" do investimento semelhantes ao longo do CPC 15, especialmente as retratadas no item 32. O DL n. 1.598/1977 autoriza a Receita Federal do Brasil (RFB) a disciplinar os procedimentos relacionados com o desdobramento do custo de aquisição de investimentos. O regramento atual apresentado pela RFB está presente no art. 178 da Instrução Normativa (IN) n. 1.700, de 14 de março de 2017, e possui acréscimos importantes à disciplina presente somente no DL n. 1.598/1977.

iii. ágio por rentabilidade futura (*goodwill*), que corresponde à diferença entre o custo de aquisição da participação societária e o somatório dos valores dos itens (i) e (ii).[9]

Se as partes não tiverem estipulado nos documentos celebrados para a transação uma cláusula de opção de venda da parcela da participação societária que não foi adquirida, somente quando de uma eventual aquisição dessa participação societária remanescente a operação produziria (novos) impactos fiscais e contábeis. Contudo, se concedida uma opção de venda ao minoritário em relação à participação societária não incluída inicialmente na transação, uma série de regramentos contábeis passa a valer e, por consequência, deve-se buscar na Lei n. 12.973/2014 o tratamento fiscal aplicável aos registros contábeis realizados em razão dessa situação.

O atual regramento contábil determina que a obrigação assumida pelo controlador de adquirir a participação remanescente do minoritário em razão da cláusula de opção de venda implica no registro de um passivo, calculado inicialmente com base na melhor estimativa do valor que deverá ser pago ao minoritário no futuro para a aquisição da participação remanescente. A contrapartida do registro desse passivo é feita à conta de patrimônio líquido.

Esse registro contábil deve ser realizado mesmo considerando que ainda não há, de fato, uma efetiva obrigação jurídica e materializada por parte do controlador de adquirir a participação minoritária, uma vez que ela somente seria concretizada quando do exercício da opção de venda. Contudo, por configurar um **passivo financeiro** qualificado, tal registro, nos termos das novas regras contábeis, deve ser feito pela sociedade adquirente.

Nos termos do item 11 do Pronunciamento Técnico CPC 39, um passivo financeiro é definido como "qualquer passivo que seja uma obrigação contratual [no caso, o dever de realizar a aquisição da participação remanescente decorrente da *put option clause*] de entregar caixa ou outro ativo financeiro a uma entidade".

---

9 Em linha com os atuais procedimentos contábeis, a Lei n. 12.973/2014 alterou a disciplina anterior da legislação tributária para determinar que o ganho por compra vantajosa (antes denominado "deságio") não deve ser registrado como uma conta redutora do ativo "investimento", mas imediatamente no resultado do adquirente como um ganho (embora os efeitos fiscais desse ganho também sejam diferidos, nos termos do § 6º do art. 20 do DL n. 1.598/1977). Por esse motivo, o ganho por compra vantajosa não é um elemento do custo de aquisição a ser desdobrado.

A prática correntemente adotada pelos auditores de muitas sociedades indica que as variações subsequentes no valor do passivo financeiro – que está normalmente vinculado a um múltiplo do EBITDA[10] da sociedade – devem ser registradas diretamente contra o resultado do controlador a título de ganhos ou perdas decorrentes da avaliação a valor justo (AVJ) do passivo financeiro.

Quando do efetivo exercício da opção de venda das ações remanescentes pelo minoritário, o valor do passivo financeiro registrado pelo controlador (já escriturado por seu valor justo) seria baixado em contrapartida à correspondente saída de caixa, sem trânsito pelo resultado.

Tendo em vista que as variações de valor do passivo financeiro afetam o resultado da sociedade controladora mesmo antes do exercício da opção de venda, deve-se buscar na Lei n. 12.973/2014 o tratamento fiscal aplicável para tais ganhos/perdas, na medida em que, como dito anteriormente, na ausência de tratamento específico, eles produzirão efeitos fiscais de forma imediata.

3. TRATAMENTO FISCAL DAS PERDAS DE AVJ RELACIONADAS COM O PASSIVO FINANCEIRO

Com a publicação da Lei n. 12.973/2014, foi extinto o Regime Tributário de Transição (RTT) e o sistema tributário brasileiro foi adaptado às novas regras contábeis inicialmente introduzidas no Brasil em 2008, com a publicação da Lei n. 11.638, de 28 de dezembro de 2007.

Apenas para relembrar, o RTT foi introduzido pela Lei n. 11.941, de 27 de maio de 2009, para determinar que quaisquer alterações nas regras contábeis provocadas pela adoção do chamado *International Financial Reporting Standards* (IFRS) não deveriam provocar efeitos fiscais. Dessa maneira, exclusivamente para fins fiscais, os critérios contábeis existentes até 31 de dezembro de 2007 permaneceriam válidos e qualquer possível efeito fiscal provocado pela adoção das novas regras contábeis deveria ser revertido por meio de controles fiscais específicos.

Findo o RTT, os novos efeitos (e, em algumas ocasiões, também os novos conceitos) veiculados pelo novo padrão inaugurado em 2008 para a apuração do resultado **contábil** das companhias brasileiras foram incorporados à legislação e regulados para fins fiscais. Consequentemente, passou ao intérprete da norma

---

10 Sigla em inglês que significa lucros antes de juros, impostos, depreciação e amortização.

tributária a incumbência de identificar como determinado ato ou negócio será registrado pela contabilidade para poder determinar sua subsunção às normas tributárias e, como decorrência, definir o resultado **tributável** das atividades das companhias brasileiras – considerando as limitações, os ajustes e os demais critérios adotados pela legislação em vigor.

Em outras palavras, a partir da publicação da Lei n. 12.973/2014, cada elemento fático ou negocial deve ser examinado simultaneamente diante do tratamento contábil a eles aplicado e de acordo com as disposições da legislação tributária vigente. Para fazer uso das expressões muito bem retratadas na coletânea *Controvérsias jurídico-contábeis (aproximações e distanciamentos)*, o intérprete deverá identificar as **aproximações** – situações em que a Lei n. 12.973/2014 adotou ou incorporou por opção o "novo" regime contábil – e os **distanciamentos** – situações em que o referido diploma modifica no todo ou em parte os conceitos ou efeitos contábeis para fins de tributação – entre a legislação fiscal e a contábil.[11]

Nesse sentido, e como antecipado anteriormente, apenas para os casos excepcionais listados pela própria Lei n. 12.973/2014 ou regulados de forma expressa em outros dispositivos da legislação tributária em vigor, é que o intérprete poderá concluir pela existência de implicações tributárias diferentes daquelas que decorreriam normalmente da legislação comercial e contábil em vigor. Esse é justamente o caso do tratamento dispensado pela legislação fiscal (expressamente) a ganhos e perdas por ajustes decorrentes de AVJ. Por meio dos art. 13 e 14, a Lei n. 12.973/2014 alterou o momento em que os ganhos e as perdas de AVJ produziriam efeitos para fins da apuração do Imposto de Renda das Pessoas Jurídicas (IRPJ) e da Contribuição Social sobre o Lucro Líquido (CSLL), determinando que tais ganhos e perdas somente devem impactar a apuração do resultado **tributável** no momento da realização do ativo ou passivo a que estão relacionados.[12]

---

11 Coordenada por Roberto Quiroga Mosquera e Alexsandro Broedel Lopes e publicada pela editora Dialética, com artigos que lidam com o desafio de identificar a interseção entre contabilidade e direito tributário.

12 A legislação impõe como requisito para o diferimento da tributação do ganho ou a dedutibilidade da perda que o valor referente à AVJ seja registrado em subconta vinculada ao ativo ou passivo correspondente.

Para fins de clareza e considerando que é razoável esperar que a AVJ da obrigação assumida pelo controlador implique perda para o controlador,[13] reproduzimos o dispositivo da Lei n. 12.973/2014 que impõe à AVJ o tratamento indicado:

> Art. 14. A **perda decorrente de avaliação de ativo ou passivo com base no valor justo** somente poderá ser computada na determinação do lucro real à medida que o ativo for realizado, inclusive mediante depreciação, amortização, exaustão, alienação ou baixa, ou **quando o passivo for liquidado ou baixado**, e desde que a respectiva redução no valor do ativo ou aumento no valor do passivo seja evidenciada contabilmente em subconta vinculada ao ativo ou passivo.
>
> § 1º A perda a que se refere este artigo não será computada na determinação do lucro real caso o valor realizado, inclusive mediante depreciação, amortização, exaustão, alienação ou baixa, seja indedutível.
>
> § 2º Na hipótese de não ser evidenciada por meio de subconta na forma prevista no caput, a perda será considerada indedutível na apuração do lucro real. (grifos nossos)

Como se nota, não parece haver dúvida de que, até o momento do exercício da opção de venda pelo minoritário, qualquer saldo de AVJ associado ao passivo financeiro registrado pelo controlador por conta da *put option* **não** produz efeitos para fins de apuração do IRPJ e da CSLL. Os referidos efeitos, nos termos do art. 14 transcrito acima, seriam verificados apenas quando o passivo fosse liquidado ou baixado, efeitos estes reconhecidos de forma integral e imediata.

A dúvida, entretanto, é se perdas que tenham sido registradas pelo controlador em razão da AVJ poderão ser tratadas como imediata e definitivamente dedutíveis no momento da liquidação do passivo financeiro em razão do exercício da opção de venda pelo minoritário.

Essa incerteza deriva do fato de que, por serem obrigações contratuais relacionadas com uma combinação de negócios – possivelmente sujeitas, por consequência, ao regramento imposto para registro (e futuro aproveitamento fiscal) do custo de aquisição de participações societárias –, seria possível argumentar

---

13 Como decorrência do aumento do passivo financeiro registrado em razão da *put option clause* por conta da melhoria dos indicadores financeiros da investida.

que o valor total da obrigação assumida pelo controlador deveria estar sujeito ao regime de reconhecimento imposto pela legislação tributária para a dedutibilidade do *goodwill* registrado em combinação de negócios,[14] inclusive em relação ao valor acrescido ao passivo financeiro registrado pelo controlador em razão da *put option clause* pela aplicação da AVJ. Por conseguinte, as perdas que levaram ao aumento do passivo financeiro não seriam tratadas como imediata e integralmente dedutíveis quando do exercício da *put option* e da liquidação do passivo financeiro, mas seguiriam o tratamento fiscal próximo ao aplicável para uma contraprestação contingente.

Comentamos em mais detalhes os argumentos que poderiam ser levantados em favor dessa posição e as correspondentes consequências fiscais no tópico seguinte.

4. TRATAMENTO COMO CONTRAPRESTAÇÃO CONTINGENTE

Como indicado anteriormente, a partir da vigência da Lei n. 12.973/2014, a aquisição de uma participação societária em uma operação de combinação de negócios deve seguir regras básicas de registro do investimento que são coincidentes dos pontos de vista contábil e fiscal. Por consequência, o desdobramento do custo de aquisição da participação societária – que corresponde, para fins contábeis, ao valor total da **contraprestação transferida** para a aquisição – deve ser realizado e registrado com base nas mesmas rubricas para fins tanto contábeis quanto fiscais.

A legislação contábil, contudo, é um pouco mais específica ao determinar não somente que os ativos e os passivos da sociedade investida adquiridos pelo controlador devem se sujeitar a uma avaliação a valor justo, mas também que a própria contraprestação transferida em troca do controle da adquirida na combinação de negócios seja avaliada por seu valor justo, assim determinado na data da aquisição pela soma (i) dos ativos transferidos pelo adquirente (como caixa); (ii) dos passivos incorridos junto aos vendedores (inclusive contraprestações contingentes); e (iii) das participações societárias emitidas pelo adquirente, quando for o caso (item 37 do CPC 15).

---

14   Art. 20 e 22 da Lei n. 12.973/2014; art. 20 do DL n. 1.598/1977; e art. 178 e seguintes da IN n. 1.700/2017.

Considerando que a existência de uma *put option clause* levará, como vimos, ao registro pelo controlador de um passivo financeiro, seria razoável supor que o valor correspondente ao passivo decorrente da *put option* fosse tratado como uma forma de contraprestação contingente pela aquisição do controle e, assim, como parte integrante do custo de aquisição da participação societária, impactando diretamente o valor do *goodwill* registrado pelo controlador (especialmente diante do caráter residual do *goodwill* no regime da Lei n. 12.973/2014).

Com fundamento nessa conclusão, seria possível argumentar que os valores de AVJ – que, por si só, representam a variação no valor de um ativo ou passivo em razão de modificações em seu valor justo – deveriam seguir a natureza do passivo financeiro a que estão relacionados. Assim, os acréscimos que a AVJ provoca no valor do passivo financeiro que representa a contraprestação contingente a ser paga pelo adquirente em razão da combinação de negócios não deveriam ser imediatamente dedutíveis quando do exercício da opção de venda. Ao contrário, continuariam a ser considerados fiscalmente indedutíveis e seriam controlados conjuntamente com o *goodwill* (se aplicável) para que seu aproveitamento para fins fiscais se desse nos mesmos termos impostos pela legislação tributária para o aproveitamento deste.

Em resumo, significa dizer que a obrigação do controlador de adquirir a participação detida pelo minoritário estaria necessariamente relacionada, da perspectiva jurídica, com a combinação de negócios e não poderia, portanto, ser tratada somente como uma típica operação financeira existente entre o controlador e o minoritário.

Destarte, os ajustes de AVJ do passivo financeiro, embora reconhecidos como despesas no resultado do controlador durante a fase de maturação do prazo para exercício da opção de venda pelo minoritário e adicionados ao lucro tributável nesse período, não produziriam os efeitos fiscais normalmente associados a perdas de AVJ registradas em um passivo financeiro comum, as quais seriam imediatamente dedutíveis (desde que observados os requisitos legais) quando da liquidação do respectivo passivo.

Essa intepretação poderia ser reforçada pelo fato de que esse tratamento fiscal seria o mais coerente com a busca pela "neutralidade fiscal" que sempre norteou a instituição do RTT e, na maioria dos casos, também as regulamentações fiscais subsequentes. Essa neutralidade seria atingida na medida em que esse era o tratamento fiscal que, sem dúvida, seria aplicável antes das mudanças contábeis iniciadas em 2008 e reconhecidas pela Lei n. 12.973/2014.

5. CONSIDERAÇÕES FINAIS

A despeito das considerações apresentadas anteriormente, nossa inclinação está mais para a aplicação do tratamento fiscal de dedução fiscal imediata das perdas quando do exercício da opção de venda que para sua consideração como componentes do custo de aquisição da participação societária adquirida.

Em primeiro lugar, porque o racional apresentado na Seção 4 está fundamentado principalmente em uma ponderação contábil, qual seja, a de que a obrigação assumida pelo adquirente (controlador) em realizar a aquisição da parcela da participação societária que permanecer com o vendedor (minoritário) por força do contrato de opção de venda deve ser considerada uma **contraprestação contingente**. Assim, se a obrigação não for qualificada como contraprestação contingente, seria mais complicado associá-la à aquisição inicial da participação societária por parte do controlador e, portanto, aplicar à AVJ dela decorrente o tratamento indicado na Seção 4.

Além disso, independentemente da conclusão a que se chegue quanto à natureza da obrigação decorrente da *put option* (como uma contraprestação contingente ou não), a AVJ dessa obrigação, determinada pelo regramento contábil, deveria submeter-se ao tratamento fiscal que é concedido pela legislação especificamente à AVJ, já que não há qualquer previsão na Lei n. 12.973/2014 ou nos demais dispositivos da legislação tributária que excetue do tratamento usualmente concedido à AVJ aquele que deve ser conferido à AVJ relacionada com obrigações qualificadas como contraprestações contingentes.

Isto é, considerando as regras de interação entre as legislações tributária e contábil e o fato de que não há um tratamento específico a ser concedido para fins fiscais aos registros de AVJ que tenham ligação com contraprestações contingentes, acreditamos que o tratamento geral para dedutibilidade fiscal da AVJ deve ser aplicado no caso que ora se analisa.

Também seria possível argumentar que as regras relativas ao reconhecimento e à tributação da AVJ são especiais quando comparadas às de mensuração e desdobramento do custo de aquisição de participações societárias (consolidadas no art. 20 do DL n. 1.598/1977), sendo essas últimas aplicáveis somente aos próprios elementos que compõem a combinação de negócios, e não à AVJ, que, ainda que relacionada com tais elementos, possui regulamentação específica.

Embora esse entendimento possa causar uma divergência em relação ao tratamento fiscal anteriormente aplicável às aquisições de participações societárias decorrentes do exercício de opção de venda pelo acionista minoritário, seria possível defender que, com a publicação da Lei n. 12.973/2014, a busca pela "neutralidade fiscal" que sempre norteou a instituição do RTT e as regulamentações fiscais a ele subsequentes não é mais um valor a ser necessariamente perseguido pelo aplicador da norma tributária.

Como indicado, após a entrada em vigor da Lei n. 12.973/2014, as regras fiscais se harmonizaram com as novas regras contábeis e a base de cálculo do IRPJ e da CSLL novamente passou a ter como base inicial o lucro contábil, devendo o aplicador da norma tributária identificar o fato jurídico tributável a partir da realidade apresentada pela contabilidade e recepcioná-lo (como fato jurídico tributável próprio) ou ajustá-lo, conferindo um tratamento tributário distinto e específico aos registros contábeis quando houver previsão normativa para tanto.

Nesse sentido, admitindo que a legislação contábil qualifica as variações no valor da obrigação assumida pelo controlador em razão da *put option* como uma AVJ associada a essa obrigação, a qualificação contábil desses registros também deve prevalecer para determinação do regime jurídico-tributário aplicável, de forma que essa AVJ – como qualquer outra – deve estar sujeita ao regramento expressamente previsto na Lei n. 12.973/2014 e ser imediata e integralmente dedutível quando da liquidação do passivo financeiro.

Vale destacar que esse tratamento fiscal pode vir a ser questionado pelas autoridades fiscais, sobretudo em uma situação na qual a sociedade que reconhece integralmente a dedutibilidade das perdas geradas pela AVJ tenha capacidade de absorver tais perdas contra lucros tributáveis gerados no mesmo período de apuração (embora essa potencial vantagem possa ser convertida em desvantagem fiscal para sociedades que não tenham condições de absorver totalmente as perdas no respectivo ano-calendário).

Outra consideração a ser feita é que o tratamento como perdas de AVJ poderia ser vantajoso, independentemente da absorção total das referidas perdas. Isso porque, nesse caso, o contribuinte deixaria de estar sujeito a toda a gama de questionamentos que as autoridades fiscais têm trazido contra a dedutibilidade fiscal do *goodwill*. Portanto, preocupações relacionadas à geração do ágio, como quando são gerados por meio da criação de empresas veículos ou mesmo quando são transferidos para outras sociedades do grupo adquirente após a aquisição originária, deixariam de existir.

De qualquer forma, o tema aqui tratado é árido e recente, sendo necessário, portanto, aguardar a evolução da doutrina (tanto contábil quanto tributária) e da jurisprudência na análise do tratamento concedido a transações de aquisição de participações societárias em que há a estipulação de cláusulas de *put option*. Somente nesse estágio mais avançado será possível determinar com mais segurança qual das interpretações comentadas finalmente prevalecerá.

ASPECTOS TRIBUTÁRIOS RELACIONADOS À FORMAÇÃO DE EMPREENDIMENTOS CONTROLADOS EM CONJUNTO (*JOINT VENTURES*)

Renato Souza Coelho[1]
Gabriel Oura Chiang[2]

1. INTRODUÇÃO

Já faz mais de dez anos que a Lei n. 11.638, de 28 de dezembro de 2007, foi instituída e, até hoje, ainda há inúmeros aspectos tributários controversos relacionados ao processo de harmonização das regras contábeis brasileiras aos padrões internacionais do *International Financial Reporting Standards* (IFRS).

Conforme a Exposição de Motivos do Projeto de Lei (PL) n. 3.741/2000, o propósito era

> modernizar e harmonizar as disposições da lei societária em vigor com os princípios fundamentais e melhores práticas contábeis internacionais, o que constitui medida inadiável para uma inserção do Brasil no atual contexto de globalização econômica.

---

1 Bacharel em Direito pela Faculdade de Direito da Pontifícia Universidade Católica de São Paulo (PUC-SP). Bacharel em Economia pela Faculdade de Economia, Administração e Contabilidade da Universidade de São Paulo (FEA-USP). Pós-graduado em Direito Tributário pela PUC-SP. Mestre em Direito Tributário Internacional (LL.M) pela Leiden University, na Holanda. Sócio-fundador do Stocche Forbes Advogados.

2 Bacharel em Direito pela Faculdade de Direito da Fundação Getúlio Vargas (FGV). MBA em IFRS pela FIPECAFI. Advogado associado do Stocche Forbes Advogados.

O alinhamento proposto tinha como elogiável objetivo padronizar o processo de aferição, produção e apresentação da informação contábil com os parâmetros internacionais, a fim de facilitar a interação das empresas brasileiras com agentes do mercado internacional.

O referido processo de reformulação se mostrava essencial, pois era necessário, conforme também Exposição de Motivos do PL, "corrigir impropriedades e erros que remanesceram na lei societária desde a sua edição, em 1976, bem como adaptar a lei às mudanças sociais e econômicas decorrentes da evolução dos usos e costumes mercantis". Nesse sentido, o aprimoramento da qualidade das informações contábeis permitiria melhores compreensão e tomada de decisões por parte de investidores internacionais, promovendo o desenvolvimento econômico do país.

Não obstante a louvável intenção almejada pelo referido PL, datado de meados de 2000, a sua conversão na Lei n. 11.638/2007 ocorreu quase uma década depois, com entrada em vigor no dia 1º de janeiro de 2008, surpreendendo as empresas brasileiras e os profissionais do setor não só no que se refere à adequação aos novos padrões contábeis, mas também para fins de apuração e determinação dos principais tributos corporativos.

É nesse contexto que foi editada a Medida Provisória (MP) n. 449/2008, instituindo o Regime Tributário de Transição (RTT) e neutralizando os impactos dos novos parâmetros contábeis introduzidos pela Lei n. 11.638/2007 para fins de apuração dos tributos federais. Em linhas gerais, por meio desse regime transitório, as empresas brasileiras poderiam optar por adotar os antigos ou os novos critérios contábeis para fins tributários nos anos de 2008 e 2009, sendo obrigadas à adoção dos antigos critérios a partir de 2010, até que fosse editada lei especificamente endereçando o tratamento fiscal a ser dispensado em razão das novas regras contábeis. A importância do RTT deveu-se, principalmente, à ausência de tempo razoável para a preparação e a adequação da aplicação das novas normas contábeis para fins tributários, sobretudo em decorrência da complexidade de tais regras.

Finalmente, com a edição da MP n. 627, em 11 de novembro de 2013, e posteriormente sua conversão na Lei n. 12.973, em 13 de maio de 2014, foi extinto o RTT e foi instituído um conjunto normativo de regras com o objetivo de regular, de forma teoricamente definitiva, as consequências de natureza tributária aplicáveis em razão dos novos padrões contábeis.

Embora a Lei n. 12.973/2014 tenha, de fato, endereçado muitos conceitos, alterações e pontos controversos oriundos da adoção dos novos padrões contábeis introduzidos pela Lei n. 11.638/2007, importantes discussões lhe passaram despercebidas e restaram sem tratamento tributário específico. Não bastasse a ausência de tratamento para determinadas matérias, há ainda casos em que estas foram abordadas pela Lei n. 12.973/2014 de forma incompatível com os demais princípios e regras preexistentes do direito tributário brasileiro.

Mesmo passados mais de cinco anos da conversão da MP n. 627/2013 na Lei n. 12.973/2014, muitos temas que eram polêmicos à época assim permanecem. É nesse cenário em que se encontra a discussão sobre os impactos tributários aplicáveis às operações societárias que envolvam negócios controlados em conjunto, também conhecidos como *joint ventures*.

As operações que envolvem a formação de *joint ventures* podem apresentar diversos efeitos contábeis, com possíveis reflexos tributários relevantes. O presente artigo, todavia, se restringirá à análise do tratamento tributário aplicável aos ajustes contábeis decorrentes da perda do controle sobre sociedade controlada que se tornará uma *joint venture* e do correspondente reconhecimento do investimento remanescente em empreendimento controlado em conjunto.

As discussões sobre o tratamento tributário aplicável às operações envolvendo *joint ventures* ainda são bastante escassas e pouco exploradas pela doutrina brasileira. O presente artigo tem como maior objetivo apresentar a problemática e dar maior visibilidade ao assunto, de forma a fomentar a discussão e o debate a ele relacionados.

2. RELAÇÃO DAS CIÊNCIAS CONTÁBEIS COM O DIREITO TRIBUTÁRIO

A importância das regras contábeis para a apuração de tributos corporativos é evidente e sempre foi verificada nas legislações brasileira e estrangeiras. Seja por conveniência, seja por adequação, as regras tributárias aplicáveis às pessoas jurídicas são pautadas com base nos reflexos econômicos percebidos pelos contribuintes conforme os conceitos e as determinações originados das ciências contábeis.

Antonio Lopo Martinez[3] analisa com muita propriedade a natureza dos conceitos contábeis como conceitos pré-jurídicos que permitem a descrição científica de fatos econômicos de forma uniforme, a serem utilizados como ponto de partida

---

3   MARTINEZ, Antonio Lopo. Limites dos conceitos contábeis no fato gerador do Imposto de Renda. In: MOSQUERA, Roberto Quiroga; LOPES, Alexsandro Broedel (Coord.). *Controvérsias jurídico--contábeis* (aproximações e distanciamentos). São Paulo: Dialética: 2015. v. 6. p. 75.

ou suporte para a aplicação de regras prescritivas jurídicas, notadamente da seara tributária. Nas palavras do autor:

> A Contabilidade possui fundamentalmente função descritiva, voltada prioritariamente a relatar todos os eventos econômicos que têm reflexo sobre o patrimônio de determinada entidade. Na descrição das transações econômico-financeiras, a Contabilidade procura, através de seus métodos e procedimentos, evidenciar estática e dinamicamente o que ocorreu com o patrimônio, bem como descreve o valor do conjunto patrimonial em determinado período e como este variou entre um período e outro.

A despeito da relevância dos padrões contábeis para o direito tributário em decorrência dos pontos de convergência entre ambas as áreas, a contabilidade apenas adquire relevância jurídica a partir da atribuição de tais efeitos por normas existentes no ordenamento jurídico. Tal constatação apresenta-se de essencial importância considerando-se que os objetivos e as finalidades de cada uma das áreas são distintos e, em certa medida, potencialmente conflitantes. De forma exemplificativa, se, por um lado, a contabilidade visa fornecer informações econômicas relevantes de determinada entidade aos seus usuários (como investidores, credores e até mesmo autoridades tributárias), por outro, o direito tributário pretende prescrever comandos normativos a partir das manifestações de riqueza que se adequem aos preceitos e aos conceitos que lhe são próprios.

Nesse contexto, o legislador brasileiro optou por adotar um modelo de sobreposição do direito tributário em relação às ciências contábeis, por meio do qual os conceitos contábeis são, de modo geral, aceitos para fins jurídicos e, ao mesmo tempo, sujeitos a ajustes específicos previstos em lei.

Com a edição das Leis n. 11.638/2007 e n. 12.973/2014, as ciências contábeis adquiriram maior grau de autonomia e importância em relação ao universo jurídico, sobretudo em relação ao direito tributário. Embora o objetivo sempre tenha sido criar uma relação de sobreposição dos comandos tributários em relação às informações capturadas e apresentadas pelas normas contábeis, historicamente, tal objetivo somente teria sido atendido de forma parcial, de modo que apenas com o advento das referidas leis tal relação foi, efetivamente, posta em prática.

De fato, antes desse novo marco legislativo, seja por motivos de conveniência e/ou acaso, a legislação tributária não se limitava a promover alterações e ajustes exclusivamente para fins de apuração dos tributos, mas também influenciava a própria área de atuação dos profissionais das ciências contábeis.

Na análise de Gustavo Lian Haddad e Luiz Alberto Paixão dos Santos,[4] uma mistura de fatores, dentre os quais a qualidade técnica na regulação do imposto de renda, a existência de um mercado de capitais incipiente e pouco regulado e fatores de comodidade ou conveniência, culminou na ausência de uma verdadeira normatização de sobreposição do direito tributário em relação às regras contábeis. Com relação à Lei n. 12.973/2014, pode-se afirmar que o legislador: (i) introduziu novas hipóteses de tributação em decorrência de determinados novos padrões contábeis; (ii) neutralizou os efeitos tributários em relação a outros padrões, mesmo após a extinção do RTT; ou (iii) foi omisso em relação aos demais aspectos.

Embora se presuma que o tratamento tributário atribuído pela Lei n. 12.973/2014 seja coerente e em linha com os demais princípios e normativos tributários anteriormente existentes, diversas regras por ela instituídas são altamente questionáveis, bem como outras podem vir a ser no futuro. Uma das possíveis razões para as potenciais divergências entre os novos padrões contábeis e as regras tributárias brasileiras é a dicotomia de tratamentos atribuídos à substância econômica e às formas jurídicas por cada um deles.[5] Os contextos das novas regras con-

---

4 HADDAD, Gustavo Lian; SANTOS, Luiz Alberto Paixão dos. *Reflexos tributários dos efeitos contábeis decorrentes da avaliação a valor justo*. In: MOSQUERA, Roberto Quiroga; LOPES, Alexsandro Broedel (Coord.). *Controvérsias jurídico-contábeis* (aproximações e distanciamentos). Vol. 5. São Paulo: Dialética: 2014. p. 101-148.

5 Conforme leciona Elidie Palma Bifano: "Os padrões contábeis internacionais, como afirmam Eliseu Martins et al. foram construídos a partir da contabilidade saxônica que, diversamente da contabilidade latina, prestigia a essência sobre a forma, a prevalência do controle sobre a propriedade jurídica, a transparência sobre as informações privilegiadas particulares, o princípio sobre a regra. O exame dos padrões contábeis que levaram à convergência internacional deve ser feito a partir do contexto cultural e econômico em que se desenvolveram, o mundo anglo-saxônico, cujos contratos são regulados pela chamada *common law*, ou como esclarece René David, um direito jurisprudencial que, sem abandoar a lei e o costume, privilegia o precedente emanado dos tribunais, estando suas regras fundadas na *ratio decidendi* das decisões tomadas pelos tribunais superiores da Inglaterra. O conceito de regra legal nos países de Direito romano ou civil é diverso daquele dos países de *common law*: para o Direito Civil a regra legal é aquela enunciada nos códigos, evidenciada pela doutrina, enquanto para a *common law* é aquela apta a dar a solução a um certo litígio, sempre, portanto, vinculada a um caso concreto. As regras formuladas pelo legislador somente são aplicáveis depois de interpretadas pelos tribunais, o que evidencia que o sistema jurídico é de fato jurisprudencial, e não legal". BIFANO, Elidie Palma. Influência do tratamento contábil nas novas regras de tributação. In: MOSQUERA, Roberto Quiroga; LOPES, Alexsandro Broedel (Coord.). *Controvérsias jurídico-contábeis* (aproximações e distanciamentos). São Paulo: Dialética: 2014. v. 5. p. 83-84.

tábeis e da tradição jurídica brasileira são muito distintos, de modo a ser necessária cautela no processo de interpretação, adaptação e adoção das novas regras.

Ainda que já tenham se passado mais de cinco anos desde a entrada em vigor da Lei n. 12.973/2014, é muito cedo para os profissionais da contabilidade e do direito perceberem toda a extensão do potencial de litigiosidade oriundo da adoção desses novos conjuntos de regras contábeis e tributárias. Para agravar a situação, não há ainda jurisprudência firmada ou sequer precedentes judiciais e/ou administrativos analisando tais assuntos à luz do atual panorama legislativo. Na melhor das hipóteses, pode-se afirmar que há determinadas interpretações e orientações emitidas pela Receita Federal do Brasil (RFB) de forma administrativa tangenciando discussões específicas.

Nesse contexto, um tema que pode suscitar dúvidas e controvérsias são os aspectos contábeis atribuídos às operações envolvendo a formação de *joint ventures*, bem como seus correspondentes impactos tributários.

3. PERDA DO CONTROLE E MANUTENÇÃO DE INVESTIMENTO EM NEGÓCIO CONTROLADO EM CONJUNTO

Conforme já antecipado, o presente trabalho se propõe a analisar os aspectos tributários aplicáveis aos registros contábeis decorrentes da perda do controle sobre sociedade controlada quando há ingresso de um terceiro aportando caixa ou outros ativos, mas com manutenção de investimento correspondente que seja considerado um negócio controlado em conjunto, ou *joint venture*.

Apenas para fins de contextualização, as variações decorrentes da alteração do percentual de participação detida em relação a determinada sociedade que não resultem na perda do controle são consideradas, para fins contábeis, como transações patrimoniais. Nesse caso, eventuais efeitos econômicos decorrentes de tais operações devem ser reconhecidos como mutações diretamente no patrimônio líquido da entidade controladora, sem afetar a sua demonstração de resultados.

Esse entendimento é traduzido das orientações contidas nos itens 22 a 24 e B96 do Pronunciamento Técnico n. 36 (R3), do Comitê de Pronunciamentos Contábeis (CPC 36),[6] que versa sobre demonstrações consolidadas para fins con-

---

6 "22. Uma controladora deve apresentar as participações de não controladores no balanço patrimonial consolidado, dentro do patrimônio líquido, separadamente do patrimônio líquido dos proprietários da controladora. 23. Mudanças na participação societária detida por controladores de

tábeis. No mesmo sentido, o item 66 da Interpretação Técnica n. 9 (R2) do CPC (ICPC 09) assim dispõe:

> 66. Por isso o Pronunciamento Técnico CPC 36 requer, em seus itens 23 e 24, que as mudanças na participação relativa da controladora sobre uma controlada que não resultem na perda de controle devem ser contabilizadas como transações de capital (ou seja, transações com sócios, na qualidade de proprietários) nas demonstrações consolidadas. Em tais circunstâncias, o valor contábil da participação da controladora e o valor contábil da participação dos não controladores devem ser ajustados para refletir as mudanças nas participações relativas das partes na controlada. Qualquer diferença entre o montante pelo qual a participação dos não controladores tiver sido ajustada e o valor justo da quantia recebida ou paga deve ser reconhecida diretamente no patrimônio líquido atribuível aos proprietários da controladora, e não como resultado.

Embora esse assunto igualmente possa ensejar diversas controvérsias a respeito das suas consequências tributárias, as situações aqui abordadas referem-se exclusivamente às operações em que haja, de fato, perda de controle sobre a entidade investida.

Diferentemente do caso anterior, a efetiva perda de controle representa importante evento econômico que enseja a reclassificação do investimento e a mudança da base de avaliação do ativo apta a gerar variações patrimoniais por parte da ex-controladora. Isso decorre de, para fins contábeis, a influência na tomada de decisões sobre a controlada ser tal qual lhe justifique a adoção da técnica de consolidação de suas demonstrações contábeis à da controladora, permitindo uma apresentação mais completa da posição financeira do grupo econômico.

---

controladora na controlada que não resultam na perda de controle da controlada pela controladora constituem transações patrimoniais (ou seja, transações com os sócios, tais quais operações de aquisição de suas próprias ações para manutenção em tesouraria). 24. Os itens B94 a B96 estabelecem orientação para a contabilização de participações de não controladores em demonstrações consolidadas. [...] B96. Quando a proporção do patrimônio líquido detida por participações de não controladores sofrer modificações, a entidade deve ajustar os valores contábeis das participações de controladoras e de não controladores para refletir as mudanças em suas participações relativas na controlada. A entidade deve reconhecer diretamente no patrimônio líquido qualquer diferença entre o valor pelo qual são ajustadas as participações de não controladores e o valor justo da contrapartida paga ou recebida e deve atribuir essa diferença aos proprietários da controladora."

Em outras palavras, a perda do controle, assim também considerada quando a entidade passa a ter controle compartilhado, representa evento econômico relevante que enseja a reclassificação do investimento e a cessação da consolidação, ainda que a ex-controladora mantenha participação relevante na ex-controlada (investimentos em coligada e controladas em conjunto), caso em que o investimento é mensurado pelo método de equivalência patrimonial (MEP).

Vale notar que tanto as atuais normas societárias como as normas contábeis determinam que a perda do controle não está, necessariamente, vinculada ao percentual de participação remanescente detido pela entidade investidora, sendo possível, por exemplo, a obtenção ou a perda de controle por meio de acordos societários. Assim, conforme as atuais regras contábeis, a perda de controle, ainda que com manutenção de participação residual relevante, pode trazer importantes impactos contábeis para a ex-controladora.

Os itens 25, 26 e B98 do CPC 36 determinam que, nesses casos, a ex-controladora deve desreconhecer o investimento da ex-controlada e reconhecer eventual investimento remanescente pelo seu valor justo.[7] De forma semelhante, os itens 70A a 70C do ICPC 09 assim dispõem:

---

7 "25. Se a controladora perder o controle da controlada, a controladora deve: (a) desreconhecer os ativos e passivos da ex-controlada do balanço patrimonial consolidado; (b) reconhecer o investimento remanescente na ex-controlada, se houver, e, subsequentemente, contabilizar esse investimento e quaisquer montantes a pagar ou a receber da ex-controlada, de acordo com os Pronunciamentos Técnicos, Orientações e Interpretações aplicáveis do CPC. Essa participação mantida deve ser remensurada, conforme descrito nos itens B98(b)(iii) e B99A. O valor remensurado no momento que esse controle é perdido deve ser considerado como o valor justo no reconhecimento inicial de ativo financeiro de acordo com o Pronunciamento Técnico CPC 38 – Instrumentos Financeiros: Reconhecimento e Mensuração ou, quando apropriado, como custo no reconhecimento inicial de investimento em coligada ou empreendimento controlado em conjunto, se for o caso; (Alterada pela Revisão CPC 08) (c) reconhecer o ganho ou a perda associado à perda do controle atribuível à ex-controladora, como especificado nos itens B98 a B99A. (Alterada pela Revisão CPC 08) 26. Os itens B97 a B99A estabelecem orientação para a contabilização da perda do controle. (Alterado pela Revisão CPC 08). [...]

B98. Se perder o controle da controlada, a controladora deve, para fins de demonstrações consolidadas: (a) baixar: (i) os ativos (incluindo qualquer ágio) e os passivos da controlada pelo seu valor contábil na data em que o controle for perdido; e (ii) o valor contábil de quaisquer participações de não controladores na ex-controlada na data em que o controle for perdido (incluindo quaisquer componentes de outros resultados abrangentes atribuídos a elas); (b) reconhecer: (i) o valor justo da contrapartida recebida, se houver, proveniente de transação, evento ou circunstâncias que resultaram na perda de controle; (ii) essa distribuição, se a transação,

70A. No caso da controladora perder o controle da controlada, consoante preveem os itens 25 e B97 a B99 do Pronunciamento Técnico CPC 36 – Demonstrações Consolidadas, deve-se (i) desreconhecer o valor do investimento da ex-controlada no balanço individual e, no caso do balanço patrimonial consolidado, desreconhecer os ativos e passivos da ex-controlada; e (ii) reconhecer o investimento remanescente na ex-controlada, se houver, ao seu valor justo na data em que o controle foi perdido, tanto nas demonstrações individuais quanto nas demonstrações consolidadas.

70B. O valor justo a que se refere o item anterior deve ser considerado como o valor justo no reconhecimento inicial de ativo financeiro de acordo com o Pronunciamento Técnico CPC 38 – Instrumentos Financeiros: Reconhecimento e Mensuração ou, quando apropriado, como custo no reconhecimento inicial de investimento em coligada ou empreendimento controlado em conjunto (ver item 70C).

70C. Quando o investimento remanescente na ex-controladora ainda estiver sujeito à aplicação do método da equivalência patrimonial em função de a investidora perder o controle, mas manter influência significativa ou controle conjunto, nos termos do Pronunciamento Técnico CPC 18 – Investimento em Coligada, em Controlada e em Empreendimento Controlado em Conjunto, a investidora deve: (i) considerar o valor justo, na data em que o controle for perdido, da parcela remanescente como o novo custo do investimento; (ii) reconhecer quaisquer diferenças entre o novo custo do investimento e a participação do investidor no valor justo líquido dos ativos e passivos identificáveis da investida nos termos nos itens 25 e 26 do Pronunciamento Técnico CPC 36; e (iii) passar a aplicar o método da equivalência patrimonial, de acordo com as previsões do Pronunciamento Técnico CPC 18, quando aplicável.

---

evento ou circunstâncias que resultaram na perda de controle envolverem a distribuição de ações da controlada aos proprietários em sua condição de proprietários; e (iii) qualquer investimento retido na ex-controlada, pelo seu valor justo na data em que o controle é perdido; (c) reclassificar para o resultado do período ou transferir diretamente para lucros acumulados, se exigido por outros Pronunciamentos Técnico, Interpretações ou Orientações do CPC, os valores reconhecidos em outros resultados abrangentes em relação à controlada, na forma descrita no item B99; (d) reconhecer qualquer diferença resultante como perda ou ganho no resultado do período, atribuíveis à controladora."

168   Impactos tributários decorrentes da adoção do IFRS no Brasil

Com base nas orientações do item 32 do Pronunciamento Técnico n. 18 (R2) do CPC (CPC 18),[8] que versa sobre investimento em coligada, controlada e empreendimento controlado em conjunto, o procedimento de remensuração a valor justo da participação remanescente teria como base a avaliação a valor justo (AVJ) líquido dos ativos e dos passivos identificáveis da investida. Vale ressaltar que os itens 25(b) e B98 do CPC 36 ainda determinam que qualquer diferença resultante do procedimento mencionado deve ser reconhecida como ganho ou perda no resultado do período.

Assim, ainda que a sociedade investidora mantenha participação relevante que lhe garanta o controle compartilhado, sujeita ao MEP, a perda do controle implica, conforme os novos padrões contábeis, em hipótese de reavaliação de ativo ao seu valor justo apta a gerar resultados econômicos. O valor justo reconhecido seria o novo custo do investimento para então se adotar o MEP.

Não há, atualmente, previsão legal expressa endereçando especificamente esse assunto e, a nosso ver, não há clareza sobre qual seria o devido tratamento tributário aplicável ao eventual ganho ou perda reconhecido pela ex-controladora em virtude de perda de controle e manutenção de investimento na formação de uma *joint venture* com terceiro. Por um lado, considerando a entrada de terceiro com aporte de caixa ou ativos, o resultado auferido pela ex-controladora poderia ser

---

8   "32. O investimento em coligada, em controlada e em empreendimento controlado em conjunto deve ser contabilizado pelo método da equivalência patrimonial a partir da data em que o investimento se tornar sua coligada, controlada ou empreendimento controlado em conjunto. Na aquisição do investimento, quaisquer diferenças entre o custo do investimento e a participação do investidor no valor justo líquido dos ativos e passivos identificáveis da investida devem ser contabilizadas como segue: (a) o ágio fundamentado em rentabilidade futura (goodwill) relativo a uma coligada, a uma controlada ou a um empreendimento controlado em conjunto (neste caso, no balanço individual da controladora) deve ser incluído no valor contábil do investimento e sua amortização não é permitida; (b) qualquer excedente da participação do investidor no valor justo líquido dos ativos e passivos identificáveis da investida sobre o custo do investimento (ganho por compra vantajosa) deve ser incluído como receita na determinação da participação do investidor nos resultados da investida no período em que o investimento for adquirido. Ajustes apropriados devem ser efetuados após a aquisição, nos resultados da investida, por parte do investidor, para considerar, por exemplo, a depreciação de ativos com base nos respectivos valores justos da data da aquisição. Da mesma forma, retificações na participação do investidor nos resultados da investida devem ser feitas, após a aquisição, por conta de perdas reconhecidas pela investida em decorrência da redução ao valor recuperável (impairment) de ativos, tais como, por exemplo, para o ágio fundamentado em rentabilidade futura (goodwill) ou para o ativo imobilizado. Devem ser observadas, nesses casos, as disposições da Interpretação Técnica ICPC 09."

inteiramente considerado como ganho por variação na porcentagem de participação no capital social da sociedade investida. Por outro, o mesmo resultado poderia ser considerado, em tese, como ganho por AVJ.

O resultado decorrente da variação do percentual de participação é neutro para fins de determinação do Imposto de Renda das Pessoas Jurídicas (IRPJ) e da Contribuição Social sobre o Lucro Líquido (CSLL) no regime do lucro real, ou seja, não representa valor tributável ou dedutível, conforme expressamente regulado pelo art. 33, § 2º, do Decreto n. 1.598/1977: "Não será computado na determinação do lucro real o acréscimo ou a diminuição do valor de patrimônio líquido de investimento, decorrente de ganho ou perda por variação na porcentagem de participação do contribuinte no capital social da investida".

Já o resultado por AVJ foi regulado, de forma inaugural, pelos art. 13 e 14 da Lei n. 12.973/2014,[9] que, diferentemente do resultado por variação do percentual de participação, não representa valores totalmente neutros para fins fiscais,

---

9 "Art. 13. O ganho decorrente de avaliação de ativo ou passivo com base no valor justo não será computado na determinação do lucro real desde que o respectivo aumento no valor do ativo ou a redução no valor do passivo seja evidenciado contabilmente em subconta vinculada ao ativo ou passivo. § 1º O ganho evidenciado por meio da subconta de que trata o caput será computado na determinação do lucro real à medida que o ativo for realizado, inclusive mediante depreciação, amortização, exaustão, alienação ou baixa, ou quando o passivo for liquidado ou baixado. § 2º O ganho a que se refere o § 1º não será computado na determinação do lucro real caso o valor realizado, inclusive mediante depreciação, amortização, exaustão, alienação ou baixa, seja indedutível. § 3º Na hipótese de não ser evidenciado por meio de subconta na forma prevista no caput, o ganho será tributado. § 4º Na hipótese de que trata o § 3º, o ganho não poderá acarretar redução de prejuízo fiscal do período, devendo, neste caso, ser considerado em período de apuração seguinte em que exista lucro real antes do cômputo do referido ganho. § 5º O disposto neste artigo não se aplica aos ganhos no reconhecimento inicial de ativos avaliados com base no valor justo decorrentes de doações recebidas de terceiros. § 6º No caso de operações de permuta que envolvam troca de ativo ou passivo de que trata o caput, o ganho decorrente da avaliação com base no valor justo poderá ser computado na determinação do lucro real na medida da realização do ativo ou passivo recebido na permuta, de acordo com as hipóteses previstas nos §§ 1º a 4º. Art. 14. A perda decorrente de avaliação de ativo ou passivo com base no valor justo somente poderá ser computada na determinação do lucro real à medida que o ativo for realizado, inclusive mediante depreciação, amortização, exaustão, alienação ou baixa, ou quando o passivo for liquidado ou baixado, e desde que a respectiva redução no valor do ativo ou aumento no valor do passivo seja evidenciada contabilmente em subconta vinculada ao ativo ou passivo. § 1º A perda a que se refere este artigo não será computada na determinação do lucro real caso o valor realizado, inclusive mediante depreciação, amortização, exaustão, alienação ou baixa, seja indedutível. § 2º Na hipótese de

estando os efeitos tributários sujeitos a diferimento, caso observados determinados requisitos. Como regra, os resultados decorrentes de AVJ são diferidos, para fins de apuração do IRPJ e da CSLL, para o momento em que o correspondente ativo ou passivo que ensejou sua escrituração for realizado, desde que haja discriminação e evidenciação contábil dos resultados de AVJ em subconta vinculada ao correspondente ativo ou passivo.

Tendo em vista que, de modo geral, o resultado percebido pelo ex-controlador na operação que resulte em perda do controle e manutenção de investimento em *joint venture* sujeito ao MEP decorre, ao mesmo tempo, de (i) hipótese de remensuração de ativo ao seu valor justo; e (ii) operação que representa variação do percentual de participação, entendemos haver imprecisões sobre qual seria o devido tratamento tributário aplicável.

Não custa lembrar que, embora a diferença conceitual, nesse caso, seja sutil, as consequências tributárias que recairão podem divergir muito a depender do enquadramento legal atribuível aos referidos resultados, na medida em que um seria isento, e o outro, não. As interpretações possíveis, com seus correspondentes efeitos fiscais, são abortadas a seguir.

3.1 Todo o ganho registrado pela ex-controladora na formação da joint venture seria isento

Uma primeira interpretação possível seria que, independentemente da eventual classificação do resultado como decorrente de uma prática de remensuração contábil a valor justo, tais manifestações de riqueza se apresentam em um contexto de ingresso de um terceiro na sociedade até então controlada por uma única entidade. Seria o caso, portanto, de ganho por variação da porcentagem de participação da ex-controladora, cuja isenção fiscal estaria assegurada pelo art. 33, § 2º, do Decreto n. 1.598/1977.

Essa linha de argumentação teria como fundamento o fato de o referido dispositivo conter uma redação suficientemente abrangente para comportar os resultados decorrentes das operações societárias que impliquem em perda do controle e manutenção do controle compartilhado. Nesse sentido, o texto legal não traria qualquer vedação ou restrição no que se refere à sua aplicação à situação em comento.

---

não ser evidenciada por meio de subconta na forma prevista no caput, a perda será considerada indedutível na apuração do lucro real."

Vale notar que essa linha interpretativa não vai de encontro ao art. 111, inciso II, do Código Tributário Nacional (CTN),[10] o qual dispõe que deve ser interpretada literalmente a legislação tributária que disponha sobre outorga de isenção. Embora o tratamento de neutralidade conferido aos resultados por variação do percentual de participação represente verdadeira isenção fiscal, a interpretação literal do correspondente dispositivo permite, em decorrência de sua redação abrangente, sua aplicação.

3.2 Todo o ganho registrado pela ex-controladora na formação da joint venture seria diferido

Uma segunda interpretação possível seria no sentido de que o art. 33, § 2º, do Decreto n. 1.598/1977 estaria limitado a hipóteses específicas, de modo a não abarcar o resultado decorrente da remensuração do investimento a valor justo na operação ora tratada.

Nessa linha de argumentação, a isenção sobre a variação do percentual de participação seria aplicável somente às hipóteses em que o correspondente resultado percebido pelo controlador decorresse de transações de capital que não implicassem na perda do controle sobre a controlada, como nos casos de emissões primárias de ações com ágio ou deságio, com manutenção do controle.

O eventual resultado decorrente da remensuração do investimento por força dos novos padrões contábeis não poderia gozar desse mesmo tratamento fiscal. Nesse caso, considerando que tal resultado decorreria de hipótese de AVJ de ativo, estaria sujeito ao regramento disposto nos art. 13 e 14 da Lei n. 12.973/2014. Essa interpretação, inclusive, partiria de um critério de coerência e especificidade em decorrência do vínculo entre o procedimento de reavaliação a valor justo por força dos novos padrões contábeis e o correspondente tratamento tributário de norma editada especificamente para endereçar o novo panorama contábil.

Como consequência, o correspondente ganho ou perda por AVJ registrado pelo ex-controlador na formação da *joint venture* com terceiro estaria sujeito à incidência do IRPJ e da CSLL conforme o investimento fosse realizado, bem como à obrigação de evidenciação dos valores em subconta do investimento.

---

10 "Art. 111. Interpreta-se literalmente a legislação tributária que disponha sobre: I – suspensão ou exclusão do crédito tributário; II – outorga de isenção; III – dispensa do cumprimento de obrigações tributárias acessórias."

3.3 O ganho registrado pela ex-controladora na formação da joint venture *seria parte isento, parte diferido*

Uma terceira interpretação possível acerca dos efeitos tributários relacionados ao ganho registrado pelo ex-controlador na formação de *joint ventures* é no sentido de que o resultado vinculado à remensuração do investimento deve ser desdobrado e considerado tanto como decorrente da variação do percentual de participação como de AVJ.

Embora possa parecer um raciocínio circular, pois a regra contábil determina o total desreconhecimento do investimento para o registro do valor justo e, a partir de então, reconhecimento do resultado via MEP, nos parece que primeiro o ex-controlador perde o controle com a entrada do terceiro para, então, registrar o valor justo do investimento. Assim, acreditamos que parte do resultado seria vinculada à variação do percentual de participação e o eventual valor remanescente – decorrente da reavaliação a valor justo do investimento – representaria resultado por AVJ.

Essa possível interpretação nos parece a mais acertada e arrazoada, uma vez que pretende investigar o motivo pelo qual se originou cada ganho correspondente, bem como permite a aplicação de ambas as regras tributárias de forma coerente e harmônica.

Uma situação interessante para se comparar é a oposta, quando ocorre a aquisição do controle de sociedade em que já se detinha participação minoritária. Nesse caso, a Lei n. 12.973/2014 teve o cuidado de detalhar os impactos tributários aplicáveis a cada um dos potenciais resultados decorrentes da operação. Em seu art. 37,[11] ela expressamente endereçou, de forma separada, os efeitos fiscais aplicáveis

---

11 "Art. 37. No caso de aquisição de controle de outra empresa na qual se detinha participação societária anterior, o contribuinte deve observar as seguintes disposições: I – o ganho decorrente de avaliação da participação societária anterior com base no valor justo, apurado na data da aquisição, poderá ser diferido, sendo reconhecido para fins de apuração do lucro real por ocasião da alienação ou baixa do investimento; II – a perda relacionada à avaliação da participação societária anterior com base no valor justo, apurada na data da aquisição, poderá ser considerada na apuração do lucro real somente por ocasião da alienação ou baixa do investimento; e III – o ganho decorrente do excesso do valor justo dos ativos líquidos da investida, na proporção da participação anterior, em relação ao valor dessa participação avaliada a valor justo, também poderá ser diferido, sendo reconhecido para fins de apuração do lucro real por ocasião da alienação ou baixa do investimento. § 1º Para fins do disposto neste artigo, a pessoa jurídica deverá manter controle dos valores de que tratam o caput no livro de que trata o inciso I do caput do art. 8o do Decreto-Lei no 1.598, de 26 de dezembro de 1977, que serão baixados quando do cômputo do

Aspectos tributários relacionados à formação de empreendimentos controlados... 173

(i) à avaliação a valor justo da participação anteriormente detida;[12] e (ii) ao excesso de valor justo da reavaliação dos ativos líquidos proporcional à participação anteriormente detida em relação ao valor dessa participação reavaliada.

O referido tratamento às aquisições em estágios demonstra a preocupação do legislador em discriminar de forma individualizada cada um dos resultados oriundos de operações societárias complexas com efeitos contábeis próprios, o que corrobora a razoabilidade dessa terceira possível linha de interpretação. Assim, seria importante delimitar a extensão dos valores que representariam o resultado por variação do percentual de participação (correspondente ao valor do prêmio ou ágio na emissão primária de títulos de capital) e o resultado por AVJ, dado que ambos estariam sujeitos a tratamentos tributários distintos.

4. CONSIDERAÇÕES FINAIS

Passados mais de dez anos da edição da Lei n. 11.638/2007 e cinco anos da conversão da MP n. 627/2013 na Lei n. 12.973/2014, há ainda diversas questões controversas a respeito do tratamento tributário aplicável a determinados assuntos relativos ao processo de convergência das regras contábeis brasileiras aos padrões internacionais IFRS.

Dentre as diversas matérias da nova contabilidade que ainda ensejam controvérsias na seara tributária está o tratamento do resultado percebido pelo investidor em decorrência da mensuração a valor justo em relação à perda do controle sobre sociedade controlada, mas com manutenção de investimento remanescente que lhe garanta o controle conjunto (*joint venture*).

---

ganho ou perda na apuração do lucro real. § 2º Os valores apurados em decorrência da operação, relativos à participação societária anterior, que tenham a mesma natureza das parcelas discriminadas nos incisos II e III do caput do art. 20 do Decreto-Lei no 1.598, de 26 de dezembro de 1977, sujeitam-se ao mesmo disciplinamento tributário dado a essas parcelas. § 3º Deverão ser contabilizadas em subcontas distintas: I – a mais ou menos-valia e o ágio por rentabilidade futura (goodwill) relativos à participação societária anterior, existente antes da aquisição do controle; e II – as variações nos valores a que se refere o inciso I, em decorrência da aquisição do controle. § 4º O disposto neste artigo aplica-se aos demais casos em que o contribuinte avalia a valor justo a participação societária anterior no momento da aquisição da nova participação societária."

12 O tratamento fiscal previsto em decorrência da mensuração a valor justo da participação anteriormente detida em uma combinação de negócios conforme regulado pelos itens 41 e 42 do CPC 15. (R1).

Em razão da falta de previsão legal expressa endereçando os efeitos fiscais atribuíveis ao referido resultado, há incertezas sobre a possibilidade de sua adequação aos conceitos tributários atualmente previstos. Por um lado, na medida em que o resultado é percebido em um contexto de entrada de um terceiro na entidade, o resultado auferido pela ex-controladora poderia ser considerado decorrente da variação do percentual de participação, caso em que os valores seriam isentos. Não obstante, tendo em vista que o resultado decorreria de hipótese de remensuração de ativo ao seu valor justo, em tese também poderia ser considerado um resultado por AVJ, estando sujeito a diferimento para fins fiscais e obrigação de evidenciação em subcontas.

Uma terceira linha, que nos parece a mais acertada, é no sentido de que o resultado auferido pela ex-controladora no desreconhecimento do investimento na *joint venture* e na remensuração a valor justo decorre: (i) de um ganho por variação no percentual de participação com a entrada do terceiro; e (ii) de AVJ no que exceder esse valor. Enquanto o valor (i) é isento de tributação, a parcela atribuída ao (ii) deve ser diferida pela ex-controladora e tributada de acordo com as regras aplicáveis à realização de AVJ.

De qualquer modo, a despeito dos méritos e das preferências que possam recair sobre quaisquer das interpretações, bem como da possibilidade de existência de eventuais outras interpretações, tem-se que o assunto permanece indefinido e pouco explorado.

A DEDUTIBILIDADE DAS DESPESAS DE DEPRECIAÇÃO DE BENS REGISTRADOS NO ATIVO IMOBILIZADO: O IFRS, A DIFERENÇA DE TAXA E A DEPRECIAÇÃO EM TURNOS

Giancarlo Chamma Matarazzo[1]
José Arnaldo Godoy Costa de Paula[2]

1. INTRODUÇÃO

Nos últimos dez anos, a legislação societária brasileira sofreu uma série de mudanças para incorporar as normas internacionais de contabilidade – *International Financial Reporting Standards* (IFRS). A partir de 2008, com a promulgação da Lei n. 11.638, de 28 de dezembro de 2007, estabeleceram-se de forma clara os limites entre as escriturações contábil e fiscal.[3]

---

1 Sócio do escritório Pinheiro Neto Advogados. LL.M em International Taxation na Universidade de Laiden (Holanda). Pós-graduado pela Pontifícia Universidade Católica de São Paulo. Bacharel em Direito pela Universidade de São Paulo.

2 Advogado associado do escritório Pinheiro Neto Advogados. Pós-Graduado em Direito Tributário pelo Instituto Brasileiro de Estudos Tributários (IBET). Bacharel em Direito pela Universidade de São Paulo.

3 A Lei n. 11.638/2007 incluiu o § 2º no art. 177 da Lei n. 6.404/1972, o qual dispôs, de forma definitiva, que a escrituração comercial não sofrerá influência das regras e das disposições tributárias. Veja-se a redação do dispositivo: "§ 2º As disposições da lei tributária ou de legislação especial sobre atividade que constitui o objeto da companhia que conduzem à utilização de métodos ou critérios contábeis diferentes ou à elaboração de outras demonstrações não elidem a obrigação de elaborar, para todos os fins desta Lei, demonstrações financeiras em consonância com o disposto no caput deste artigo e deverá ser alternativamente observadas mediante registro: I – em livros auxiliares, sem modificação da escrituração mercantil; ou II – no caso da elaboração das demonstrações para fins tributários, na escrituração mercantil, desde que sejam efetuados lançamentos

Dentre as normas contábeis introduzidas no ordenamento jurídico com base na Lei n. 11.638/2007, destaca-se o Pronunciamento Técnico n. 27 do Comitê de Pronunciamentos Contábeis (CPC 27), que supostamente alterou a fórmula de cálculo das despesas de depreciação dos bens registrados no ativo imobilizado, encargo que, historicamente, era influenciado pelas taxas normalmente aceitas pelas autoridades fiscais como dedutíveis das bases de apuração do Imposto de Renda das Pessoas Jurídicas (IRPJ) e da Contribuição Social sobre o Lucro Líquido (CSLL).

A partir do estabelecimento de uma suposta nova metodologia de cálculo das despesas de depreciação contábil que seriam registradas nos livros mercantis, instauraram-se dúvidas em relação a qual delas seria dedutível para fins fiscais: se aquela registrada na contabilidade ou se aquela normalmente aceita pelas autoridades fiscais, formalizada à época pela Instrução Normativa (IN) n. 162, de 31 de dezembro de 1998.

Seria obrigatório à pessoa jurídica adotar a taxa fiscal prevista na IN n. 162/1998 para que as despesas de depreciação fossem consideradas dedutíveis da base de cálculo do IRPJ e da CSLL? O que ocorreria com bens utilizados por mais de um turno?

Tais questionamentos foram enfrentados pelos contribuintes ao longo da vigência do Regime Tributário de Transição (RTT). Com a aprovação da Lei n. 12.973/2014, de 13 de maio de 2014, e a extinção do RTT, torna-se pertinente a análise do histórico do regramento tributário relativo à dedutibilidade das despesas de depreciação, bem como dos seus possíveis impactos tributários.

Para tanto, o presente artigo será subdividido em três análises: (i) o regramento jurídico dispensado à dedutibilidade das despesas de depreciação nas bases de cálculo do IRPJ e da CSLL ao longo do período do RTT; (ii) a suposta aplicabilidade das regras de adoção inicial da Lei n. 12.973/2014 aos bens registrados no ativo imobilizado das empresas que adotaram, para fins fiscais, taxas de depreciação distintas daquelas registradas em sua contabilidade societária; e (iii) as especificidades da regra de depreciação acelerada por turnos prevista no art. 69 da Lei n. 3.470, de 28 de novembro de 1958, bem como a sua aplicabilidade após a Lei n. 12.973/2014.

---

contábeis adicionais que assegurem a preparação e a divulgação de demonstrações financeiras com observância do disposto no caput deste artigo, devendo ser essas demonstrações auditadas por auditor independente registrado na Comissão de Valores Mobiliários".

2. A DESPESA DE DEPRECIAÇÃO REGISTRADA NA CONTABILIDADE E O RTT

2.1 Regras contábil e fiscal vigentes antes da Lei n. 11.638/2007

Segundo a prática contábil vigente em 31 de dezembro de 2007 (anterior à Lei n. 11.638/2007), os encargos de depreciação deveriam ser alocados aos exercícios beneficiados pelo uso do ativo no decorrer de sua vida útil econômica,[4] afetando o lucro líquido como elemento patrimonial negativo (despesa ou custo).

O art. 57 da Lei n. 4.506/1964 já dispunha em sua origem que a taxa anual de depreciação dedutível seria fixada em função "do prazo durante o qual se possa esperar a utilização da taxa anual de depreciação sobre o custo de aquisição do ativo". Ocorre que, em seu § 3°, havia disposição que estabelecia que "a Administração do Imposto de Renda publicará periodicamente o prazo de vida útil admissível" para cada espécie de bem, ficando, no entanto, "assegurado ao contribuinte o direito de computar a quota efetivamente adequada às condições de depreciação dos seus bens, desde que faça prova dessa adequação, quando adotar taxa diferente".

Assim, mesmo a legislação possibilitando o uso de taxas diferentes daquelas normalmente aceitas pelo fisco, os contribuintes simplesmente tendiam a adotar as taxas disponibilizadas pela administração,[5] bem como as autoridades fiscais entendiam que os custos ou encargos dedutíveis seriam somente aqueles normalmente aceitos pela legislação ou jurisprudência administrativa.[6] Também não era incomum as autoridades fiscais exigirem laudo do Instituto Nacional de Tecnologia ou de outras entidades oficiais de pesquisa científica ou tecnológica para

---

4 IUDÍCIBUS, Sérgio de; MARTINS, Eliseu; GELBCKE, Ernesto Rubens. *Manual de Contabilidade das Sociedades por Ações* (aplicável às demais sociedades). 6. ed. São Paulo: Atlas, 2003.

5 IUDÍCIBUS, Sérgio de; MARTINS, Eliseu; GELBCKE, Ernesto Rubens. *Manual de contabilidade das sociedades por ações* (aplicável às demais sociedades). 7. ed. São Paulo: Atlas, 2007.

6 Sobre esse aspecto, veja-se item 7.4 do Parecer Normativo n. 27/1981: "Poderá ocorrer que o laudo de avaliação estipule, para o bem ou direito reavaliado, vida útil restante superior à anteriormente prevista. Nesse caso, a nova taxa poderá ser fixada com base no referido laudo de forma que o valor do bem ou direito esteja integralmente depreciado, amortizado ou exaurido ao final do novo prazo de vida útil. Em qualquer hipótese, não poderá ser utilizada taxa que conduza à dedução do valor total do bem, como encargo, em tempo inferior ao normalmente admitido pela legislação ou pela jurisprudência administrativa".

178 Impactos tributários decorrentes da adoção do IFRS no Brasil

aceitar taxas de vida útil superiores àquelas normalmente aceitas,[7] não sendo raras as autuações que contestavam a utilização das taxas de depreciação contábil dos contribuintes.[8]

Apesar desse entendimento, havia argumentos, ainda na redação antiga do art. 57 da Lei n. 4.506/1964, para defender que (i) seria possível a utilização de uma taxa de depreciação superior àquela normalmente aceita pelas autoridades fiscais; e (ii) seria admitido qualquer meio de prova (e não só laudo técnico de entidade oficial de pesquisa científica ou tecnológica) para demonstrar em que prazo de vida útil se daria a diminuição do valor dos bens registrados no ativo imobilizado resultante de desgaste pelo uso, ação da natureza e obsolescência.

2.2 O CPC 27 e os efeitos do RTT

O RTT foi introduzido com um objetivo: mitigar eventuais efeitos tributários decorrentes da incorporação das novas práticas, obrigando o contribuinte a "neutralizar" os ajustes exigidos pelos novos métodos e critérios contábeis, retornando-se ao lucro líquido de partida calculado segundo os métodos e os critérios contábeis já revogados (vigentes em 31 de dezembro de 2007). Observe-se que, como premissa de incidência da regra neutralizadora do RTT, deveria haver mudança no método ou critério contábil utilizado por dada sociedade que "modificasse" o "reconhecimento de receitas, custos e despesas computadas na apuração do lucro líquido do exercício" (art. 16 da Lei n. 11.941/2009). Caso não houvesse alteração material da regra contábil, não haveria aplicação do RTT.

Nesse cenário, o Conselho Federal de Contabilidade editou o CPC 27, que, no que interessa ao presente artigo, estabeleceu que a "vida útil de um ativo é definida em termos da utilidade esperada do ativo para a entidade", fato que dependerá da "política de gestão de ativos". Dessa forma, a "vida útil de um ativo pode ser menor do que sua vida econômica".

Além disso, a entidade poderá se utilizar de vários métodos de depreciação para apropriar de forma sistemática o valor depreciável de um ativo ao longo

---

7   Sobre esse aspecto, veja-se item 9 do Parecer CST n. 192/1972: "Por todo exposto conclui-se que as empresas podem adotar taxas adequadas de depreciação dos bens independentemente de prévia audiência da repartição, cabendo se valor, quando não tiverem absoluta certeza do acerto do seu procedimento, de pericia do Instituto Nacional de Tecnologia ou de outra entras entidades oficiais de pesquisa científica ou tecnológica".

8   A título exemplificativo, destaca-se o Processo Administrativo n. 10935.720.169/2011-53.

de sua vida útil (como método da linha reta, método dos saldos decrescentes e método de unidades produzidas). Segundo o CPC 27, a entidade deve selecionar o método que "melhor reflita o padrão do consumo dos benefícios econômicos futuros esperados incorporados no ativo". Veja-se que, para fins contábeis, passou a ser **obrigatório** adotar a taxa de depreciação que melhor reflita o padrão de consumo dos benefícios econômicos futuros esperados a dado ativo classificado como imobilizado.

Ao se estabelecer essa obrigatoriedade, tornou-se quase certo que a taxa de depreciação contábil seria distinta daquela normalmente aceita pelas autoridades fiscais (IN n. 162/1998). Por conta disso, instaurou-se a seguinte dúvida: seria a "nova" taxa de depreciação obrigatória uma "nova prática contábil" e, por assim o ser, deveria ser "neutralizada" pela regra do RTT?

Nesse particular, as autoridades fiscais, em linha com seu entendimento de que a adoção das taxas normalmente aceitas dispostas em IN seria obrigatória, manifestaram-se no sentido de que a referida "diferença de taxa de depreciação" não teria efeitos para fins de apuração do lucro real.[9]

O entendimento das autoridades fiscais foi formalizado no Parecer Normativo (PN) n. 1, de 29 de julho de 2011. No entanto, o referido entendimento incorre em um erro de premissa: para se concluir se um método ou critério contábil seria "novo" e decorreria da incorporação da Lei n. 11.638/2007, seria preciso que: (i) não existisse norma jurídico-contábil vigente em 31 de dezembro de 2007 que permitisse ou obrigasse o cálculo da depreciação segundo a suposta "nova regra"; **ou** (ii) houvesse norma vigente em 31 de dezembro de 2007 que, de forma expressa ou implícita, proibisse o registro contábil que, após a adoção do IFRS, passasse a ser permitido ou obrigatório.

---

9   Sobre esse particular, veja-se entendimento manifestado pela Receita Federal do Brasil em seu Parecer Normativo n. 1, de 29 de julho de 2011: "32.1. As diferenças no cálculo da depreciação de bens do ativo imobilizado decorrentes do disposto no § 3º do art. 183 da Lei n. 6.404, de 1976, com as alterações introduzidas pela Lei n. 11.638, de 2007, e pela Lei n. 11.941, de 2009, não terão efeitos para fins de apuração do lucro real e da base de cálculo da CSLL da pessoa jurídica sujeita ao RTT, devendo ser considerados, para fins tributários, os métodos e critérios contábeis vigentes em 31 de dezembro de 2007. 32.2. O contribuinte deverá efetuar o ajuste dessas diferenças no Fcont e, consequentemente, proceder ao ajuste específico no Lalur, para considerar o valor do encargo de depreciação correspondente à diferença entre o encargo de depreciação apurado considerando a legislação tributária e o valor do encargo de depreciação registrado em sua contabilidade comercial".

180   Impactos tributários decorrentes da adoção do IFRS no Brasil

A norma permissiva do cálculo da depreciação segundo o CPC 27 já estava presente no ordenamento jurídico contábil em 31 de dezembro de 2007.[10] Note-se que esse regramento contábil já previa a existência de um "valor residual" do ativo, ou seja, que a vida útil de um ativo fosse inferior à sua vida econômica.[11] Portanto, não haveria o atendimento do item (i).

Em relação à existência de uma norma cogente que proibisse a adoção da taxa de depreciação com base na vida útil econômica do bem, vale destacar que o art. 183, § 2º, da Lei n. 6.404/1976 estabelecia que a diminuição de valor dos elementos do ativo imobilizado seria registrada em conta de depreciação quando da perda do valor dos direitos cujo objeto fossem bens físicos de acordo com o seu desgaste ou a perda de sua utilidade por uso, ação da natureza ou obsolescência, sem que houvesse qualquer vedação, expressa ou implícita, à adoção de uma taxa segundo o critério de vida útil econômica. Assim, não é possível concluir, pela norma societária vigente em 31 de dezembro de 2007, que havia uma vedação à adoção da taxa de depreciação pela vida útil do bem, fato que afastaria o atendimento do requisito (ii).

A melhor doutrina contábil também entendia, antes da vigência da Lei n. 11.638/2007, que a taxa de depreciação societária deveria ser fixada segundo a vida útil econômica do ativo.[12] Dessa forma, tais argumentos parecem suficientes para demonstrar que o critério de cálculo da taxa de depreciação pela vida útil econômica do bem (e o estabelecimento do valor residual no caso do término dessa vida útil econômica) já estava vigente em 31 de dezembro de 2007, afastando-se a aplicação do RTT e demonstrando a ilegalidade do PN n. 1/2011.

---

10   Neste particular, veja-se a regra contábil editada pelo IBRACON (NPC 7, de 2001): "36. O valor depreciável de um bem do ativo imobilizado deve ser apropriado numa base sistemática durante sua vida útil econômica. O método de depreciação usado deve refletir o padrão em que os benefícios econômicos do ativo são consumidos pela empresa. A parcela de depreciação referente a cada período deve ser contabilizada como despesa ou custo, a não ser que seja incluída no valor contábil de outro ativo".

11   Veja-se o item 39 do NPC 7: "a venda dos ativos depois de um determinado período ou depois do consumo de certa proporção dos benefícios econômicos incorporados no ativo. Consequente, a vida útil de um ativo pode ser mais curta que sua vida econômica".

12   "Para fins contábeis, porém, não se deve simplesmente aceitar e adotar as taxas de depreciação fixadas como máximas pela legislação fiscal, ou seja, deve-se fazer uma análise criteriosa dos bens da empresa que forma seu Imobilizado e estimar sua vida útil econômica, considerando suas características, condições gerais de uso e outros fatores que podem influenciar sua vida útil". IUDÍCIBUS, Sérgio; MARTINS, Eliseu; GELBECKE, Ernesto Rubens. *Manual de contabilidade das sociedades por ações* (aplicável às demais sociedades). 7. ed. São Paulo: Atlas, 2007. p. 222.

3. DEPRECIAÇÃO POR TURNOS E POSSÍVEIS DESDOBRAMENTOS DO CPC 27

Além da existência de taxas normalmente aceitas pelas autoridades fiscais (IN n. 162/1998), a legislação tributária (Lei n. 3.470/1958) previa a possibilidade de ativos imobilizados terem sua depreciação "acelerada" conforme o número de horas de utilização dos bens pela empresa.

A referida lei partia da premissa de que as "taxas normalmente aceitas" pelas autoridades fiscais seriam calculadas com base na utilização do bem durante 8 horas por dia. Nesse sentido, seria preciso que houvesse um coeficiente de aceleração caso tais bens fossem utilizados, por exemplo, 24 horas por dia, de forma ininterrupta. A Lei n. 3.470/1958 ainda estabelecia competência ao Poder Executivo para "fixar coeficiente de aceleração das depreciações, independentemente do desgaste físico dos bens, para estimular a renovação e modernização das indústrias em funcionamento no território nacional".

Ocorre que, atuando além da competência prevista na lei ordinária, o Decreto n. 3.000, de 26 de março de 1999 (Regulamento do Imposto de Renda – RIR/99), dispôs no artigo que regulamentava a depreciação por turnos que "o encargo de que trata este artigo será registrado na escrituração comercial". Por esse motivo, com a introdução dos novos métodos e critérios contábeis, surgiu-se o questionamento se a referida restrição **inviabilizaria** a aceleração da taxa de depreciação "normalmente aceita" pelas autoridades fiscais. Isso porque o encargo de depreciação que seria registrado na contabilidade não guardaria correlação com aquele previsto na IN n. 162/1998 multiplicado por algum dos coeficientes existentes nos incisos do art. 312 do RIR/99.

Caso fosse considerado o parágrafo único do art. 312, a resposta a esse questionamento seria negativa. Ocorre que a referida disposição, além de ser manifestadamente ilegal (somente foi prevista no Decreto, sem fundamento de validade na lei), contraria (i) a desvinculação entre as demonstrações contábeis e a legislação tributária, inaugurada pela própria Lei n. 11.638/2007; e (ii) a própria interpretação da Receita Federal do Brasil (RFB) ao longo da vigência do RTT de que a taxa fiscal deveria ser obrigatoriamente adotada pelo contribuinte.

Vale destacar que o contribuinte, ao adotar as regras contábeis dispostas no CPC 27 para fins de cálculo da taxa de depreciação, automaticamente considerará o período em que o imobilizado opera, fato que diminuirá sua vida útil econômica (o bem que opera 24 horas por dia possui vida útil econômica inferior àquele que funciona 8 horas por dia), portanto, a aceleração contábil por turnos só faz sentido na sistemática em que o contribuinte utiliza um parâmetro que considera um montante de horas inferior àquele que o ativo imobilizado de fato ficará em funcionamento.

Por esses motivos, é possível argumentar que a depreciação por turnos nada mais é que um direito do contribuinte caso adote as taxas contábeis normalmente aceitas pelas autoridades fiscais e que, por razão de norma cogente expressa, não precisa ser registrado nos seus livros contábeis.

Não por outro motivo, em 22 de novembro de 2018, com a edição do Decreto n. 9.580/2018 (RIR/18), as autoridades fiscais excluíram o parágrafo único do artigo 323 (o correspondente ao artigo 312 do RIR/99), fato que corrobora a ausência de necessidade de registro na escrituração comercial da taxa fiscal acelerada para que ela pudesse ser dedutível das bases de cálculo do IRPJ e da CSLL.

4. A LEI N. 12.973/2014 E SUA ADOÇÃO INICIAL: ASPECTOS RELATIVOS À DIFERENÇA DE TAXA DE DEPRECIAÇÃO

4.1 Regras introduzidas pela Lei n. 12.973/2014

A Lei n. 12.973/2014 extinguiu o RTT, estabelecendo em seu art. 64 que a neutralidade deveria cessar a partir de janeiro de 2014 para os optantes da antecipação de seus efeitos (conforme art. 75) e a partir de janeiro de 2015 para os demais sujeitos. A finalidade do referido diploma foi estabelecer normas jurídico-tributárias alinhadas aos padrões internacionais de contabilidade para conformá-los e adequá-los à hipótese de incidência do IRPJ e da CSLL.

Em termos do tratamento fiscal dado às taxas de depreciação, a Lei n. 12.973/2014 não apresentou significativas mudanças, apesar de ter incluído os §§ 15 e 16 ao art. 57 da Lei n. 4.506/1964 para explicitar aquilo que antes estava implícito: a diferença de taxa (taxa fiscal superior àquela reconhecida na contabilidade) poderá ser excluída do lucro líquido na apuração do lucro real.

Além disso, a Lei n. 12.973/2014 estabeleceu uma regra de transição para as diferenças positivas e negativas registradas entre o balanço societário (segundo os novos métodos e critérios contábeis) e o chamado "balanço fiscal" (segundo os métodos e os critérios contábeis vigentes em 31 de dezembro de 2007).

A referida regra, disposta nos art. 66 e 67, exigia, de uma forma geral, que (i) a diferença positiva entre o ativo mensurado segundo o IFRS e o valor mensurado segundo o padrão contábil "antigo" deveria ser adicionada na determinação das bases de IRPJ e da CSLL, **salvo** se o contribuinte evidenciar contabilmente essa diferença vinculada ao ativo **para ser adicionada à medida de sua realização, inclusive mediante depreciação, amortização, exaustão, alienação ou baixa**; e (ii) a diferença negativa entre o ativo mensurado segundo o IFRS e o padrão contábil "antigo" não poderia ser excluída na determinação do IRPJ e da CSLL, **salvo** se esse valor estiver evidenciado contabilmente em subconta vinculada ao ativo para ser excluída na medida de sua realização, inclusive mediante depreciação, amortização, exaustão, alienação ou baixa.

Observe-se, então, que o referido normativo concede um tratamento fiscal àqueles ajustes que foram realizados no Controle Fiscal Contábil de Transição (FCont), obrigação acessória que exigia ajustes nos ativos e nos passivos para registrá-los segundo os métodos e os critérios contábeis vigentes em 31 de dezembro de 2007.

Portanto, o questionamento inicial sobre a diferença de taxa de depreciação ser uma "nova prática contábil" passou a ter contornos significativos: se, de fato, houvesse uma mudança de prática, o ativo imobilizado registrado segundo o IFRS deveria ser superior ou inferior ao ativo imobilizado registrado no FCont e o contribuinte, para evitar a tributação de diferenças positivas ou excluir diferenças negativas, deveria (i) evidenciar de forma individualizada a diferença em subconta; e (ii) adicionar (se positiva) ou excluir (se negativa) o saldo da subconta na medida da depreciação do ativo imobilizado.

4.2 A IN n. 1.515/2015 e o seu Anexo IV

Em 31 de março de 2015, a RFB publicou a IN n. 1.556/2014 introduzindo o Anexo IV à IN 1.515/2014, que, por meio de exemplos, classificou o cálculo dos encargos de depreciação realizados segundo o IFRS como "nova prática contábil". Portanto, segundo o entendimento inicial esposado pelas autoridades fiscais, seria necessário que (i) tais valores fossem evidenciados em subconta contábil; e (ii) a tributação do referido saldo se desse na medida da realização do ativo imobilizado, via depreciação.

Ora, a classificação da diferença de taxa de depreciação como uma "nova prática contábil", conforme visto anteriormente, é contestável, havendo argumentos muito bons para sustentar que o ordenamento jurídico contábil vigente em 31 de dezembro de 2007 já previa a adoção de taxas de depreciação segundo a expectativa de vida útil do bem registrado no imobilizado.

Ocorre que a referida posição das autoridades fiscais apresentadas na IN 1.556/14 gerariam as seguintes consequências: (i) caso o contribuinte não evidenciasse em subconta as diferenças de valores de seus imobilizados, de forma individualizada, estaria obrigado a adicionar na apuração do IRPJ e da CSLL a diferença positiva e não poderia excluir a diferença negativa; e (ii) ao realizar a evidenciação em subconta do saldo positivo, deveria adicionar parcela desse valor na medida da depreciação contábil do referido bem.

Se, no entanto, a diferença de taxa adotada não fosse tida como uma "nova prática contábil", o contribuinte não precisaria (i) evidenciar em sua contabilidade saldos positivos ou negativos, bem como não seria obrigado a adicionar nenhum valor em suas bases de apuração do IRPJ e da CSLL; nem (ii) adicionar eventual diferença positiva na medida da depreciação contábil do ativo à qual ela supostamente se referisse.

Veja-se que o impacto é extremamente relevante visto que grande parte dos contribuintes teve dificuldades gerenciais em segregar saldos decorrentes do RTT em suas respectivas contabilidades, fato que poderia fundamentar autos de infração exigindo que o suposto saldo diferido ao longo do RTT fosse tributado de forma imediata quando da adoção inicial. Além disso, a referida sistemática quista pelas autoridades fiscais implicaria redução da despesa de depreciação aproveitada pelo contribuinte, diminuindo o efeito caixa atrelado à adoção da taxa fiscal (supondo que a referida taxa seja maior que a contábil, fato que pode ser verificado de forma comum na prática).

Para fins elucidativos, imagine-se um exemplo: determinado contribuinte adquiriu em 1º de janeiro de 2012 um bem passível de registro em seu ativo imobilizado pelo valor de 100 unidades. Tal bem teria (i) vida útil fiscal (segundo a IN n. 162/1998) de 5 anos (taxa de depreciação de 20 unidades); e (ii) vida útil contábil (segundo CPC 27) de 10 anos (taxa de depreciação de 10 unidades).

Imaginando-se que fosse obrigatória a adoção da taxa fiscal de 20 unidades ao ano, o contribuinte, até a adoção inicial da Lei n. 12.973/2014 (janeiro de 2015), teria deduzido 60 unidades (valor do bem seria de 40 unidades). Ocorre que o seu valor contábil seria de 70 unidades (visto que a depreciação contábil no período de três anos seria de 30 unidades). Logo, a diferença positiva (30 unidades) (i) seria adicionada à base de cálculo do IRPJ e da CSLL se o contribuinte não a evidenciasse em subconta contábil; e (ii) deveria ser adicionada na medida da depreciação contábil remanescente (4,28 unidades por ano).

Como ocorreria, no entanto, se tal ajuste não fosse tido como uma "nova prática contábil"? Haveria mais 2 anos (2015 e 2016) para o contribuinte apropriar-se de uma despesa de depreciação de 20 unidades por ano, sem que houvesse (i) riscos de oferecimento à tributação de saldo supostamente diferido em razão do RTT; e (ii) redução proporcional da taxa de depreciação por "realização" de saldo positivo. Note-se que a referida sistemática causaria impactos significativos às empresas que possuem estrutura imobilizada relevante (construtoras, incorporadoras, indústria de base e fábricas em geral) e, na teoria, ainda poderia ser objeto de questionamento pelas autoridades fiscais.

O referido entendimento, como será visto mais à frente, foi alterado pelo Anexo VIII da IN n. 1.700, de 14 de março de 2017, mas, mesmo que continuasse vigente até a presente data, não mereceria prosperar por dois argumentos:

i. Em termos abstratos, havia em 31 de dezembro de 2007 prática contábil vigente que determinava que a taxa de depreciação contábil deveria ser calculada segundo a estimativa de vida útil dos bens registrados no imobilizado, metodologia em linha com o CPC 27. Ademais, não havia qualquer norma cogente que vedasse a adoção desse tipo de prática para fins contábeis. Portanto, conclui-se que o ajuste de taxa não era uma obrigatoriedade, e sim uma faculdade do contribuinte, operacionalizada por ajustes no Lalur.

ii. A referida interpretação teria sido estabelecida em uma IN e não poderia ser extraída de uma leitura sistemática do ordenamento jurídico vigente. Assim, tal disposição afrontaria os princípios da legalidade estrita e da irretroatividade da lei tributária (os saldos supostamente neutralizados no passado passariam a ser tributados quando da adoção inicial).

4.3 A IN n. 1.700/2017 e o seu Anexo VIII

Levando-se em consideração o relevantíssimo impacto mencionado (suposta necessidade de evidenciação de diferenças de valores na contabilidade, sob pena de ter de oferecer às diferenças positivas à tributação e não poder se aproveitar fiscalmente das diferenças negativas, além de antecipara a tributação das diferenças positivas na medida da depreciação dos ativos imobilizados), as autoridades fiscais editaram novo Anexo (Anexo VIII), que foi incluído no ordenamento jurídico administrativo pela IN n. 1.700 em 14 de março de 2017, para **alternativamente** admitir que os contribuintes **não** adicionassem a suposta diferença positiva nas bases de cálculo do IRPJ e da CSLL a partir de 2015, reconhecendo de forma implícita que (i) a interpretação disposta no Anexo IV da IN n. 1.515/2015 estava baseada em premissas equivocadas; e (ii) o ajuste de taxa de depreciação seria um **direito** do contribuinte, não uma obrigação decorrente de aplicação do RTT.

186 Impactos tributários decorrentes da adoção do IFRS no Brasil

Como as IN são normas regulamentares que devem estrita observância aos limites impostos pela lei,[13] a referida "nova" interpretação nada mais seria que a única interpretação possível reconhecida pelas autoridades fiscais, fato que inviabilizaria qualquer tentativa de imputar ao contribuinte a obrigatoriedade de adotar o Anexo IV da IN 1.515/15 entre 2015 e 2017.

Ocorre que, como visto, a IN n. 1,515/2015 resolve apenas parte do problema. Isso porque tal dispositivo ainda entende que a diferença de taxa de depreciação seria uma "nova prática contábil", devendo-se, portanto, ser evidenciada em subconta para que o contribuinte pudesse conferir neutralidade tributária ao referido valor. Nem mesmo a nova interpretação das autoridades fiscais permite sustentar que a diferença de taxa seria classificável como "nova prática" passível de ajuste de RTT, porque, se assim o fosse, as autoridades fiscais não teriam "voltado atrás" e estabelecido uma exceção às regras de realização dos saldo diferidos na medida da depreciação contábil do bem, em linha com os art. 66 e 67 da Lei n. 12.973/2014.

Portanto, conclui-se que a nova norma editada pela RFB, além de afastar qualquer hipótese de as autoridades fiscais exigirem o entendimento esposado no Anexo IV da IN n. 1.515/2014, advogam no sentido de que o contribuinte não teria obrigação de evidenciar diferenças de saldos na contabilidade decorrentes da diferença de taxa de depreciação, sendo vedado às autoridades fiscais condicionar o diferimento à evidenciação em subconta contábil.

4.4 Depreciação por turnos e a Lei n. 12.973/2014

A Lei n. 12.973/2014 não revogou a disposição prevista no art. 69 da Lei n. 3.470/1958. Portanto, para concluir se há possibilidade jurídica de aplicação simultânea do referido dispositivo com o art. 57 da Lei n. 4.506/1964, é preciso concluir se há ou não antinomia.[14]

---

13 Sobre este aspecto, vale ressaltar que o Superior Tribunal de Justiça (STJ) dispõe que: "3. A validade das instruções normativas (atos normativos secundários) pressupõe a estrita observância dos limites impostos pelos atos normativos primários a que se subordinam (leis, tratados, convenções internacionais, etc.), sendo certo que, se vierem a positivar em seu contexto uma exegese que possa irromper a hierarquia normativa sobrejacente, estarão viciados de ilegalidade" (REsp n. 1.225.018/PE).

14 Segundo as lições de Hans Kelsen, "existe um conflito entre duas normas, se o que uma fixa como devido é incompatível com aquilo que a outra estabelece como devido e, portanto, o cumprimento ou aplicação de uma envolve, necessariamente ou provavelmente, a violação da outra". KELSEN, Hans. *Teoria geral das normas*. Porto Alegre: Fabris, 1986. p. 157.

A dedutibilidade das despesas de depreciação de bens registrados no ativo imobilizado... 187

Cumpre mencionar que a Lei n. 12.973/2014 parte da premissa de que a despesa de depreciação registrada na contabilidade é aquela segundo a metodologia prevista no CPC 27. Não por outro motivo, foi inserido o § 15 no art. 57 da Lei n. 4.506/1964,[15] reconhecendo (i) que a taxa contábil registrada nos livros societários seria dedutível; e (ii) o direito do contribuinte de excluir a diferença a maior da taxa fiscal (segundo, atualmente, a IN n. 1.700/2017). Portanto, à primeira vista, a previsão contida no parágrafo único do art. 312 do RIR/99, ao longo de sua vigência,[16] **inviabilizaria** a aceleração da depreciação por turnos em um cenário em que a depreciação registrada na escrituração comercial seria a calculada de acordo com o CPC 27.

Ocorre que, como visto, o parágrafo único do art. 312 do RIR/99 (i) não estava previsto na norma jurídica que introduziu a depreciação acelerada por turnos (art. 69 da Lei n. 3.470/1958); (ii) não possui fundamento na competência concedida pelo § 3º do art. 69 da Lei n. 3.470/1958, que confere ao Poder Executivo a possibilidade de fixar coeficientes de aceleração; e (iii) afronta a finalidade jurídica da permissão contida no § 15 do art. 57 da Lei n. 4.506/1964, introduzido pela Lei n. 12.973/2014, visto que inviabilizaria a adaptação das taxas ali contidas à utilização do bem por períodos superiores a 8 horas.

Portanto, ao se **desconsiderar** a obrigatoriedade contida no parágrafo único do art. 312 do RIR/99 por ser manifestamente ilegal, não existem normas jurídicas antagônicas, sendo afastada qualquer antinomia. Se não há antinomia, não há de se falar de critérios de resolução de conflitos normativos.[17] Logo, é possível aplicar em conjunto as disposições contidas no art. 57 da Lei n. 4.506/1964 e as contidas no art. 69 da Lei n. 3.470/1958.

Em outras palavras, o direito do contribuinte de excluir o excedente de encargo de depreciação constante das taxas previstas na IN n. 1.700/2017 poderá ser acelerado independentemente de registro da referida despesa nos seus livros contábeis, isso porque a norma contida no artigo 69 da Lei n. 3.470/1958 apenas adapta uma

---

15 Art. 57, § 15, da Lei n. 4.506/1964: "Caso a quota de depreciação registrada na contabilidade do contribuinte seja menor do que aquela calculada com base no § 3º, a diferença poderá ser excluída do lucro líquido na apuração do lucro real, observando-se o disposto no § 6º".

16 Observe-se que, conforme dito anteriormente, o referido parágrafo único foi suprimido no RIR/18 (artigo 323), fato que corrobora a tese defendida neste artigo de que o contribuinte, caso adote a taxa fiscal para fins de dedutibilidade, terá o direito de acelerá-la se utilizar o bem por mais de um turno.

17 CARVALHO, Aurora Tomazini. *Curso de Teoria Geral do Direito*. São Paulo: Noeses, 2014.

tabela de taxas editada pelas autoridades fiscais com base na premissa que os bens operariam por um período de oito horas, e não ininterruptamente.

Por esse motivo, as autoridades fiscais suprimiram o parágrafo único do antigo artigo 312 do RIR/99 quando da edição do RIR/18 (artigo 323), fato que corrobora a conclusão de que o contribuinte, caso adote a taxa fiscal para fins de dedução nas bases do IRPJ e da CSLL, tem o direito de acelerar sua depreciação se utilizar o bem em mais de um turno.

5. CONSIDERAÇÕES FINAIS

A diferença de taxa de depreciação não seria uma alteração de prática contábil advinda com o CPC 27, isso porque (i) havia norma contábil vigente em 31 de dezembro de 2007 que permitia a adoção da taxa de depreciação com base na vida útil econômica do ativo imobilizado; e (ii) não havia qualquer vedação no ordenamento jurídico à adoção da referida metodologia.

Portanto, há ótimos argumentos para sustentar que não haveria necessidade de o contribuinte (i) evidenciar supostos saldos positivos dos bens do ativo imobilizado em subconta; e (ii) adicionar parcela dos referidos saldos positivos por conta de realização contábil de saldos decorrentes do RTT, sendo o Anexo VIII da IN n. 1.700/2017 um reconhecimento disso.

Por fim, em relação à aceleração da taxa fiscal por turnos e às disposições da Lei n. 12.973/2014, é possível defender que (i) não há qualquer antinomia, sendo possível aplicar ambos os dispositivos, acelerando a exclusão de taxa de depreciação segundo os coeficientes previstos nos incisos do art. 312 do RIR/99 ao longo de toda a vigência do referido regulamento e desde que respeitados os demais critérios contidos no art. 57 da Lei n. 4.506/1976; e (ii) a vedação contida no parágrafo único do art. 312 seria ilegal e deveria ser afastada ao longo de toda a vigência do RIR/99.

LEI N. 12.973/2014 E TRIBUTAÇÃO DE PLANOS DE OPÇÃO DE COMPRA DE AÇÕES: UM "NOVO OLHAR"

Flávio Veitzman[1]

1. INTRODUÇÃO

O presente artigo pretende trazer luz e, esperamos, coerência e razoabilidade em relação aos aspectos fiscais aplicáveis a planos de incentivo de longo prazo (ILP) oferecidos por empresas aos seus colaboradores. À primeira vista, a proposta de tecer palavras sobre esse tema pode indicar certa falta de *glamour*, tendo em vista a ampla produção de textos sobre o assunto, que versam sobre os mais variados benefícios e, principalmente, riscos que programas de ILP suscitam sob os pontos de vista trabalhista, previdenciário e tributário.

Entretanto, sob o aspecto tributário, o objetivo deste artigo é fugir do senso comum. Com todo o respeito às demais correntes de pensamento e aos estudiosos sobre o assunto, é preciso fazer, desde já, um aviso aos leitores: aos que esperam pautar as implicações jurídicas dos planos de ILP com base na "natureza mercantil" das relações entre empresas e colaboradores, é muito provável que fiquem desapontados.

Por outro lado, aos que persistirem na leitura, pretendemos traçar uma linha de coerência entre as realidades econômicas e jurídicas de programas de ILP, para

---

1 Sócio do Escritório Pinheiro Neto Advogados. LL.M em Direito Tributário Internacional pela Universidade da Flórida, Estados Unidos (John W. Thatcher Scholar). Pós-graduado pela Pontifícia Universidade Católica de São Paulo (PUC-SP). Bacharel em Direito pela PUC-SPe bacharel em Administração de Empresas pela Fundação Getulio Vargas (FGV).

fins de esclarecer o seu regime de tributação mais apropriado. Acima de tudo, pretendemos trazer elementos adicionais ao debate, uma vez que o regime de tributação adotado pelos contribuintes brasileiros em relação a programas de ILP tem sido objeto de recorrentes ataques pelo fisco, resultando em um ambiente de grande insegurança sobre a viabilidade e a manutenção de tais programas pelas empresas brasileiras.

2. PROGRAMAS DE ILP E LIMITAÇÃO DE ESCOPO

Como regra geral, os programas de ILP têm como principal propósito negocial fomentar o alinhamento entre os interesses econômicos da companhia (e dos acionistas) e de seus executivos. Busca-se a geração contínua de valor da companhia, propiciando o reconhecimento de benefícios econômicos tanto pelos seus acionistas como por seus executivos. Esses últimos, por meio de programas de ILP, são incentivados a assumir a mentalidade de "donos" do negócio.

Não é segredo a ninguém que programas de ILP são estruturados para gerar recompensas financeiras aos seus participantes. Trata-se de mecanismo para atração e retenção de talentos, uma vez que as recompensas financeiras associadas ao plano somente são materializadas se determinadas condições forem cumpridas (por exemplo, tempo de permanência do colaborador na companhia, valorização econômica do negócio etc.).

Embora sejam claros os benefícios financeiros aos participantes, muitas são as dúvidas a respeito da natureza jurídica dos programas de ILP e de suas implicações nas searas trabalhista, previdenciária e tributária. De forma bastante genérica, as principais discussões são as seguintes:

- **Frente trabalhista**: se os ganhos financeiros obtidos pelos participantes de programas de ILP constituem ou não salário e se devem ou não compor as verbas trabalhistas a que fazem jus os funcionários.

- **Frente previdenciária:** se os ganhos financeiros obtidos pelos participantes de programas de ILP constituem ou não remuneração sujeita à incidência das contribuições previdenciárias.

- **Frente tributária:** se os ganhos financeiros obtidos pelos participantes de programas de ILP possuem a natureza de rendimentos ou ganhos de capital para os fins de incidência do imposto de renda.

Esses questionamentos são, há muitos anos, alimentados pela ausência de legislação específica que enderece, de forma clara e inequívoca, as implicações jurídicas de planos de ILP. Contribuem também para esse ambiente de indefinição as mais variadas formas de que podem ser revestidos tais programas. Para os fins do presente artigo, limitaremos a análise das implicações fiscais dos planos de ILP aos *stock option plans* (SOP, ou planos de outorga de opções de compra de ações).

Embora seja também comum a adoção de planos de ILP sob a forma de *restricted stock units* (RSU, ou plano de outorga de ações restritas), *phantom shares* (ações fantasmas) ou *share appreciation rights* (SAP, ou outorga de direitos sobre a valorização de ações), tais instrumentos tendem a suscitar menos dúvidas quanto ao seu tratamento fiscal. Isso porque, como regra geral, RSU, *phantom shares* e SAP são atribuídas de forma não onerosa pelas pessoas jurídicas aos participantes do programa. Consequentemente, eventuais ganhos financeiros auferidos pelos executivos são caracterizados como rendimentos para os fins de incidência do imposto de renda.

3. OS SOP

Os SOP são planos de outorga de opções de aquisições de ações aos participantes do programa. O instrumento tem início com a outorga aos beneficiários do direito de adquirir certa quantidade de ações (*granting*) de emissão da pessoa jurídica instituidora do programa.[2] Em um segundo momento, e desde que cumpridos requisitos específicos em um determinado período (*vesting period*), pode ocorrer o exercício da opção pelo beneficiário do plano.

No momento do exercício, o participante adquire as ações objeto do contrato de opção por meio do pagamento de preço previamente estabelecido quando da outorga das opções. Grosso modo, é apenas com o cumprimento dos requisitos específicos previstos no plano que o beneficiário pode tornar-se proprietário da ação.

Posteriormente ao exercício, o beneficiário poderá manter ou vender as suas ações, havendo, em alguns casos, a necessidade de atendimento de um prazo para que a alienação/negociação desses títulos possa ocorrer (*lock-up period*).

Levando-se em consideração as características dos planos de SOP, podemos identificar alguns elementos-chave para o seu funcionamento e o consequente reconhecimento de resultados financeiros pelos seus participantes:

---

2   Para os fins de simplificação, assumiremos que as ações objeto do SOP são emitidas pela companhia da qual os participantes do programa são empregados.

i. **Outorga**: momento em que opções de aquisição de ações são concedidas aos participantes de acordo com determinados termos e condições. As opções podem ser concedidas de forma onerosa ou não aos participantes, sendo que o instrumento de outorga prevê, como regra, geral, o número de ações passíveis de exercício, o preço de exercício e, principalmente, o momento em que as opções se tornam definitivamente adquiridas pelo participante, permitindo o seu exercício.

ii. **Vesting**: momento em que são cumpridos os termos e as condições previstos no instrumento de outorga para que o participante se torne, de forma definitiva, titular do direito ao exercício de sua opção de aquisição de ações.

iii. **Exercício**: momento em que o participante exerce os direitos previstos no instrumento de outorga de opção, adquirindo determinado número de ações pelo preço previamente estabelecido para tal aquisição.

iv. **Venda**: momento em que o participante aliena as ações adquiridas no contexto do plano, realizando ganhos ou perdas financeiros. Dependendo das características do plano, a venda das ações pode estar sujeita à observância de cláusulas de *lock-up*.

Considerando esses elementos, os ganhos financeiros obtidos pelos participantes podem ser refletidos por meio da aplicação da seguinte fórmula:

**[Valor de venda das ações – Valor de exercício das opções –
Custo de aquisição das opções]**

Para melhor compreensão, tomemos o seguinte exemplo hipotético: a Empresa X concede a Maria, sua colaboradora, a opção de adquirir 10 ações de emissão da companhia pelo valor unitário de R$ 10. As opções somente são exercíveis uma vez cumprido o prazo de 3 anos da data de outorga e desde que Maria permaneça no quadro de colaboradores da Empresa X até o momento em que as opções se tornarem exercíveis. As opções foram concedidas pela Empresa X a Maria de forma gratuita.

Nesse cenário, se Maria tiver permanecido no quadro da Empresa X ao término do período de 3 anos para o exercício das opções e se as ações da companhia alcançarem o valor de R$ 15 no momento de exercício, Maria reconhecerá um ganho total de R$ 50 em razão do exercício de sua opção. Confira-se:

$$R\$ \ 150 - R\$ \ 100 - 0 = R\$ \ 50$$

No exemplo, não há dúvidas de que Maria obteve um benefício financeiro em razão do exercício de suas opções seguido da venda das ações da Empresa X. No entanto, a questão que se coloca diz respeito a como tributar o ganho de R$ 50 auferido por Maria na operação: como rendimento, sujeito à incidência do imposto de renda de acordo com a tabela progressiva (0 a 27,5%), ou como ganho de capital, sujeito à tributação pelo imposto de renda de acordo com alíquotas progressivas, dependendo do montante do ganho auferido (de 15% a 22,5% para ganhos de excedam R$ 30 milhões).

Por seu turno, pode-se dizer que grande parte das pessoas jurídicas brasileiras instituidoras de programas de SOP, dentre elas a Empresa X, optou por não reconhecer as despesas associadas a tais planos como dedutíveis para os fins de apuração das bases de cálculo do Imposto de Renda das Pessoas Jurídicas (IRPJ) e da Contribuição Social sobre o Lucro Líquido (CSLL). O referido posicionamento pode ser justificado, em grande medida, (i) pelo fato de não haver, até recentemente, previsão na legislação fiscal a autorizar a dedutibilidade de referida despesa;[3] e (ii) pela tentativa de se buscar uma mínima coerência entre os tratamentos fiscal, trabalhista e previdenciário atribuídos pela pessoa jurídica instituidora do programa de SOP.

Ora, se um dos objetivos da companhia é não caracterizar os programas de SOP como remuneração, afastando a sua natureza salarial para os fins de incidência dos encargos trabalhistas e previdenciários, era também de se esperar que as referidas entidades não tratassem tais valores como remuneração dedutível para fins fiscais.

Nesse contexto, ainda nos aproveitando do exemplo hipotético da Empresa X, constatamos a adoção, muito comum, da seguinte prática pelos beneficiários e pelas pessoas jurídicas instituidoras dos programas de SOP: Maria, na qualidade de beneficiária, tributará o resultado auferido na operação (R$ 50) sob a forma de ganho de capital, sujeito à tributação pelo imposto de renda à alíquota de 15%; e a Empresa X não deduzirá, para fins fiscais, as despesas associadas com o plano de SOP atribuído a Maria.

Ainda que que a falta de legislação específica sobre o assunto permita que contribuintes adotem posicionamento que, a princípio, lhes pareça ser mais benéfico,

---

3   Pelo contrário, a legislação fiscal, como regra geral, dispõe que não são dedutíveis da apuração do lucro real as perdas incorridas pela pessoa jurídica com a negociação de ações de sua própria emissão.

194 Impactos tributários decorrentes da adoção do IFRS no Brasil

seria ingênuo imaginar que o fisco brasileiro viesse a corroborar o entendimento dos contribuintes em relação ao regime de tributação dos programas de SOP. Assim é que, por meio da lavratura de autos de infração, muitos deles posteriormente confirmados pelos tribunais administrativos, o fisco tem se posicionado no sentido de que os planos de SOP constituem remuneração para os beneficiários, de forma que o ganho auferido por Maria em relação às ações da Empresa X deveria ser caracterizado como rendimento, sujeito à tributação pelo imposto de renda às alíquotas progressivas (27,5%).

Para a Empresa X, que tem de administrar potenciais passivos resultantes de natureza fiscal (exigência de multa e juros pela não retenção do imposto de renda sobre os "rendimentos" supostamente pagos a Maria) e previdenciária (exigência de contribuições previdenciárias, acrescidas de multa e juros, sobre os "rendimentos" supostamente pagos a Maria), a insegurança jurídica associada aos planos de SOP certamente coloca em xeque a continuidade de tais programas.

4. A LEI N. 12.973/2014

Diante de um cenário de total ausência legislativa a disciplinar programas de ILP, em especial de SOP, os contribuintes são agraciados com "inovadora" legislação, prevista no art. 33 da Lei n. 12.973/2014, cujo principal mérito é ser a primeira a versar sobre o tratamento fiscal a ser conferido a planos de ILP. Confira-se:

> Art. 33. O valor da remuneração dos serviços prestados por empregados ou similares, efetuada por meio de acordo com pagamento baseado em ações, deve ser adicionado ao lucro líquido para fins de apuração do lucro real no período de apuração em que o custo ou a despesa forem apropriados.
>
> § 1º A remuneração de que trata o caput será dedutível somente depois do pagamento, quando liquidados em caixa ou outro ativo, ou depois da transferência da propriedade definitiva das ações ou opções, quando liquidados com instrumentos patrimoniais.
>
> § 2º Para efeito do disposto no § 1º, o valor a ser excluído será:
>
> I – o efetivamente pago, quando a liquidação baseada em ação for efetuada em caixa ou outro ativo financeiro; ou
>
> II – o reconhecido no patrimônio líquido nos termos da legislação comercial, quando a liquidação for efetuada em instrumentos patrimoniais.

Pela leitura do normativo, algumas expressões ganham destaque: "remuneração dos serviços prestados por empregados ou similares" e "remuneração de que trata o caput será dedutível somente depois do pagamento".

Não pretendemos, neste momento, adotar conclusões precipitadas no sentido de que a lei fiscal trouxe, de forma definitiva, a tributação de programas de SOP sob a forma de rendimentos ou que, por outro lado, a referida legislação deveria ser interpretada de forma restritiva, apenas alcançado aspectos específicos da dedutibilidade de despesas relacionadas a tais programas. Conforme será melhor explanado a seguir, o entendimento que pretendemos transmitir apresenta características nem tanto ao céu, nem tanto à terra.

Em um primeiro momento, vale destacar que o art. 33 da Lei n. 12.973/2014 é uma reação aos novos princípios contábeis introduzidos no Brasil pela Lei n. 11.638/2007, que visava convergir os princípios contábeis brasileiros aos padrões internacionais (*International Financial Reporting Standards* – IFRS), os quais, em grande medida, privilegiam o reconhecimento contábil de eventos de acordo com a essência em detrimento de aspectos meramente formais.

Tendo em vista a relevância de programas de SOP, esse item mereceu tratamento contábil específico, endereçado no Brasil por meio do Pronunciamento Técnico n. 10 do Comitê de Pronunciamentos Contábeis (CPC 10).

De forma geral, o CPC 10 trata planos de SOP como programas por meio dos quais as pessoas jurídicas empregadoras adquirem serviços de seus colaboradores, tendo como contraprestação um pagamento baseado em ações. Ademais, tais pagamentos devem ser reconhecidos pela empresa como despesas do período na medida em que receber os serviços. Confira-se:

> 7. A entidade deve reconhecer os produtos ou os serviços recebidos ou adquiridos em transação com pagamento baseado em ações quando ela obtiver os produtos ou à medida que receber os serviços. [...]
>
> 8. Os produtos ou serviços recebidos ou adquiridos em transação com pagamento baseado em ações que não se qualifiquem para fins de reconhecimento como ativos, devem ser reconhecidos como despesa do período.

Considerando a necessidade de reconhecimento de despesas pela companhia empregadora em relação a programas de SOP, torna-se elemento crítico a correta determinação do montante de tais despesas, uma vez que virão a impactar o resultado do exercício da entidade.

No que diz respeito aos programas de SOP, o reconhecimento das despesas pela companhia envolve instrumentos patrimoniais (opções de ações etc.) e serviços adquiridos junto aos colaboradores. Na medida em que pode haver uma dificuldade na precificação do valor dos serviços prestados, o caminho adotado pelos pronunciamentos contábeis é determinar as despesas de acordo com o valor justo dos instrumentos patrimoniais outorgados aos colaboradores.

11. Para fins de aplicação do item 10 às transações com empregados e outros prestadores de serviços similares, a entidade deve mensurar o valor justo dos serviços recebidos tomando como base o valor justo dos instrumentos patrimoniais outorgados, uma vez que normalmente não é possível estimar com confiabilidade o valor justo dos serviços recebidos, conforme explicado no item 12. O valor justo desses instrumentos patrimoniais deve ser mensurado na data de outorga.

12. Via de regra, ações, opções de ações ou outros instrumentos patrimoniais são outorgados aos empregados como parte do pacote de remuneração destes, adicionalmente aos salários e outros benefícios. Normalmente, não é possível mensurar, de forma direta, os serviços recebidos por componentes específicos do pacote de remuneração dos empregados. Pode não ser possível também mensurar o valor justo do pacote de remuneração como um todo de modo independente, sem se mensurar diretamente o valor justo dos instrumentos patrimoniais outorgados. Ademais, ações e opções de ações são, por vezes, outorgadas como parte de acordo de pagamento de bônus, em vez de serem outorgadas como parte da remuneração básica dos empregados. Objetivamente, trata-se de incentivo para que os empregados permaneçam nos quadros da entidade ou de prêmio por seus esforços na melhoria do desempenho da entidade. Ao beneficiar os empregados com a outorga de ações ou opções de ações, adicionalmente a outras formas de remuneração, a entidade visa a obter benefícios marginais. Em função da dificuldade de mensuração direta do valor justo dos serviços recebidos, a entidade deve mensurá-los de forma indireta, ou seja, deve tomar como base o valor justo dos instrumentos patrimoniais outorgados.

Para fins contábeis, o valor justo do instrumento patrimonial deve ser mensurado quando da sua concessão (*granting*) ao participante do programa de SOP. Esse é o valor da despesa a ser contabilmente reconhecida pela companhia, não sendo alterado ainda que o valor justo do instrumento patrimonial sofra modificações após a data de concessão.

Tendo em vista as características particulares de programas de SOP, a determinação do valor justo dos instrumentos patrimoniais concedidos deve levar em consideração as condições estabelecidas no plano, que, uma vez cumpridas, permitam aos participantes adquirir as ações de emissão da companhia. Como regra geral, tais condições podem estar relacionadas à permanência do colaborador na companhia e à efetiva prestação do serviço (condições de serviço), bem como ao atingimento de metas de desempenho (condições de desempenho).

De forma simplificada, a determinação do valor justo de um instrumento patrimonial, como uma opção de aquisição de ações, é impactada por eventos futuros e incertos, dentre os quais ganham destaque: (i) o período entre a data de concessão da opção e o seu exercício; (ii) a probabilidade de permanência do colaborador e de cumprimento de condições de desempenho até o momento do *vesting*; (iii) o valor de mercado das ações no momento do exercício; (iv) o preço de exercício das ações; (v) a existência de cláusulas de *lock-up* para a venda das ações; etc.

Levando-se em consideração a existência de diversas variáveis futuras e incertas, há metodologias específicas para a determinação do valor de uma opção de compra de ações, como o modelo Black-Scholes. Embora tais modelagens matemáticas possam ser de difícil compreensão pelos operadores do direito, é possível atestar, com relativa segurança, que o valor justo de uma opção de compra de ações não corresponde à diferença positiva entre o valor de mercado e o preço de exercício da ação. Muito pelo contrário: quanto maior a incerteza, menor o valor justo da opção no momento da sua concessão.

Assim, no que diz respeito a programas de SOP, a companhia empregadora lançará contabilmente como despesa **o valor justo da opção, apurado no momento da outorga**, atribuída ao colaborador para a aquisição de determinadas ações de sua emissão. A referida despesa, como regra geral, deverá ser reconhecida, de acordo com o regime de competência, durante o período em que os serviços "adquiridos" pela companhia são prestados pelo participante do programa.

Por outro lado, para fins fiscais, as despesas com programas de SOP somente são dedutíveis das bases de cálculo de IRPJ/CSLL quando da liquidação das obrigações por meio da transferência de instrumentos patrimoniais (opções) ou de caixa aos participantes, como previsto no art. 33 da Lei n. 12.973/2014 e corroborado pela Exposição de Motivos da Medida Provisória (MP) n. 627/2013:

> 43. O art. 32 considera a despesa registrada em decorrência de pagamentos baseados em ações como dedutível somente depois do efetivo pagamento, quando os valores forem liquidados em caixa ou em outro ativo, ou depois da transferência da propriedade definitiva das ações ou opções de ações, quando liquidados com instrumentos patrimoniais. Justifica-se esse tratamento devido

à atual obrigatoriedade de contabilização no resultado do pagamento baseado em ações, afetando imediatamente o lucro tributável pelo IRPJ. [...] Fazem-se necessárias essas previsões para minimizar divergências quanto ao tratamento tributário aplicado às operações que envolvem pagamento baseado em ações, assim como evitar que despesas não liquidadas em função do não cumprimento das condições para fruição do pagamento baseado em ações sejam consideradas dedutíveis.

5. IMPLICAÇÕES FISCAIS: UM OUTRO OLHAR

Conforme prometido, o objetivo principal deste artigo é traçar uma linha de coerência entre as realidades econômicas e jurídicas de programas de ILP, para os fins de contribuir para o debate e o esclarecimento do seu regime de tributação mais apropriado.

A rigor, era relativamente comum a adoção da seguinte prática por beneficiários e pessoas jurídicas instituidoras dos programas de SOP, por meio dos quais opções de aquisição de ações eram atribuídas de forma gratuita aos colaboradores: o colaborador, na qualidade de beneficiário, tributava sob a forma de ganho de capital a diferença positiva entre o valor de venda da ação e o seu preço de exercício, como disposto no instrumento de opção de aquisição de ações; e a pessoa jurídica instituidora do programa não se aproveitava da dedução, para fins fiscais, das despesas associadas com o plano de SOP atribuído ao colaborador.

Ao deparar com essas situações, o fisco brasileiro, por meio da lavratura de autos de infração, muitos deles posteriormente confirmados pelos tribunais administrativos, tem se posicionado no sentido de que os planos de SOP constituem remuneração para os beneficiários, de forma que os ganhos auferidos pelos colaboradores devem ser caracterizados como rendimentos ordinários, sujeitos à tributação pelo imposto de renda às alíquotas progressivas (27,5%).

De certa forma, o posicionamento do fisco tem sido relativamente simplista: o rendimento sujeito à tributação pela tabela progressiva do imposto de renda corresponde à diferença positiva entre o valor da ação na data de exercício da opção e o preço pago pelo colaborador quando do exercício da opção. Entretanto, cabe aqui destacar que esse posicionamento simplista, o qual tem sido corroborado de forma infeliz pelos tribunais administrativos, resulta de uma visão míope e aleatória das etapas necessárias para a devida consecução de programa de SOP. Com o devido respeito, o olhar da fiscalização é deturpado, alcançando apenas "a linha de chegada" (isto é, o momento em que as ações são vendidas, após o exercício da opção de compra pelo colaborador), tendo como "ponto cego" a linha de partida de um programa de SOP, que corresponde ao momento em que as opções de ações são atribuídas ao colaborador.

Assim, vale dizer que, em um programa de SOP que possua, dentre as suas características, a concessão de opções a título não oneroso que confiram aos participantes o direito de adquirir ações de emissão da companhia por um valor predeterminado (fixado quando da concessão da opção), as autoridades fiscais fazem "vistas grossas" ao momento da concessão das opções a título não oneroso, direcionando a sua artilharia tão somente ao evento em que as opções são exercidas por um valor inferior ao das ações subjacentes.

Ora, como visto, a tributação do referido ganho como rendimento não carece de coerência econômica, tampouco jurídica. Entretanto, o mesmo não se pode dizer da tributação como rendimento do valor da opção de compra de ações concedida de forma não onerosa aos participantes do programa.

Para os fins de contextualizar o exposto, imaginemos o seguinte exemplo hipotético: Maria, colaboradora da mais importante companhia petrolífera brasileira (PB), cujas ações são negociadas em bolsa de valores, é convidada a participar do programa de SOP da PB. Em linhas gerais, o plano de SOP da PB prevê a concessão, a título não oneroso, de uma opção de compra de uma ação da PB uma vez decorrido o prazo de 3 anos da data de outorga. O preço de exercício da opção corresponde ao valor de mercado da ação da PB na data de sua outorga, qual seja, R$ 10.

Considerando que a PB é uma companhia aberta, com ações listadas em bolsa, destaca-se a existência de um mercado futuro envolvendo a negociação de opções de compra e de venda de ações de emissão da PB. Assim é que, para os fins da presente análise, investidores poderiam adquirir opções de compra ou venda de ações da PB com as mesmas características (vencimento em 3 anos e preço de exercício de R$ 10) da opção atribuída à Maria no contexto do programa de SOP.

Como é de praxe em operações envolvendo opções, a aquisição do direito de compra ou venda envolve o pagamento de um preço, denominado prêmio. Assim, de forma geral, pode-se dizer que o prêmio corresponde ao valor justo da opção na data de sua negociação. Para os fins do presente exemplo, a opção de compra de ação da PB, refletindo as mesmas características do programa de SOP, é negociada no mercado bursátil pelo valor de R$ 1.

Nesse contexto, para que um investidor tenha o direito de comprar uma ação da PB em um horizonte de 3 anos pelo valor de R$ 10, este terá de desembolsar, na data de aquisição da opção, o valor de R$ 1. No momento de exercício da opção, se a ação estiver negociando a R$ 14, o investidor exercerá a sua opção, pagará R$ 10 e lucrará R$ 3, desde que venda a ação pelo valor de R$ 14 tão logo exerça a sua opção de compra [valor de venda da ação (R$ 14) – preço de exercício da ação (R$ 10) – custo de aquisição da opção (R$ 1)].

Salta aos olhos, por meio do exemplo, que a opção de compra de ações tem natureza econômica e jurídica própria, não se confundindo com a venda das ações que são objeto do contrato de opção. Tanto é assim que, no que diz respeito às companhias abertas, há negociação concomitante em ambiente bursátil de ações e contratos de opções sobre tais ações. É prova da singularidade do contrato de opção o fato de este ter precificação própria, podendo ser negociado de forma autônoma.

Trazendo esses conceitos ao exemplo hipotético, ao participar do programa de SOP da PB, Maria receberá, sem qualquer custo, uma opção de compra de ação da PB cujo valor justo é de R$ 1. Ora, se Maria não pagou nada pela opção, enquanto para ter o mesmo direito investidores teriam de ir ao mercado e pagar R$ 1, resta claro que Maria obteve um benefício de R$ 1 quando da outorga da opção.

Em paralelo, atendendo ao disposto nas regras contábeis em vigor, a companhia PB deverá reconhecer como despesa o valor justo da opção atribuída à Maria. Como visto, a referida despesa corresponderá ao valor de R$ 1 (valor justo da opção), cuja dedutibilidade fiscal, nos termos do art. 33 da Lei n. 12.973/2014, ocorrerá quando a PB efetivamente transferir a opção à Maria (isto é, não houver qualquer condição para que Maria tenha o direito a exercer a opção em momento futuro).

Para fins de coerência, se Maria aufere um benefício de R$ 1 e a companhia PB reconhece uma despesa em valor equivalente, é razoável concluir que o valor justo da opção concedida a Maria, sem qualquer onerosidade, seja caracterizado como rendimento, sujeito à tributação pelo imposto de renda na fonte de acordo com a tabela progressiva.

Em que pese o exposto, o olhar dos diversos interessados (companhia instituidora do programa de SOP, colaborador/beneficiário, fisco e tribunais administrativos/judiciais) parece, ainda, voltado simplesmente ao ganho auferido pelo colaborador no momento da venda da ação adquirida após o exercício da opção. Trata-se de um olhar, como já mencionado, simplista e míope, que não leva em consideração todos os elementos econômicos e jurídicos aplicáveis a programas de SOP.

A rigor, o fato de a opção de aquisição de ações ter valor econômico independente, passível de mensuração, é o principal elemento ignorado (se propositalmente ou não, é difícil dizer) pelos agentes envolvidos em programas de SOP. Quando, em momentos muito raros, alguém se propõe a jogar luz ao fato de o valor das opções concedidas a título não oneroso dever ser tributado como rendimento, esse pequeno sinal de coerência é imediatamente rechaçado pelos demais participantes de tais programas.

Foi justamente isso o que ocorreu nos autos do Processo Administrativo n. 16327.720152/2014-93, em que as autoridades fiscais autuaram a BM&F Bovespa (agora B3) pelo não recolhimento de contribuições previdenciárias nos anos-calendários de 2009 e 2010. Como se pode depreender da leitura do Acórdão n. 2202-003.367 da 2ª Câmara da 2ª Turma Ordinária do Conselho Administrativo de Recursos Fiscais (CARF), em uma situação quase incomum, a autuação fiscal formalizou a exigência das contribuições previdenciárias com base no valor justo das opções, concedidas a título não oneroso, pela BM&F Bovespa aos seus colaboradores.

Para tanto, o fisco não precisou fazer muitos esforços: valeu-se tão somente dos valores lançados como despesas nas demonstrações financeiras elaboradas pelo próprio contribuinte. Confira-se o disposto no Acórdão:

> Para definir a Base de Cálculo, diz o Auditor que a tributação se baseia na despesa assumida pela companhia, que se traduz "no valor que o beneficiário deixou de pagar pela opção de compra quando da sua outorga, o que é mesurável pelo valor justo da opção de compra" (fl.283). O Auditor aponta que:
>
> Valor justo (R$)
> Programa BMF 2007 22,60
> Programa BVMF 2008 3,71
> Programa BVMF 2009 2,93

Não obstante o exposto, o voto proferido pelo conselheiro relator conclui que a exigência fiscal deveria ser cancelada, uma vez que o auditor fiscal teria incorrido em erro na determinação da base de cálculo do tributo devido. Para tanto, argumenta o julgador o quanto segue:

> O fato gerador ocorre (aspecto temporal), conforme descrito no Termo de Verificação Fiscal, na data de exercício das opções pelo beneficiário, ou seja, quando o mesmo exerce o direito em relação às ações que lhe foram outorgadas.

A base de cálculo (aspecto quantitativo) é o ganho patrimonial e, portanto, há que ser apurado nesse momento histórico e deve corresponder à diferença entre o valor de mercado das ações adquiridas e valor efetivamente pago pelo beneficiário.

Aqui, mais uma vez, salta aos olhos como os aspectos econômicos e jurídicos de programas de SOP são deturpados, lançando ao esquecimento o fato de a opção de aquisição de ações ter valor econômico independente, passível de mensuração. Não é possível entender ao certo a razão pela qual o conselheiro relator, de posse de informações tão claramente refletidas nas demonstrações financeiras do contribuinte, as quais foram realçadas pelo auditor fiscal, adotou o entendimento de que o rendimento tributável pelo contribuinte consiste na diferença positiva entre o valor de mercado das ações adquiridas e o valor efetivamente pago pelo colaborador/beneficiário.

Com o devido respeito, uma das possíveis explicações para esse comportamento é a falta de familiaridade dos auditores fiscais e dos julgadores com instrumentos de natureza financeira, de forma a ainda ser obscuro para esses agentes o fato de que uma opção de aquisição de ações possui valor econômico próprio. Outra possível explicação diz respeito à adoção de uma visão relativamente simplista de que, quando se trata de programa de SOP, o fato gerador das obrigações tributárias somente ocorre quando as ações são efetivamente adquiridas pelo beneficiário/colaborador. Ora, não há qualquer previsão legal a dar suporte, de forma consistente e coerente, a esse entendimento.

Como mencionado, o objetivo principal deste artigo é traçar uma linha de coerência entre as realidades econômicas e jurídicas de programas de SOP, para os fins de contribuir para o debate e o esclarecimento do seu regime de tributação mais apropriado. Levando-se em consideração o exposto, é possível sugerir, neste momento, o seguinte modelo de tributação:

 i. tributar sob a forma de rendimento o valor justo da opção de aquisição de ações, concedida a título não oneroso pela companhia ao seu colaborador;

 ii. tributar sob a forma de ganho de capital a diferença positiva entre o valor de venda e o de aquisição das ações cujas opções foram exercidas.

O referido modelo, a rigor, não representa uma "ruptura" do modelo tradicional de tributação de operações de opções de ação realizadas no mercado financeiro. Não se trata, assim, de uma sugestão "disruptiva". Em verdade, temos apenas um encaixe do tratamento fiscal já existente às realidades econômica e jurídica de instrumentos também já existentes.

Vejamos: no modelo tradicional de operações envolvendo opções de ações, o adquirente de uma opção de compra de ação paga um prêmio ao vendedor de referida opção. Se a opção estiver *in the money* e for exercida pelo seu titular, o custo de aquisição das ações consistirá no preço pago pelas ações (definido como preço de exercício da opção) somado ao prêmio pago pela aquisição da opção. O ganho para o titular da opção de compra será auferido e sujeito à tributação no momento da efetiva venda das ações anteriormente adquiridas quando do exercício da opção de compra.

Ora, trazendo esses conceitos ao modelo proposto, se o beneficiário/colaborador de um programa de SOP recebe, a título gratuito, uma opção de aquisição de ação cujo valor justo é de R$ 1, o referido beneficiário deverá reconhecer o valor de R$ 1 como rendimento tributável, sujeito à tributação de acordo com a tabela progressiva. A rigor, essa tributação deve ocorrer somente quando não houver mais qualquer condição que limite a plena aquisição do direito de exercício da opção pelo beneficiário/colaborador.

Ainda sobre o exemplo anterior, assumindo que (i) o valor de R$ 15 é definido no instrumento de opção como o preço a ser pago para a aquisição da ação; e (ii) a ação, adquirida após o exercício da opção, é vendida pelo valor de R$ 19, o beneficiário/colaborador auferiu, neste momento, um ganho de R$ 3 na operação, tendo em vista o valor de venda de R$ 19 e o valor de custo de R$ 16 (R$ 15 pagos pela aquisição da ação + R$ 1 do valor de compra da opção, que, ainda que não tenha sido pago pelo beneficiário, já foi submetido à tributação sob a forma de rendimento ordinário).

Como visto, o modelo proposto afasta-se do que tem sido, infelizmente, o senso comum adotado em autuações e julgamentos realizados no âmbito administrativo. Em tais oportunidades, tem sido caracterizado como rendimento, sujeito à tributação pela tabela progressiva, o valor integral de R$ 4, correspondente à diferença positiva entre o valor de mercado da ação na data de aquisição (assumimos o mesmo valor de R$ 19) e o custo de aquisição das ações (R$ 15). Ainda pior: o fato gerador do rendimento tributável é definido como o momento do exercício da opção, e não a efetiva alienação das ações adquiridas.

A principal contribuição desse "novo olhar" é trazer mais coerência e consistência ao modelo de tributação de programas de SOP. Com efeito, pretende-se chegar a um denominador comum, por meio do qual ativos recebidos sem custo são tributados como rendimentos, enquanto a alienação de ativos aos quais estão atribuídos determinados custos de aquisição é tributada sob a forma de ganho de capital.

A rigor, na perspectiva das empresas instituidoras dos programas de SOP, bem como de seus colaboradores/beneficiários, a implementação sistemática do referido "novo olhar" tende a trazer vantagens em relação ao modelo atual. Em primeiro lugar, porque o modelo proposto traz mais segurança jurídica e razoabilidade em relação ao tratamento fiscal aplicável a programas de SOP, em linha com o disposto no art. 33 da Lei n. 12.973/2014. Além disso, o referido ganho de segurança tende a ser adquirido a um custo relativamente baixo, em razão de o valor justo de opções de aquisição de ações tender a ser, em diversos casos, pouco material quando comparado ao valor de mercado das ações quando do exercício das opções. Isso porque, estando o exercício das opções sujeito a diversos elementos de incerteza/riscos, o valor justo dos referidos instrumentos tende a ser baixo.

Assim, oferecer à tributação sob a forma de rendimento um valor pouco material, enquanto grande parte do retorno financeiro auferido na operação é tributado sob a forma de ganho de capital, não parece uma proposta a ser desprezada pelos contribuintes, ainda mais quando esta respeita, com razoabilidade e coerência, os fundamentos econômicos e jurídicos de um programa de SOP. Com isso, espera-se conferir maior proteção e previsibilidade aos participantes dos programas de SOP quanto aos aspectos fiscais aplicáveis ao plano, permitindo que continuem a ser utilizados como instrumentos de gestão, retenção e desenvolvimento de colaboradores.

O componente fiscal não deve ser um fator de risco para programas de SOP. Somente deve ser admitido como válido, nesses casos, o risco decorrente das próprias incertezas do negócio, e não aquele da qualificação fiscal do retorno, se existente, como rendimento ou ganho de capital.

6. CONSIDERAÇÕES FINAIS

Aos que persistiram na leitura, esperamos que tenhamos conseguido traçar uma linha de coerência entre as realidades econômicas e jurídicas de programas de SOP para fins de esclarecer o seu regime de tributação mais apropriado.

A nosso ver, esse exercício é de fundamental importância, uma vez que o regime de tributação adotado pelos contribuintes brasileiros em relação a programas de SOP tem sido objeto de recorrentes ataques pelo fisco, resultando em um ambiente de grande insegurança sobre a viabilidade e a manutenção de tais programas pelas empresas brasileiras.

Essa reflexão ganha relevância considerando-se que o olhar dos diversos interessados na questão (companhia instituidora do programa de SOP, colaborador/beneficiário, fisco e tribunais administrativos/judiciais) parece, ainda, voltado simplesmente ao ganho auferido pelo colaborador no momento da venda da ação adquirida após o exercício da opção. Trata-se de um olhar, com o devido respeito, simplista e míope, que não leva em consideração todos os elementos econômicos e jurídicos aplicáveis a programas de SOP.

Mais especificamente, o olhar da fiscalização é deturpado ao alcançar apenas a "linha de chegada" (o momento em que as ações são vendidas, após o exercício da opção de compra pelo colaborador), tendo como "ponto cego" a linha de partida de um programa de SOP, que corresponde ao momento em que as opções de ações são atribuídas ao colaborador. A rigor, o fato de a opção de aquisição de ações ter valor econômico independente, passível de mensuração, é o principal elemento ignorado pelos agentes envolvidos em programas de SOP.

Salta aos olhos que a opção de compra de ações tem natureza econômica e jurídica própria, não se confundindo com a venda das ações que são objeto do contrato de opção. Tanto é assim que, no que diz respeito às companhias abertas, há negociação concomitante em ambiente bursátil das ações e de contratos de opções sobre as referidas ações. É prova da singularidade do contrato de opção o fato de este ter precificação própria, podendo ser negociado de forma autônoma.

Tanto é assim que, segundo as normas contábeis brasileiras aplicáveis a programas de SOP, a companhia empregadora lançará contabilmente como despesa o valor justo da opção, apurado no momento da outorga, atribuída ao colaborador para a aquisição de determinadas ações de sua emissão. Essa despesa, como regra geral, deverá ser reconhecida, de acordo com o regime de competência, durante o período em que os serviços "adquiridos" pela companhia são prestados pelo participante do programa.

Para o empregador, as despesas com programas de SOP somente são dedutíveis das bases de cálculo de IRPJ/CSLL quando da liquidação das obrigações por meio da transferência de instrumentos patrimoniais (opções) ou de caixa aos participantes, como previsto no art. 33 da Lei n. 12.973/2014

Levando-se em consideração o exposto, é possível sugerir o seguinte modelo de tributação para o beneficiário/colaborador:

i. tributar sob a forma de rendimento o valor justo da opção de aquisição de ações concedida a título não oneroso pela companhia ao seu colaborador;

ii. tributar sob a forma de ganho de capital a diferença positiva entre o valor de venda e o de aquisição das ações cujas opções foram exercidas.

A rigor, tal modelo não representa uma "ruptura" do modelo tradicional de tributação de operações de opções de ações realizadas no mercado financeiro. Não se trata, assim, de uma sugestão "disruptiva". Em verdade, temos apenas um encaixe do tratamento fiscal já existente às realidades econômica e jurídica de instrumentos também já existentes.

Com efeito, pretende-se chegar a um denominador comum, por meio do qual ativos recebidos sem custo são tributados como rendimentos, enquanto a alienação de ativos aos quais estão atribuídos determinados custos de aquisição é tributada sob a forma de ganho de capital.

A rigor, na perspectiva das empresas instituidoras dos programas de SOP, bem como de seus colaboradores/beneficiários, a implementação sistemática do referido "novo olhar" tende a trazer vantagens em relação ao modelo atual. Em primeiro lugar, porque esse modelo traz mais segurança jurídica e razoabilidade em relação ao tratamento fiscal aplicável a programas de SOP, em linha com o disposto no art. 33 da Lei n. 12.973/2014. Além disso, esse ganho de segurança tende a ser adquirido a um custo relativamente baixo, em razão de o valor justo de opções de aquisição de ações tender a ser, em diversos casos, pouco material quando comparado ao valor de mercado das ações quando do exercício das opções. Isso porque, estando o exercício das opções sujeito a diversos elementos de incerteza/riscos, o valor justo dos referidos instrumentos tende a ser baixo.

Assim, oferecer à tributação sob a forma de rendimento um valor pouco material, enquanto grande parte do retorno financeiro auferido na operação é tributado sob a forma de ganho de capital, não parece uma proposta a ser desprezada pelos contribuintes. Ainda mais quando a referida proposta respeita, com razoabilidade e coerência, os fundamentos econômicos e jurídicos de um programa de SOP.

Com isso, espera-se conferir maior proteção e previsibilidade aos participantes dos programas de SOP quanto aos aspectos fiscais aplicáveis ao plano, permitindo que os SOP continuem a ser utilizados como instrumentos de gestão, retenção e desenvolvimento de colaboradores. O componente fiscal não deve ser um fator de risco para programas de SOP. Somente deve ser admitido como válido, neste caso, o risco decorrente das próprias incertezas do negócio, e não o da qualificação fiscal do retorno, se existente, como rendimento ou ganho de capital.

TRATAMENTO FISCAL DOS ATIVOS INTANGÍVEL E FINANCEIRO NAS CONCESSÕES PÚBLICAS

Luiz Felipe Centeno Ferraz[1]
Tomás Machado de Oliveira[2]

1. INTRODUÇÃO

Em virtude da histórica falta de recursos financeiros suficientes aliada à latente ineficiência do aproveitamento dos parcos recursos disponíveis, o Estado brasileiro sempre enfrentou dificuldades no desenvolvimento de grandes obras de infraestrutura. Contudo, o contínuo crescimento da economia nacional ao longo dos últimos anos e a consequente necessidade de expansão e aprimoramento da infraestrutura nacional obrigaram o governo a buscar alternativas para o preenchimento dessa lacuna. A resposta para tal necessidade veio justamente da crescente economia privada.

Por meio do modelo de concessão de serviços públicos, o Estado brasileiro encontrou a solução para uma origem contínua e certa de recursos financeiros para serem investidos na infraestrutura nacional. Paralelamente, empresas nacionais e internacionais voltadas a construção e operação de obras de infraestrutura

---

1 Advogado Sócio do Escritório Mattos Filho, Veiga Filho, Marrey Jr e Quiroga Advogados. Mestre em Direito Tributário (LL.M) pela Universidade da Flórida. Especialista em Direito Empresarial pela Pontifícia Universidade Católica de São Paulo (PUC-SP). Bacharel em Direito pela PUC de Santos.
2 Advogado Associado do Escritório Mattos Filho, Veiga Filho, Marrey Jr e Quiroga Advogados. Mestre em Direito Tributário (LL.M) pela King's College London. Bacharel em Direito pela Universidade de São Paulo (USP).

foram atraídas pela enorme demanda de mercado e passaram a investir vultosos recursos no desenvolvimento da infraestrutura nacional, visando à possibilidade de geração de lucros futuros ainda mais vultosos.

Foi nesse contexto que se deu a proliferação das licitações públicas para a concessão de serviços ligados à infraestrutura. Pouco a pouco, entes privados assumiram a responsabilidade pela construção e pela operação de grandes obras vinculadas aos setores de geração e distribuição de energia elétrica, administração de portos e aeroportos, administração de rodovias e ferrovias, dentre outros.

Assim, os entes privados vencedores dos processos de concessão de serviços públicos passaram a auferir resultados financeiros expressivos, seja em decorrência do recebimento de contraprestações pagas diretamente pelo Estado brasileiro, seja pelo direito de exploração econômica da atividade concedida. E onde se gera riqueza, também se gera tributação, de modo que as empresas concessionárias são responsáveis pelo recolhimento de quantias significativas de tributos aos cofres públicos.

Considerando a peculiaridade dos contratos de concessão de serviços públicos, bem como a forma como tais atividades são desenvolvidas – passando inicialmente por uma etapa de acúmulo de custos e despesas com a construção dos ativos a serem utilizados nas atividades concedidas, seguida de uma etapa complementar de operação de tais ativos e consequente geração de receitas vinculadas –, quis o Estado brasileiro adotar normas contábeis e tributárias especificamente voltadas a tais atividades. Ocorre que, como sabemos, o Brasil recentemente passou por relevantes alterações no que se refere às regras contábeis e tributárias vigentes. Tais alterações impactaram diversos setores da economia, dentre os quais a extensa malha de contratos de concessão de serviços públicos do país.

Desde a vigência da Lei n. 12.973, de 13 de maio de 2014, responsável por aproximar as regras tributárias das regras contábeis no Brasil, as entidades concessionárias de serviços públicos se viram diante de uma mecânica completamente nova para o reconhecimento de receitas, custos e despesas relacionados a suas atividades, para fins de recolhimento de quatro relevantes tributos – o Imposto de Renda das Pessoas Jurídicas (IRPJ), a Contribuição Social sobre o Lucro Líquido (CSLL), a contribuição para o Programa de Integração Social (PIS) e a Contribuição para o Financiamento da Seguridade Social (Cofins).

Tal alteração de regramento causou relevante impacto econômico tributário quando do início da vigência da Lei n. 12.973/2014 e, até hoje, é origem para diversas discussões e dúvidas. Neste artigo, comentamos a discussões que cercam esse novo regramento.

2. A EVOLUÇÃO DO TRATAMENTO CONTÁBIL

Conforme debatido ao longo da presente obra, há cerca de dez anos o Brasil passou por uma profunda mudança nos critérios e nas normas contábeis aplicáveis para as pessoas jurídicas aqui domiciliadas.

Até 31 de dezembro de 2007, era vigente no Brasil o *Brazilian Generally Accepted Accounting Principles* (BRGAAP), um conjunto específico de normas contábeis desenvolvido especificamente com vistas à realidade econômica brasileira do século passado. No entanto, com a crescente expansão da economia nacional, as empresas brasileiras passaram a se ver cada vez mais inseridas no contexto de operações globais e a buscar acesso a investidores e mercados estrangeiros. Nesse sentido, a adoção do BRGAAP apresentava-se como um entrave pelas muitas diferenças em relação às normas comumente adotadas em outros países, em boa parte suportadas por um conjunto internacional de normas contábeis (*International Financial Reporting Standards* – IFRS).

Com vistas a eliminar tais incongruências e, dessa forma, facilitar o acesso das empresas brasileiras a mercados e investidores internacionais, o governo brasileiro publicou a Lei n. 11.638, de 28 de dezembro de 2007. A partir da vigência de tal lei, em 1º de janeiro de 2008, as empresas brasileiras também passaram a observar os critérios e as normas do IFRS, consolidados em pronunciamentos emitidos pelo Comitê de Pronunciamentos Contábeis (CPC) para elaborar suas demonstrações contábeis.

Em linhas gerais, um dos princípios regentes do IFRS é o da prevalência da substância sobre a forma. Nesse sentido, em grande parte, os CPC determinam que as empresas avaliem a substância econômica que suporta seus negócios e suas operações, independentemente da forma jurídica adotada, para que sua contabilidade possa refletir de forma fidedigna sua posição econômica.

Dentre as muitas alterações trazidas pela adoção do IFRS no Brasil, endereçamos aqui especificamente aquelas alterações referentes ao reconhecimento de contratos de concessão de serviços públicos, concentradas na Interpretação Técnica n. 1 do CPC (ICPC 01) e na Orientação n. 5 do CPC, que alteraram de forma significativa o reconhecimento contábil de tais contratos.

Antes da adoção do IFRS no Brasil, o BRGAAP determinava que as obras de infraestrutura implementadas pelas entidades concessionárias de serviços públicos, a serem utilizadas no desenvolvimento da atividade concedida, deveriam ser registradas como parte do ativo imobilizado de tal entidade. Ou seja, o BRGAAP vislumbrava que o resultado de tais obras corresponderia a um ativo tangível e de longo prazo, pertencente à entidade concessionária, que seria utilizado em suas atividades financeiras.

Seguindo tal interpretação, as entidades concessionárias registravam todos os custos atrelados a essa obra de infraestrutura como componentes do custo de aquisição de tal ativo imobilizado – que, a partir de então, passaria a se sujeitar à depreciação contábil, de modo a refletir a sua redução de valor no tempo.

Contudo, uma vez que o contrato de concessão prevê que o poder público concederá tão somente os direitos de exploração de determinada atividade à entidade concessionária, por um período de tempo preestabelecido, não seria possível que os ativos correspondentes permanecessem indefinidamente sob propriedade da entidade concessionária. Para endereçar essa questão, a solução apresentada pelo BRGAAP era considerar que qualquer contraprestação recebida pela entidade concessionária, atribuída a ela direta ou indiretamente pelo poder público, correspondia a uma indenização pela transferência compulsória de tal ativo imobilizado ao poder público.

Tal interpretação, que figurava como base dos contratos de concessão sob o BRGAAP, foi alterada de forma substancial com a entrada em vigor do IFRS no Brasil. Utilizando-se do princípio geral de substância sobre forma, o IFRS determinou que as entidades concessionárias não mais deviam considerar as obras de infraestrutura implementadas para fins de desenvolvimento da atividade concedida como parte de seu ativo imobilizado. Isso porque, segundo indica o ICPC 01, sob o ponto de vista econômico, os ativos em questão pertencem exclusivamente ao poder público e apenas durante o prazo estabelecido pelo contrato de concessão são controlados – e não detidos – pela entidade concessionária.

Nesse sentido, o IFRS passou a indicar duas formas possíveis de contabilização dos ativos relacionados ao contrato de concessão: o ativo financeiro e o ativo intangível. Tais formas impactaram de forma direta o reconhecimento contábil e o tratamento tributário das receitas auferidas pelas entidades concessionárias na exploração das atividades correspondentes.

A contabilização do contrato de concessão como **ativo financeiro** deve ser feita nos casos em que o referido contrato prevê que o poder concedente deve à entidade concessionária, de forma direta, uma contraprestação financeira pela construção das obras de infraestrutura implicadas na concessão. Em outras palavras, a entidade concessionária reconhece que possui um direito de recebimento financeiro contra o poder concedente em razão da execução das referidas obras – direito este reconhecido como um ativo financeiro nos termos do IFRS.

As normas contábeis determinam ainda que, nas hipóteses de reconhecimento de ativo financeiro relacionado a contrato de concessão, o referido ativo deve ser registrado quando do reconhecimento inicial do contrato de concessão pela entidade concessionária e pelo valor justo da contraprestação recebida ou a receber do poder concedente. Ademais, as referidas normas apontam ainda que a referida contraprestação paga pelo poder público corresponderá a uma receita auferida pela entidade concessionária.

Por outro lado, a contabilização do contrato de concessão como **ativo intangível** deve ser feita nos casos em que o referido contrato prevê que a entidade concessionária seja remunerada por obras efetuadas e serviços prestados não diretamente pelo poder público – como no caso do ativo financeiro –, mas pelos usuários dos serviços proporcionados pela atividade concedida. Em outras palavras, a mensuração do contrato de concessão como ativo intangível corresponde à possibilidade de a entidade concessionária explorar diretamente a atividade concedida e ser remunerada diretamente pelos particulares que fazem uso dos benefícios de tal entidade.

Nessa hipótese, o IRFR determina que o ativo intangível, representativo desse direito de exploração econômica da atividade concedida, deve ser reconhecido pelo valor dos custos incorridos para a sua obtenção perante o poder público – custos estes que podem corresponder tanto a uma contraprestação financeira paga pela concessionária como, de forma mais comum, ao valor da obra de infraestrutura a ser utilizada no desenvolvimento das atividades concedidas. Ademais, as normas contábeis indicam ainda que a entidade concessionária reconhecerá as receitas auferidas junto aos usuários dos serviços concedidos como receitas próprias, sendo ainda prevista a possibilidade de sua alocação entre receitas referentes aos serviços de construção de obras de infraestrutura e receitas referentes à operação dos ativos correspondentes.

Em linhas gerais, podemos observar que o IFRS alterou de forma radical o modo de reconhecimento contábil dos contratos de concessão. Consequentemente, considerando o impacto direto que a contabilidade tem sobre as regras tributárias brasileiras, passamos a verificar como tais alterações alteraram a forma como as empresas concessionárias brasileiras recolhem seus expressivos tributos, bem como as principais discussões acerca do tema.

Para fins didáticos, e seguindo a estrutura lógica da legislação tributária nacional, trataremos do tema em quatro partes distintas. Inicialmente, faremos breves comentários a respeito das normas tributárias vigentes no contexto de aplicação do IFRS. Depois, trataremos da incidência do IRPJ e da CSLL no regime do lucro real, seguida da incidência desses dois tributos no regime do lucro presumido. Por fim, teremos a análise acerca da incidência do PIS e da Cofins.

3. A EVOLUÇÃO DO TRATAMENTO TRIBUTÁRIO

Conforme já tratamos ao longo desta obra, a alteração das normas contábeis vigentes no Brasil trouxe diversos impactos ao tratamento tributário a ser seguido pelas pessoas jurídicas aqui domiciliadas.

Em um primeiro momento, quando da entrada em vigência do padrão IFRS nos termos da Lei n. 11.638/2007, o governo brasileiro buscou desvincular temporariamente os novos registros contábeis das regras de incidências tributárias correspondentes. Tal movimento deveu-se em grande parte a uma preocupação com o impacto que tais normas contábeis teriam na arrecadação tributária. Uma vez que a medida do impacto não era inicialmente clara, foi necessário um período para a sua mensuração e a consequente adaptação das normas tributárias correspondentes. Durante esse período, ficou vigente o Regime Tributário de Transição (RTT), que determinava a neutralidade das novas regras contábeis na apuração de tributos.

O referido período foi finalmente encerrado com a entrada em vigor da Lei n. 12.973/2014, que teve como principal objetivo adaptar as normas tributárias aplicáveis a tributos corporativos – em especial o IRPJ, a CSLL, o PIS e a Cofins – aos novos padrões contábeis. Tal dispositivo legal passou a ter vigência para alguns contribuintes que assim optaram em 1º de janeiro de 2014, sendo que para os demais a vigência se iniciou em 1º de janeiro de 2015.

Ao observarmos o contexto geral da Lei n. 12.973/2014, verificamos três princípios implícitos a boa parte de seus artigos. O primeiro deles diz respeito à já mencionada busca pela congruência com as normas contábeis no padrão IFRS. Esse primeiro princípio está em grande parte conectado ao segundo, que diz respeito à busca da prevalência da substância dos eventos tributáveis sobre a forma jurídica correspondente, como ocorre no IFRS. Por fim, o terceiro princípio corresponde à tentativa de alinhamento das incidências tributárias com o momento de realização efetiva da riqueza, de modo a evitar o descasamento entre tais incidências e a capacidade contributiva do ente tributado.

É em razão desse último princípio que, eventualmente, a Lei n. 12.973/2014 determinará momentos de incidência tributária diversos daqueles de reconhecimento de receitas contábeis, nas hipóteses em que se verifica que esses últimos não condizem com a realização de ganhos econômicos efetivos.

Conforme veremos nos tópicos seguintes, tais princípios se mostram presentes no tratamento tributário que a Lei n. 12.973/2014 destinou às receitas e às despesas oriundas de contratos de concessão de serviços públicos.

4. INCIDÊNCIA DO IRPJ E DA CSLL NO LUCRO REAL

Conforme indicado anteriormente, entre os vários temas endereçados, a Lei n. 12.973/2014 deu especial atenção à tributação de contratos de concessão de serviços públicos. De fato, tendo em vista que a referida lei atrelou as incidências tributárias aos registros contábeis das entidades, bem como a expressiva alteração conferida pelo padrão IFRS ao tratamento contábil das concessões, era de se esperar que ela regrasse especificamente sobre o tema.

No que se refere à incidência do IRPJ e da CSLL no regime de apuração do lucro real, tal regramento encontra-se consolidado nos art. 35 e 36 da Lei n. 12.973/2014. E, como fazem as normas contábeis, a lei especificou um tratamento tributário distinto a depender do reconhecimento do contrato de concessão correspondente como um ativo financeiro ou intangível.

Com relação ao registro como ativo financeiro, as regras contábeis atualmente vigentes determinam que ele corresponda ao direito de recebimento de contraprestação financeira diretamente do poder público, em contrapartida à conta de receita. Ao abordar essa modelagem contábil, o art. 36 da Lei n. 12.973/2014 determinou que:

> o lucro decorrente da receita reconhecida pela construção, recuperação, reforma, ampliação ou melhoramento da infraestrutura, cuja contrapartida seja ativo financeiro representativo de direito contratual incondicional de receber caixa ou outro ativo financeiro, poderá ser tributado à medida do efetivo recebimento.

Como podemos ver, o dispositivo legal buscou a primazia pela substância sobre a forma e pela congruência com os registros contábeis no padrão IFRS ao condicionar a forma de incidência do IRPJ e da CSLL ao registro contábil correspondente. Por outro lado, o referido artigo primou também por alinhar as incidências tributárias ao momento de efetivo recebimento de recursos pela concessionária.

Conforme destacado anteriormente, o ativo financeiro e a sua contrapartida em receita devem ser reconhecidos para fins contábeis quando do registro do contrato de concessão correspondente. Assim, o eventual silêncio da norma tributária a esse respeito poderia dar ensejo ao raciocínio de que o reconhecimento total da receita correspondente ao valor integral do ativo financeiro implicaria na sua tributação imediata pelo IRPJ e pela CSLL – tributação esta que poderia ocorrer muito antes de qualquer efetivo recebimento de contraprestações do poder público.

Nessa hipótese, teríamos uma situação na qual as concessionárias incorreriam em expressivos custos tributários muito antes de dispor do caixa correspondente às receitas tributadas. Ao possibilitar que as empresas concessionárias recolham o IRPJ e a CSLL correspondentes na medida do efetivo recebimento de recursos – o que implica um verdadeiro regime de caixa para fins de incidências tributarias –, tal potencial distorção econômica é coerentemente evitada.

Os mesmos princípios utilizados pela Lei n. 12.973/2014 para tratar da tributação dos contratos de concessão reconhecidos como ativo financeiro são repetidos no tratamento conferido àqueles contratos contabilizados como ativo intangível. Como visto, o reconhecimento do contrato de concessão como um ativo intangível correspondente ao direito de exploração econômica da atividade concedida junto aos seus usuários implica também um reconhecimento de contraparte à conta de receita. Contudo, ao versar sobre o tema, o art. 35 da referida lei determina que "o resultado decorrente desse reconhecimento deverá ser computado no lucro real à medida que ocorrer a realização do respectivo ativo intangível, inclusive mediante amortização, alienação ou baixa".

Mais uma vez aqui, além da prevalência da substância sobre a forma e da aproximação do tratamento tributário ao tratamento contábil, podemos verificar uma preocupação com relação ao alinhamento entre o momento de incidência do IRPJ e da CSLL e o aferimento efetivo de ganhos financeiros pelas entidades concessionárias.

Ora, conforme já destacamos, o registro contábil do ativo intangível se dará pelo valor dos custos incorridos para a sua obtenção perante o poder público, que costumeiramente correspondem ao valor da obra de infraestrutura a ser utilizada no desenvolvimento das atividades concedidas. Em outras palavras, conforme a empresa concessionária avança nas obras de infraestrutura em questão, ocorre o crescente reconhecimento do ativo intangível e da sua contrapartida em receita.

Somente após a conclusão de tais obras a entidade passará a explorar economicamente a atividade concedida, aferindo rendimentos a partir das contraprestações pagas pelos usuários de tal atividade. É também a partir desse momento que o ativo intangível, então consolidado, passa a ser amortizado pela concessionária, em linha com as regras contábeis aplicáveis.

Novamente, no eventual silêncio da Lei n. 12.973/2014 sobre o tema, a entidade concessionária estaria diante de uma situação na qual deveria recolher o IRPJ e a CSLL ao longo da execução das obras de infraestrutura correspondentes – quando ocorre o reconhecimento do ativo intangível e da sua contrapartida em resultado –, muito antes do efetivo aferimento de ganhos financeiros com a exploração econômica da atividade concedida. Ou seja, a concessionária se veria forçada a incorrer em expressivos custos tributários muito antes de adquirir a capacidade contributiva correspondente.

Ao alinhar a incidência do IRPJ e da CSLL à amortização contábil do ativo intangível correspondente, o art. 35 da Lei n. 12.973/2014 contrapôs o período de recebimentos financeiros efetivos ao período de utilização do ativo intangível correspondente ao direito de exploração econômica das atividades – registrado pela amortização de tal ativo – e também ao período de dedução de despesas com a referida amortização. Em outras palavras, o mencionado artigo alinhou a utilização econômica do ativo com a geração de receitas tributáveis e despesas dedutíveis correspondentes, evitando assim onerar excessivamente as concessionárias com incidências tributárias antecipadas.

Como podemos ver, o regramento estabelecido pela Lei n. 12.973/2014 para a incidência do IRPJ e da CSLL sobre receitas advindas de contratos de concessão de serviços públicos no regime do lucro real é preciso em sua tarefa de aproximar as normas tributárias das contábeis, sem causar distorções econômicas com o recolhimento de tributos em períodos anteriores ao efetivo aferimento dos resultados que se pretende tributar.

Tais princípios são também seguidos pela Lei n. 12.973/2014 ao tratar da incidência do IRPJ e da CSLL sobre receitas advindas de contratos de concessão de serviços públicos no regime do lucro presumido.

5. INCIDÊNCIA DO IRPJ E DA CSLL NO LUCRO PRESUMIDO

Como vimos na seção anterior, no que se refere à tributação dos contratos de concessão de serviços públicos o legislador, ao alinhar as incidências tributárias e as normas contábeis, demonstrou preocupação em evitar um eventual descasamento entre o momento de reconhecimento de receitas tributáveis – que, no regime de competência, já ensejariam o recolhimento do IRPJ e da CSLL – e o momento de aquisição de efetiva capacidade contributiva pelos contribuintes.

Em que pese o fato de essa eventual distorção poder ser eliminada no regime do lucro presumido com a simples eleição, à opção do contribuinte, pela sua tributação no regime de caixa, vale destacar que novamente aqui a Lei n. 12.973/2014 foi consistente com seus princípios.

Inicialmente, no que se refere aos contratos de concessão registrados como ativo financeiro, correspondente ao direito de recebimento de contraprestação financeira diretamente do poder público à conta de receita, destacamos que o art. 36 da Lei n. 12.973/2014 não faz qualquer distinção entre lucro real e lucro presumido. Em outras palavras, mesmo no regime de competência, é mantida a possibilidade de a concessionária recolher o IRPJ e a CSLL sobre as receitas correspondentes na medida do efetivo recebimento de caixa ou outro ativo financeiro, pago pelo poder público. Assim, mantém-se também para o lucro presumido a consistência do tratamento tributário formulado pela mencionada lei.

Por outro lado, a Lei n. 12.973/2014 optou por tratar especificamente da incidência do IRPJ e da CSLL sobre as receitas reconhecidas em contrapartida a ativo intangível, correspondente ao direito de exploração econômica da atividade concedida junto aos seus usuários, no regime do lucro presumido.

Como se pode notar, o regramento do art. 35 da mencionada lei está expressamente restrito à apuração do IRPJ e da CSLL no regime do lucro real. Ademais, a Lei n. 12.973/2014 trouxe o art. 44, segundo o qual

> no caso de contratos de concessão de serviços públicos, a receita reconhecida pela construção, recuperação, reforma, ampliação ou melhoramento da infraestrutura, cuja contrapartida seja ativo intangível representativo de direito de exploração, não integrará a base de cálculo do imposto sobre a renda, quando se tratar de imposto sobre a renda apurado com base no lucro presumido ou arbitrado.

Inicialmente, pode parecer estranha a opção do legislador de expressamente autorizar a exclusão da tributação das receitas contrapostas a ativo intangível nos casos de contrato de concessão de serviços públicos no regime do lucro presumido. No entanto, ao avaliar mais a fundo o regramento contábil pertinente, tal previsão se explica.

Conforme detalhado no tópico anterior, para os casos de contrato de concessão registrados como ativo imobilizado, o art. 35 da Lei n. 12.973/2014 condicionou o cálculo do lucro real à amortização contábil do referido ativo. Dessa forma, contrapôs o período de recebimentos financeiros efetivos ao período de utilização do ativo intangível correspondente ao direito de exploração econômica das atividades – registrado pela amortização de tal ativo – e também ao período de dedução de despesas com a referida amortização.

Ora, tal sistemática, que leva em consideração a amortização contábil e a dedução de despesas para fins tributários, realmente faz sentido no caso de apuração do IRPJ e da CSLL no regime do lucro real – no qual a dedução de despesas é permitida. No entanto, manter tal regramento para fins de apuração do lucro presumido geraria uma série de inconsistências no tratamento tributário, em razão da impossibilidade de dedução de despesas.

Dessa forma, parece acertada a decisão do legislador de excluir tais receitas da incidência do IRPJ e da CSLL no regime do lucro presumido. No entanto, isso não significa que as concessionárias sujeitas a esse regime que registrem contratos de concessão em conta de ativo intangível não recolherão IRPJ e CSLL em decorrência de suas atividades. Isso porque tais entidades ainda aferirão receitas decorrentes da exploração das atividades econômicas concedidas, receitas estas que integrarão a base de cálculo de tais tributos.

Vale notar ainda que o parágrafo único do mencionado art. 44 determina que tais entidades deverão reconhecer "ganho de capital na alienação do ativo intangível [...] à diferença positiva entre o valor da alienação e o valor dos custos incorridos na sua obtenção, deduzido da correspondente amortização". Na hipótese de aferimento de tal ganho, haverá ainda a incidência do IRPJ e da CSLL, sem a aplicação dos percentuais de presunção do regime do lucro presumido, conforme dita a legislação aplicável.

Para finalizar nossa análise, passaremos agora a verificar o regramento concedido pela Lei n. 12.973/2014 à incidência do PIS e da Cofins sobre receitas oriundas de contratos de concessão de serviços públicos.

6. INCIDÊNCIA DO PIS E DA COFINS

Com relação à incidência do PIS e da Cofins sobre receitas relacionadas a contratos de concessão de serviços públicos, as alterações trazidas pela Lei n. 12.974//2014 seguiram os mesmos princípios utilizados para a determinação da incidência do IRPJ e da CSLL.

No que se refere a contratos de concessão de serviços públicos cujo registro contábil se deu em conta de ativo financeiro, representativa do direito receber contraprestação financeira do poder público, o art. 56 da Lei n. 12.973/2014 determinou que a contrapartida reconhecida em conta de receita "integrará a base de cálculo da contribuição para o PIS/Pasep e da Cofins, à medida do efetivo recebimento".

Mais uma vez, a exemplo do que ocorre com a incidência do IRPJ e da CSLL, a Lei n. 12.973/2014, ao aproximar a incidência do PIS e da Cofins dos registros contábeis, se preocupou em garantir que esta ocorresse conforme o efetivo recebimento de caixa pela concessionária, evitando potencial carga tributária já quando do reconhecimento inicial do ativo financeiro e da sua contrapartida em receita, o que tende a acontecer muito antes de a concessionária obter qualquer retorno financeiro com a atividade concedida.

Vale destacar ainda que a previsão do mencionado art. 56 não faz qualquer distinção quanto à sistemática de incidência do PIS e da Cofins, permitindo a interpretação de que a tributação por tais contribuições deverá se dar tanto na sistemática cumulativa quando na não cumulativa – basta que a concessionária em questão tenha registrado o contrato de concessão correspondente como parte de seu ativo financeiro.

Por outro lado, no que se refere a contratos de concessão de serviços públicos cujo registro contábil se deu em conta de ativo intangível, representativa do direito de exploração econômica da atividade concedida, a Lei n. 12.973/2014, por meio da inclusão do inciso VI ao § 2º do art. 3º da Lei n. 9.718, de 27 de novembro de 1998; do inciso XI ao § 3º do art. 1º da Lei n. 10.637, de 30 de dezembro de 2002; e do inciso X ao § 3º do art. 1º da Lei n. 10.833, de 29 de dezembro de 2003, determinou expressamente a exclusão da contrapartida em conta de receita da base de cálculo de tais tributos, tanto na sistemática de apuração cumulativa quanto na não cumulativa.

Mais uma vez, a exemplo do que ocorre com a incidência do IRPJ e da CSLL no regime do lucro presumido, optou o legislador por excluir a receita reconhecida em contrapartida ao ativo intangível, representativa do direito de exploração econômica da atividade concedida, da incidência do PIS e da Cofins. Dessa maneira, evita-se a necessidade de recolhimento de tais contribuições quando da etapa de formação do ativo intangível correspondente – leia-se, quando da construção das obras de infraestrutura a serem utilizadas na atividade concedida, algo que ocorre antes de a concessionária obter qualquer retorno financeiro efetivo com tal atividade.

No entanto, isso não significa que as concessionárias sujeitas a esse regime que registrem contratos de concessão em conta de ativo intangível não recolherão PIS e Cofins em decorrência de suas atividades. Isso porque tais entidades ainda aferirão receitas decorrentes da exploração das atividades econômicas concedidas, receitas estas que integrarão a base de cálculo de tais tributos.

Por fim, vale destacar que a Lei n. 12.973/2014, pela inclusão do § 21 ao art. 3º da Lei n. 10.637/2002 e do § 29 ao art. 3º da Lei n. 10.833/2003, ainda tratou da possibilidade de tomada de crédito de PIS e Cofins, apurados em sua sistemática não cumulativa, com relação aos custos incorridos com a construção das obras de infraestrutura relacionadas com atividades concedidas, tanto nos casos em que o contrato de concessão é registrado como parte do ativo intangível, quanto nos casos em que tal contrato é registrado no ativo financeiro.

Assim, conforme redação dos mencionados dispositivos legais,

> na execução de contratos de concessão de serviços públicos, os créditos gerados pelos serviços de construção, recuperação, reforma, ampliação ou melhoramento de infraestrutura, quando a receita correspondente tiver contrapartida em ativo intangível, representativo de direito de exploração, ou em ativo financeiro, somente poderão ser aproveitados, no caso do ativo intangível, à medida que este for amortizado e, no caso do ativo financeiro, na proporção de seu recebimento [...].

Como se pode observar, a Lei n. 12.973/2014 contrapôs o momento da tomada dos referidos créditos ao momento da efetiva incidência do PIS e da Cofins, em cada caso, sobre as receitas oriundas das atividades concedidas.

7. CONSIDERAÇÕES FINAIS

Como podemos observar, as alterações das normas contábeis para adaptação ao padrão IFRS impactaram relevantemente a forma como as entidades concessionárias de serviços públicos reconhecem as receitas correspondentes à exploração de tais atividades econômicas.

Ao seguir a primazia da substância sobre a forma, o padrão IFRS determina que o reconhecimento de tais contratos dependerá da forma como as entidades concessionárias serão remuneradas. No caso de remuneração diretamente pelo poder público, a concessionária deterá um ativo financeiro representativo do direito de exigir tal contraprestação. No caso de remuneração pela exploração direta do serviço concedido, a concessionária deterá um ativo intangível representativo de tal direito de exploração.

Em ambos os casos, o reconhecimento de tais ativos terá como contrapartida uma receita para a entidade concessionária. Também em ambos os casos, o reconhecimento contábil desses ativos/receitas se dará anteriormente à efetiva realização financeira correspondente pelas concessionárias – seja pelo recebimento da contraprestação refletida no ativo financeiro, seja pela exploração da atividade concedida refletida no ativo intangível.

Tal alteração poderia ter trazido grandes ineficiências tributárias às entidades concessionárias de serviços públicos, que poderiam se ver diante de uma situação na qual seria necessário o recolhimento de tributos corporativos, como o IRPJ, a CSLL, o PIS e a Cofins, muito antes da aquisição da capacidade contributiva para fazer frente a tais custos – algo que poderia encarecer de forma relevante a execução de tais atividades e, dessa forma, representar mais um entrave para o seu desenvolvimento no Brasil.

Felizmente, a Lei n. 12.973/2014, ao aproximar as incidências tributárias das normas contábeis, tratou de corrigir tal potencial ineficiência por meio de uma série de dispositivos legais que alinharam a incidência do IRPJ, da CSLL, do PIS e da Cofins aos momentos do efetivo recebimento, pelas empresas concessionárias, dos recursos resultantes da exploração da atividade concedida, tanto nos casos de reconhecimento de ativo financeiro como naqueles de ativo intangível.

Assim, parece-nos que, apesar de a Lei n. 12.973/2014 ter apresentado uma série de novas discussões e incertezas no que se refere à apuração de tributos, ao menos no que se refere à exploração das atividades da concessionária, o legislador se preocupou em corrigir potencial ineficiência econômica que poderia surgir do reconhecimento contábil no padrão IFRS. Dado o atualmente precário estado da infraestrutura e dos serviços públicos no Brasil, ao menos a transição para o novo padrão contábil e tributário não representou um passo para trás.

O TRATAMENTO FISCAL DAS SUBVENÇÕES PARA INVESTIMENTO E CUSTEIO

Maurício Braga Chapinoti[1]
Erlan Valverde[2]

1. INTRODUÇÃO

A qualificação jurídica das subvenções para custeio e investimento tem entretido tributaristas desde a regulação societária e fiscal do tema, nos últimos anos da década de 1970. A essência da discussão sempre foi decifrar se as destinações de caixa concedidas por entes federativos deveriam ser, aos olhos do contribuinte, alocadas para reservas em patrimônio líquido e, logo, neutras para fins de determinação dos tributos sobre a renda (subvenção para investimento) ou como resultado operacional corrente da entidade, sujeito à tributação (subvenção para custeio).

A concessão de incentivos fiscais a granel para empreendimentos reforçada pela guerra fiscal dos últimos anos, bem como a criação da contribuição ao Programa de Integração Social (PIS) e da Contribuição para o Financiamento da Seguridade Social (Cofins) sobre receitas, aumentaram o apetite fiscal sobre as importâncias subvencionadas, o que motivou a criação de um histórico contencioso.

---

1 Sócio de Perlman, Vidigal, Godoy Advogados. Bacharel em Direito pela Universidade Mackenzie (1999). Pós-graduado em Direito Tributário pela Pontifícia Universidade Católica de São Paulo (PUC-SP, 2002) e Mestre em Direito Internacional Tributário pela Leiden University, Holanda (2004).

2 Sócio de TozziniFreire Advogados. Bacharel em Direito pela Faculdade de Direito de São Bernardo do Campo (2005), com extensão em Direito Tributário Internacional pelo IBFD, em Amsterdã (2010). Foi residente por um período de 36 meses em Nova Iorque (2013 e 2015-2017), onde chegou a atuar como líder do *Brazilian Tax Desk* de uma das empresas de consultoria *Big Four*.

Contudo, a insegurança jurídica que permeia o tema é patente quando se colocam as últimas décadas da jurisprudência em perspectiva. A falta de regulamentação legal específica sobre a matéria motivou tanto o fisco quanto os contribuintes a firmarem posições acerca do tema, o que levou tribunais administrativos e judiciais a constantemente meditar sobre o assunto, em variações sobre o mesmo tema que se arrastam em litígio há quase quatro décadas.

Passados mais de 40 anos da promulgação da Lei n. 6.404/1976 (Lei das S.A.), bem como da regulamentação fiscal de seus efeitos proposta pelo Decreto-Lei (DL) n. 1.598/1977, a convergência das regras contábeis brasileiras aos padrões do *International Financial Reporting Standards* (IFRS), determinada pela Lei n. 11.638/2007, criou uma aparente sensação de que a matéria seria pacificada.

Este estudo busca apresentar a evolução técnica e legislativa do tema, cotejando-as com as discussões jurisprudenciais acerca da matéria. O objetivo aqui é determinar se as alterações propostas pela Lei n. 11.638/2007, bem como pela Lei n. 11.941/2008 e, mais recentemente, pela Lei Complementar (LC) n. 160/2017, trouxeram clareza quanto ao conceito de subvenção para investimento e custeio, de maneira a trazer segurança jurídica no tratamento tributário desses valores.

2. REGULAMENTAÇÃO ORIGINAL: DL N. 1.598/1977

Inicialmente, é importante destacar que o tema da subvenção para investimentos não era regulamentado dos pontos de vista societário e fiscal até a promulgação da Lei das S.A. O DL n. 2.627/1940, antiga norma regulamentadora das Sociedades Anônimas por Ação, não previa tratamento especial para eventuais transferências de recursos recebidos do poder público.

Dos pontos de vista contábil e fiscal, o Decreto n. 58.400/1966, que regulamentou a cobrança e a fiscalização do imposto de renda entre 1966 e 1980, apenas replicava a disposição do art. 44 da Lei n. 4.506/1964, no sentido de que as subvenções correntes para custeio ou operação, recebidas de pessoas jurídicas de direito público ou privado ou de pessoas naturais, integravam a receita bruta operacional. Tal dispositivo permanece em vigor e segue como o comando legal para tributação das subvenções para custeio para fins de imposto de renda.[3]

A ausência de tratamento específico para outras transferências de capital levou o fisco a autuar certos contribuintes para exigir o imposto de renda supostamente

---

3   Atualmente refletido no art. 392, inciso I, do Regulamento de Imposto de Renda (RIR/99).

devido sobre subvenções feitas pelo poder público, especialmente os incentivos de Imposto sobre Circulação de Mercadorias e Serviços (ICMS) concedidos pelos estados e pelo Distrito Federal.

Em acordão proferido em 1982, em relação a fatos geradores anteriores ao DL n. 1.598/1977, a Câmara Superior de Recursos Fiscais do então Conselho de Contribuintes acabou decidindo que inexiste a incidência de imposto de renda sobre as importâncias reembolsadas a título de subvenções pois os valores sequer constituem receita (Acórdão CSRF/01-0.205/82).

O panorama, contudo, foi substancialmente alterado com a inovação legislativa trazida pelo DL n. 1.598/1977. Em uma regra tributária mesclada com comandos contábeis e societários, o diploma legal em comento trouxe a possibilidade de as **subvenções para investimento**, inclusive mediante isenção ou redução de impostos concedida como estímulo à implantação ou expansão de empreendimentos econômicos, e as doações não serem computadas na determinação do lucro real, desde que: (i) registradas como reserva de capital, que somente poderia ser utilizada para absorver prejuízos ou incorporada ao capital social; ou (ii) feitas em cumprimento da obrigação de garantir a exatidão do balanço do contribuinte e utilizadas para absorver superveniências passivas ou insuficiências ativas.

Criou-se, a partir de então, uma necessidade dogmática de se diferenciarem as duas hipóteses de subvenção apresentadas pela lei fiscal para que se garantisse o correto tratamento tributário. A esse respeito, é importante destacar que o instituto da subvenção é importado do direito financeiro, sem conceituação prévia em matéria tributária, e os limites do que seria subvenção são polêmicos até mesmo nesse campo do direito.

O professor Regis Fernandes de Oliveira,[4] por exemplo, afirma que somente é possível falar em subvenção quando se tratar de auxílio oferecido a entes públicos ou privados como forma de suplementação de recursos, nos campos especiais da assistência social, médica ou educacional, ou para cobrir insuficiência de caixa de entidades estatais.

Para De Plácido e Silva,[5]

> a subvenção não tem o caráter nem de paga nem de compensação. É mera contribuição pecuniária destinada a auxílio ou em favor de uma pessoa, ou de

---

4   OLIVEIRA, Régis Fernandes de. *Curso de Direito Financeiro*. 7. ed. São Paulo: Saraiva, 2015.

5   DE PLÁCIDO E SILVA, Oscar Joseph. *Vocabulário Jurídico*. 19. ed. Rio de Janeiro: Forense, 1998. p. 779.

uma instituição, para que se mantenha, ou para que execute os serviços ou obras pertinentes a seu objeto.

Já segundo Modesto Carvalhosa,[6] as subvenções são ajudas ou auxílios pecuniários, concedidos pelo Estado, em favor de instituições que prestam serviços ou realizam obras de interesse público.

A Lei n. 4.320/1964 aponta, todavia, que subvenções, para os efeitos da lei orçamentária, são as transferências destinadas a cobrir despesas de custeio das entidades beneficiadas, distinguindo-as entre sociais e econômicas. As subvenções sociais são caracterizadas como as destinadas a instituições públicas ou privadas de caráter assistencial ou cultural, sem finalidade lucrativa, enquanto as econômicas são as destinadas a empresas públicas ou privadas de caráter industrial, comercial, agrícola ou pastoril.

A legislação orçamentária, no entanto, não criou nenhuma diferenciação conceitual entre subvenções quanto à sua finalidade. Logo, a matéria passou a ser exclusivamente explorada pela doutrina fiscal. Noé Winkler,[7] por exemplo, destacava que a subvenção para investimento é contribuição pecuniária do Estado com destinação sem retorno, isto é, não tem como contrapartida exigibilidade, de vez que constituirá reserva de capital.

Há de se destacar, todavia, que na redação original do art. 38, § 2º, do DL n. 1.598/1977, o conteúdo das subvenções para investimento está delimitado nos seguintes termos:

§ 2º As subvenções para investimento, **inclusive mediante isenção ou redução de impostos concedida como estímulo à implantação ou expansão de empreendimentos econômicos** e as doações não serão computadas na determinação do lucro real, desde que:

a) registradas como reserva de capital, que somente poderá ser utilizada para absorver prejuízos ou ser incorporada ao capital social, observado o disposto no artigo 36 e seus parágrafos; ou

b) feitas em cumprimento de obrigação de garantir a exatidão do balanço do contribuinte e utilizadas para absorver superveniências passivas ou insuficiências ativas. (grifo nosso)

---

6 CARVALHOSA, Modesto. *Comentários à Lei das Sociedades Anônimas*. São Paulo: Saraiva, 1997.

7 WINKLER, Noé. *Imposto de Renda*. Rio de Janeiro: Forense, 2001.

Ao se analisar o conteúdo do referido artigo, nota-se que não há qualquer elemento qualitativo ou quantitativo que obrigue a aplicação dos recursos economizados com isenções e reduções nos respectivos empreendimentos incentivados para assegurar a isenção fiscal. O único requisito expresso para a isenção fiscal é a alocação posterior dos recursos em conta de reserva de capital (sujeita a restrições) ou para garantir a exatidão do balanço.

O fisco, todavia, nunca concordou com essa posição. Uma primeira tentativa de se criar uma diferenciação entre as subvenções econômicas de custeio e investimento no contexto de isenção e redução de impostos adveio com o Parecer Normativo (PN) n. 112/1978, publicado pouco após a promulgação do DL n. 1.598/1977.[8]

Na visão do fisco, as subvenções, sejam elas de custeio ou investimento, deveriam sempre ser tratadas como resultado – operacional, no caso de custeio, e não operacional quando de investimento –, com a diferenciação de que a regra fiscal admitia a reversão das subvenções de investimento para a conta de reserva de capital, desde que observadas as limitações de uso dessa reserva.

Outra importante consideração fiscal acerca do conceito de subvenção para investimento veio no item 2.12 do PN n. 112/1978:

> Observa-se que a SUBVENÇÃO PARA INVESTIMENTO apresenta características bem marcantes exigindo até mesmo perfeita sincronia da intenção do subvencionador com a ação do subvencionado. **Não basta apenas o "animus" de subvencionar para investimento. Impõe-se também a efetiva e específica aplicação de subvenção**, por parte do beneficiário, nos investimentos previstos na implantação ou expansão do empreendimento econômico projetado. Por outro lado, a simples aplicação dos recursos decorrentes da subvenção em investimentos não autoriza a sua classificação como SUBVENÇÃO PARA INVESTIMENTO. (grifo nosso)

Conforme destacado por Bulhões Pedreira,[9] os requisitos de efetiva e específica aplicação dos recursos propostos pelo PN n. 112/1978 não encontram

---

8 Conforme salienta Bulhões Pedreira, houve uma primeira tentativa frustrada de regulamentação do tema por meio do PN n. 2/1978, porém este foi revogado em razão de erros técnicos. BULHÕES PEDREIRA, José Luiz. *Imposto sobre a renda*: pessoas jurídicas. Rio de Janeiro: Justec, 1979. v. 1.

9 BULHÕES PEDREIRA, José Luiz. *Imposto sobre a renda*: pessoas jurídicas. Rio de Janeiro: Justec, 1979. v. 1.

fundamento em lei, tendo em vista que a legislação tributária classifica todas as subvenções em apenas duas categorias – correntes e para investimento. Destaca, ainda, que a subvenção que não se classifica em uma delas pertence, necessariamente, à outra, e toda transferência de capital é subvenção para investimento. A palavra investimento, no caso, deve ser entendida nos seus dois sentidos – de criação de bens de produção e de aplicação financeira.

As autoridades fiscais sempre tiveram uma interpretação muito restritiva acerca da qualificação das subvenções para investimento, especialmente em relação aos incentivos fiscais de ICMS concedidos pelos estados e pelo Distrito Federal. Do ponto de vista prático, diversos contribuintes foram autuados pelo fisco para comprovar, por meio de demonstrativos, com base no PN n. 112/1978, que os incentivos fiscais recebidos foram efetiva e especificamente aplicados no empreendimento de área incentivada. A falta desses demonstrativos vinha levando o fisco a classificar a subvenção como de custeio e, dessa forma, submeter os valores do incentivo à tributação de Imposto de Renda das Pessoas Jurídicas (IRPJ) e Contribuição Social sobre o Lucro Líquido (CSLL) e, posteriormente, PIS e Cofins.

A questão obviamente foi levada às cortes administrativas pelos contribuintes. De início, as decisões confirmavam o entendimento do fisco de que a comprovação de utilização do caixa era requisito mandatório.[10] Havia também decisões contrárias do então Conselho de Contribuintes determinando que a aplicação de recursos deveria ser interpretada de maneira ampla e a conexão entre o caixa e os investimentos não deveria ser uma condição para a não tributação dos incentivos.

Para aumentar a discussão, a Receita Federal do Brasil (RFB) proferiu em 2003 o Ato Declaratório Interpretativo (ADI) n. 22, determinando que os incentivos concedidos por estados e Distrito Federal não deveriam ser caracterizados como subvenção para investimentos ou custeio, mas como redução de custos e despesas.

A jurisprudência, contudo, seria devidamente afetada pela mudança dos padrões contábeis brasileiros para o IFRS em 2007, bem como por sua regulamentação fiscal em 2009.

3. REGULAMENTAÇÃO PÓS-IFRS

Com a adoção do IFRS a partir de janeiro de 2008, o tratamento contábil aplicável aos incentivos fiscais foi submetido a uma mudança substancial.

---

10 Vide Acórdãos n. 01-2131 e n. 01-2479, ambos proferidos pelo Conselho de Contribuintes, antiga denominação do Conselho Administrativo de Recursos Fiscais.

Nos termos do Pronunciamento Técnico n. 7 do Comitê de Pronunciamentos Contábeis (CPC 07):

12. Uma subvenção governamental deve ser reconhecida como receita ao longo do período e confrontada com as despesas que pretende compensar, em base sistemática, desde que atendidas as condições deste Pronunciamento. A subvenção governamental não pode ser creditada diretamente no patrimônio líquido. [...]

15. O tratamento contábil da subvenção governamental como receita deriva dos seguintes principais argumentos:

(a) uma vez que a subvenção governamental é recebida de uma fonte que não os acionistas e deriva de ato de gestão em benefício da entidade, não deve ser creditada diretamente no patrimônio líquido, mas, sim, reconhecida como receita nos períodos apropriados;

(b) subvenção governamental raramente é gratuita. A entidade ganha efetivamente essa receita quando cumpre as regras das subvenções e cumpre determinadas obrigações. A subvenção, dessa forma, deve ser reconhecida como receita na demonstração do resultado nos períodos ao longo dos quais a entidade reconhece os custos relacionados à subvenção que são objeto de compensação;

(c) assim como os tributos são despesas reconhecidas na demonstração do resultado, é lógico registrar a subvenção governamental que é, em essência, uma extensão da política fiscal, como receita na demonstração do resultado.

15A. Enquanto não atendidos os requisitos para reconhecimento da receita com subvenção na demonstração do resultado, a contrapartida da subvenção governamental registrada no ativo deve ser feita em conta específica do passivo.

15B. Há situações em que é necessário que o valor da subvenção governamental não seja distribuído ou de qualquer forma repassado aos sócios ou acionistas, fazendo-se necessária a retenção, após trânsito pela demonstração do resultado, em conta apropriada de patrimônio líquido, para comprovação do atendimento dessa condição. Nessas situações, tal valor, após ter sido reconhecido na demonstração do resultado, pode ser creditado à reserva própria (reserva de incentivos fiscais), a partir da conta de lucros ou prejuízos acumulados.

Com o novo tratamento contábil impondo o reconhecimento dos incentivos como receita, a neutralidade fiscal das subvenções para investimento foi colocada

228 Impactos tributários decorrentes da adoção do IFRS no Brasil

em risco, especialmente para o PIS e a Cofins. Em relação ao IRPJ e à CSLL, a maioria dos contribuintes se valia da isenção prevista no DL n. 1.598/1977, mas ainda havia a preocupação quanto à interpretação a ser dada pela RFB em relação ao tema, na medida em que o mencionado DL foi proferido na época que os incentivos fiscais não transitavam em resultado.

Nesse cenário, surgiu em maio de 2009 a Lei n. 11.941/2009, que criou o chamado Regime Tributário de Transição (RTT). De maneira geral, a Lei n. 11.941/2009 esclareceu que todos os ajustes contábeis decorrentes da implementação do IFRS deveriam ser neutros para fins de apuração de IRPJ, CSLL, PIS e Cofins.[11]

Em relação às subvenções para investimento, a Lei n. 11.941/2009 determinou expressamente que as receitas registradas sob essa rubrica deveriam ser excluídas da base de cálculo do IRPJ e da CSLL. Não havia regra específica em relação à exclusão dos valores para fins de apuração do PIS e da Cofins, mas entendiam os contribuintes que a exclusão deveria ser estendida às referidas contribuições como consequência da aplicação da neutralidade geral da lei.

Como seu próprio nome já adiantava, o RTT era um sistema de neutralidade temporário e deveria permanecer vigente até que o governo propusesse uma nova regulação dos ajustes de IFRS de forma definitiva. Nesse lanço, adveio a extinção do regime transitório em 2014, com a regulação definitiva sobre os ajustes de IFRS prevendo a exclusão das receitas de subvenção para investimento das bases de cálculo do IRPJ, CSLL, PIS e Cofins.[12]

4. JURISPRUDÊNCIA ADMINISTRATIVA

A jurisprudência administrativa em relação à qualificação de incentivos como subvenção para investimentos não foi pacífica em nenhum momento dos últimos anos. As análises do hoje Conselho Administrativo de Recursos Fiscais (CARF) sempre variaram de acordo com o incentivo que se está analisando, bem como a composição e o momento político vividos no colegiado.

No Acórdão n. 101-95.642, proferido no ano de 2006, a 1ª Câmara do então 1º Conselho de Contribuintes (CC) decidiu que o incentivo fiscal concedido pelo poder público traduzido pela restituição do ICMS, tendo como contrapartida a

---

11 *Ex vi* do art. 16 c/c o art. 21 da Lei n. 11.941/2009.
12 Leitura dos arts. 30, 54 e 55 da Lei n. 12.973/2014.

realização de gastos com benefícios sociais aos empregados (alimentação, saúde, lazer, transporte etc.), manutenção de atividades administrativas, concessão de descontos em operações de vendas e abertura de vagas destinadas ao emprego de menores, por exemplo, se caracteriza como subvenção para custeio, e como tal deveria ser oferecido à tributação.

De maneira bastante incipiente, o voto vencedor da decisão concluiu que o conjunto de obrigações assumidas pela recorrente, como também a contrapartida do estado do Amazonas, não permitia concluir que se tratava de transferência de recursos para aumentar o estoque de capital da recorrente.

No Acórdão n. 107-08.738, também de 2006, a 7ª Câmara do 1º CC decidiu que os incentivos concedidos no âmbito do Programa de Incentivo ao Desenvolvimento Industrial (Provin), no Ceará, se caracterizariam como subvenções para investimento pois presentes: (i) a intenção do estado em transferir capital para a iniciativa privada; e (ii) o aumento do estoque de capital da pessoa jurídica subvencionada, mediante incorporação dos recursos em seu patrimônio.

Em 2007, por meio do Acórdão n. 105-16.638, a 5ª Câmara se manifestou, acertadamente no nosso entendimento, no sentido de que as subvenções para investimentos que podem ser excluídas da apuração do lucro real são aquelas que, recebidas do poder público, sejam efetiva e especificadamente aplicadas pelo beneficiário aos incentivos previstos na implantação ou expansão do empreendimento econômico projetado. Dessa forma, incentivos fiscais recebidos como compensação por inversões fixas previamente realizadas pelo beneficiário não são passíveis de enquadramento como subvenção de investimento, na ótica do imposto de renda, por não atenderem à condição de concomitância e de absoluta correspondência entre a percepção da vantagem e a aplicação dos recursos.

Ainda em 2007, a 1ª Câmara manteve seu entendimento de que o incentivo financeiro concedido por governo estadual, a título de subvenção para capital de giro, não se traduz em "subvenção para investimento", mormente quando não efetiva e especificamente aplicada pelo beneficiário nos investimentos previstos na implantação ou expansão do empreendimento econômico projetado, mas para atender despesas correntes.

Em 2009, chegaram ao já rebatizado CARF as primeiras decisões sob a égide do IFRS. Ainda assim, o CARF continuou entendendo que a aplicação efetiva e específica era condição para não tributar as receitas, o que parecia consistente, tendo em vista que a Lei n. 11.638/2007 e alterações posteriores não inovaram a respeito desse suposto requisito (Acórdão n. 1301-000.129).

Em razão das decisões conflitantes sobre o tema, a Câmara Superior de Recursos Fiscais (CSRF) decidiu, em 2010, um *leading case* no qual discutia a natureza dos incentivos de ICMS concedidos pelo estado do Amazonas via redução parcial ou total de impostos.

Na Decisão n. 9101-00.566, o CARF concordou com a tese de que, na medida em que o contribuinte conseguir comprovar os requisitos genéricos do incentivo propostos pelo poder concedente, não há a obrigação de aplicar os recursos obtidos com o incentivo fiscal no empreendimento incentivado. Com base nessa interpretação, se o contribuinte está cumprindo as obrigações econômicas, corporativas e sociais apontadas pela legislação como condições do benefício, o requisito de aplicação dos recursos está cumprido. A consequência seria a classificação do incentivo como subvenção para investimento e, dessa maneira, não tributação dos valores para IRPJ, CSLL, PIS e Cofins.

A mesma posição foi adotada em outros julgados da CSRF, como nos Acórdãos n. 9101-001.094, n. 9101-01.239 e n. 9101-001.798 de 2011 e n. 9101-002.085 de 2015, que aparentemente estabeleceram um critério para identificação das subvenções para investimento. Ainda assim, o CARF emitiu algumas decisões posteriores ao *leading case* sob o argumento, baseado no ADI n. 22/2003, de que o benefício fiscal concedido pelos estados e pelo Distrito Federal deveria ser qualificado como redução de despesas (Acórdão n. 1802-00.484 de maio de 2010).

No Acórdão n. 1302-000.404, também de 2010, restou decidido que, se o contribuinte alega que os incentivos fiscais concedidos pelo poder público são caracterizadamente subvenções para investimentos, a ele incumbe aportar aos autos de comprovação de que, uma vez contabilizados em conta representativa de reserva de capital, os recursos auferidos foram integralmente destinados à execução do projeto habilitado.

No cenário posterior à chamada Operação Zelotes,[13] nota-se o início de uma nova onda de decisões desfavoráveis ao contribuinte. No Acórdão n. 1401-001.562, de março de 2016, por exemplo, restou decidido que os aportes financeiros obtidos mediante o financiamento do valor devido a título de ICMS, submetidos a juros e correção monetária, bem como o desconto oriundo da liquidação antecipada desses empréstimos, ainda que condicionados, não caracterizam subvenção para

---

13 Operação deflagrada pela Polícia Federal que encontrou indícios de corrupção ativa e passiva em decisões proferidas pelo CARF.

investimento se não resultar demonstrada a destinação específica para a implantação ou expansão de unidades produtivas.

No Acórdão n. 1401-001.621, os requisitos de vinculação e sincronia foram novamente invocados, sendo decidido que, para que possa ser considerada como subvenção de investimento e, nessa condição, se encontre fora do cômputo da base de cálculo do IRPJ apurado pelo lucro real, é imprescindível a efetiva e específica aplicação da subvenção na aquisição de bens ou direitos necessários à implantação ou expansão de empreendimento econômico. Na ausência de tais vinculação e sincronia, os valores objeto da subvenção, decorrentes de créditos presumidos de ICMS, devem ser computados na determinação da base de cálculo do IRPJ e da CSLL.

A mesma posição foi tomada nos Acórdãos n. 1301-002.157, n. 1401-001.766, n. 1402-002.721, n. 1402-002.748 e n. 3302-005.089, todos proferidos entre 2016 e 2018. A CSRF também concluiu nessa direção no Acórdão n. 9101-003.163, revertendo sua posição anterior à Operação Zelotes.

5. LC N. 160/2017 E SEUS EFEITOS

Com a entrada em vigor da LC n. 160, em novembro de 2017, passou-se a discutir os impactos e os efeitos tributários dos benefícios fiscais (convalidados ou não pelo Conselho Nacional de Política Fazendária – Confaz) para fins de apuração de IRPJ, CSLL, PIS e Cofins.

A referida LC autorizou os estados e o Distrito Federal a celebrarem convênio para viabilizar a convalidação de incentivos e benefícios de ICMS instituídos sem aprovação unânime pelo Confaz, concedidos até a data de publicação da LC. Como decorrência dessa disposição, o Confaz publicou em 18 de dezembro de 2017 o Convênio n. 190, dispondo sobre os requisitos e as condições para que os estados formalizem a remissão dos créditos tributários decorrentes da "guerra fiscal" e abrangidos pela redação da LC n. 160/2017.

A remissão e a anistia foram condicionadas a (i) desistência de ações ou defesas judiciais relacionadas com os respectivos créditos tributários; (ii) impugnações, defesas ou recursos administrativos; e (iii) desistência pelo advogado do sujeito passivo da cobrança de eventuais honorários de sucumbência da unidade federada.

Além disso, para proceder com a remissão, a anistia e a reinstituição dos benefícios fiscais de que trata o referido Convênio, as unidades federadas ficam obrigadas a publicar, em seus respectivos Diários Oficiais, relação com todos os atos normativos referentes aos benefícios fiscais instituídos por legislação estadual ou distrital publicada até 8 de agosto de 2017, cujos procedimentos não tenham observado a regra constitucional de aprovação unânime pelo Confaz, observados os seguintes prazos:

- até 29 de março de 2018 para os atos normativos vigentes em 8 de agosto de 2017;
- até 30 de setembro de 2018 para os atos normativos não vigentes em 8 de agosto de 2017.

Em complemento a esses procedimentos, o Convênio n. 190/2017 também instituiu o Portal Nacional da Transparência Tributária, disponibilizado no site do Confaz, no qual devem ser publicadas as informações e a documentação comprobatória correspondente aos atos concessórios relativos aos incentivos fiscais, nos seguintes prazos:

- 29 de junho de 2018 para os atos vigentes na data do registro e do depósito;
- 28 de dezembro de 2018 para os atos não vigentes na data do registro e do depósito.

Portanto, as unidades federadas que editaram os atos e que atenderam às exigências previstas no Convênio n. 190/2017 ficam autorizadas a conceder ou prorrogar os benefícios fiscais de ICMS, nos termos dos atos vigentes na data da publicação da ratificação nacional desse Convênio, desde que o correspondente prazo de fruição não ultrapasse os limites estabelecidos pela LC n. 160/2017.

6. QUALIFICAÇÃO DAS SUBVENÇÕES PARA INVESTIMENTO E APLICAÇÃO RETROATIVA

Além das questões atinentes ao fim da guerra fiscal, a LC n. 160/2017 trouxe uma importante alteração na forma de qualificação das subvenções para investimentos, alterando a Lei n. 12.973/2014 conforme segue:

> Art. 30. As subvenções para investimento, inclusive mediante isenção ou redução de impostos, concedidas como estímulo à implantação ou expansão de empreendimentos econômicos e as doações feitas pelo poder público não serão computadas na determinação do lucro real, desde que seja registrada em reserva de lucros a que se refere o art. 195-A da Lei no 6.404, de 15 de dezembro de 1976, que somente poderá ser utilizada para: [...]
>
> § 4º **Os incentivos e os benefícios fiscais ou financeiro-fiscais relativos ao imposto previsto no inciso II do caput do art. 155 da Constituição**

Federal, concedidos pelos Estados e pelo Distrito Federal, são considerados subvenções para investimento, vedada a exigência de outros requisitos ou condições não previstos neste artigo.

§ 5º **O disposto no § 4º** deste artigo aplica-se inclusive aos processos administrativos e judiciais ainda não definitivamente julgados. (grifo nosso)

Trata-se, portanto, de dispositivo que busca eliminar o extenso contencioso em relação ao tema, uniformizando a contabilização e a tributação dos incentivos fiscais concedidos com fundamento em convênio como subvenção para investimento. Ademais, aplica-se o mesmo tratamento para os incentivos fiscais concedidos unilateralmente no contexto da guerra fiscal, desde que atendidas as condições do art. 10 da LC n. 160/2017:

> Art. 10. O disposto nos §§ 4º e 5º do art. 30 da Lei no 12.973, de 13 de maio de 2014, **aplica-se inclusive aos incentivos e aos benefícios fiscais ou financeiro-fiscais de ICMS instituídos em desacordo** com o disposto na alínea "g" do inciso XII do § 2º do art. 155 da Constituição Federal **por legislação estadual publicada até a data de início de produção de efeitos desta Lei Complementar, desde que atendidas as respectivas exigências de registro e depósito**, nos termos do art. 3º desta Lei Complementar. (grifos nossos)

Conforme adiantado, a redação introduzida pela LC n. 160/2017 possibilitou a convalidação de benefícios fiscais de ICMS outrora concedidos em desacordo com as previsões legais, a fim de enquadrá-los como subvenção para investimento.

A nosso ver, o enquadramento como subvenção para investimento poderá ser feito sem a necessidade de comprovação de aplicação dos recursos em expansão das atividades, inclusive de maneira retroativa. Alguns argumentos nos levam a concluir dessa maneira:

i. As regras em questão têm apenas natureza interpretativa, o que motivaria a aplicação retroativa nos termos do art. 106, inciso I, do Código Tributário Nacional (CTN).[14]

ii. O art. 30, § 5º, da Lei n. 12.973/2014, com as alterações propostas pela LC n. 160/2017, aponta que a qualificação como subvenção para investimento

---

14 "Art. 106. A lei aplica-se a ato ou fato pretérito: I – em qualquer caso, quando seja expressamente interpretativa, excluída a aplicação de penalidade à infração dos dispositivos interpretados; [...]."

é aplicável inclusive aos processos administrativos e judiciais ainda não definitivamente julgados.

iii. O art. 30, § 4º, da Lei n. 12.973/2014 combinado com o art. 10 da LC n. 160/2017 determina que os incentivos, ainda que instituídos em desacordo com os procedimentos do Confaz previstos na Constituição Federal, são considerados subvenções para investimento, vedada a exigência de outros requisitos ou condições não previstos na lei. Trata-se, portanto, de dispositivo interpretativo que comporta aplicação retroativa nos termos do art. 106, inciso I, do CTN.

No entanto, vale ressaltar que o art. 10 da LC n. 160/2017 estabelece que **o tratamento dos incentivos e dos benefícios fiscais ou financeiro-fiscais de ICMS como subvenção para investimento fica condicionado ao atendimento das respectivas exigências de registro e depósito**, nos termos do art. 3º da mesma lei, listado no item anterior. Justamente em função dessa formalidade, o CSRF decretou recentemente o sobrestamento de processo administrativo que discutia justamente a qualificação de incentivos ainda não convalidados como subvenção para investimento (Processo 13116.722236/201459).

De maneira geral, a Turma decidiu que **a qualificação como subvenção para investimento não é autoaplicável, sendo condicionada às exigências de registro e depósito pelos estados e pelo Distrito Federal, as quais se esgotam em 29 de dezembro de 2018**, conforme apontado no item anterior. Para os incentivos aprovados pelo Confaz, a aplicação é imediata por força do art. 9º da LC n. 160/2017.

Posteriormente, em 17 de maio de 2018, a 3ª Câmara da 1ª Seção de Julgamento do CARF proferiu o Acórdão n. 1302-002.804 confirmando que o cumprimento das exigências formais da LC n. 160/2017 em relação ao incentivo do Produzir, no estado de Goiás, foram cumpridas e, como consequência, as exigências concernentes a IRPJ, CSLL, PIS e Cofins sobre as subvenções foram canceladas.

Há, no entanto, espaço para discussão quanto à qualificação de eventuais novos incentivos fiscais concedidos unilateralmente pelos estados e pelo Distrito Federal. Considerando que o art. 10 da LC n. 160/2017 condiciona a isenção tributária aos requisitos de depósito e registro no Portal da Transparência, eventuais novos incentivos poderiam estar sujeitos ao risco de tributação pelo fisco.

7. CONSIDERAÇÕES FINAIS

Conforme pudemos demonstrar, o tema da qualificação de incentivos fiscais concedidos pelos estados como subvenções para investimento se mostrou controverso nos últimos anos, mesmo com as evoluções trazidas pelo IFRS e pela legislação tributária, há mais de uma década.

A discussão, no entanto, tende a arrefecer em razão da promulgação da LC n. 160/2017 e do cumprimento dos requisitos de transparência pelos estados, no chamado Portal da Transparência. Espera-se, portanto, que o fim da guerra fiscal proposto pela referida LC também traga fim à duradoura disputa entre fisco e contribuintes em relação ao tema.

No presente cenário, salvo a interpretação literal e independente da redação do art. 30 da Lei n. 12.973/2014, não há como afirmar que todo incentivo de ICMS futuro seja tratado como subvenção de investimento.

IMPACTOS FISCAIS DOS EFEITOS CONTÁBEIS NÃO TRATADOS EXPRESSAMENTE PELA LEI N. 12.973/2014

Tiago Espellet Dockhorn[1]
Luiz Eduardo Miranda Rosa[2]

1. INTRODUÇÃO

Antes de iniciar a análise aqui proposta, faz-se necessário tecer breves considerações acerca da evidente interdependência entre as regras contábeis e fiscais no ordenamento jurídico brasileiro. Tal interdependência é natural, uma vez que a apuração de diversos tributos incidentes sobre as pessoas jurídicas é feita com base nos lançamentos registrados em suas demonstrações contábeis. No entanto, há de se ter em conta que a contabilidade e o direito tributário[3] servem a propósitos absolutamente distintos e que tal distinção impede que haja uma confluência absoluta entre as regras e os conceitos de um e de outro.

Conforme explica Fabiana Carsoni Alves F. da Silva,[4] o objetivo primordial do direito tributário é regular a arrecadação de tributos, de forma a assegurar que,

---

1   Mestrando em Direito Tributário pela Pontifícia Universidade Católica de São Paulo (PUC-SP). Bacharel em Direito pela Universidade Federal do Rio Grande do Sul (UFRGS). Advogado em São Paulo.

2   Mestrando em Direito Tributário pela PUC-SP. Pós-graduado em Direito Tributário pela Universidade de São Paulo (USP). Bacharel em Direito pela Universidade Presbiteriana Mackenzie. Advogado em São Paulo.

3   Ambos os termos são aqui adotados em seu sentido de ciência.

4   SILVA, Fabiana Carsoni Alves Fernandes da. Direito Tributário e Contabilidade: independência e intersecção. A convivência das duas ciências. *Revista Tributária e de Finanças Públicas*, São Paulo, v. 132, p. 211, jan./fev. 2017.

dentro dos limites constitucionais traçados e sem desrespeitar os direitos dos administrados, o Estado obtenha os recursos necessários para o desenvolvimento de suas atividades. Por outro lado, a contabilidade tem finalidade primariamente informativa. Ela objetiva prover aos interessados (como acionistas, empregados, potenciais investidores, clientes e fornecedores – os *stakeholders*) informações confiáveis sobre o patrimônio da entidade e suas alterações (em suma, sobre a realidade econômica da entidade), de forma a possibilitar que decidam iniciar, manter ou encerrar seus respectivos relacionamentos com a empresa retratada.

Por possuírem finalidades diferentes, as ciências têm objetos distintos. A contabilidade visa mostrar a realidade econômica de uma dada entidade, enquanto o direito tributário trabalha com a realidade jurídico-tributária dessa entidade, isto é, se a entidade está enquadrada em uma dada situação, juridicamente definida, na qual ela incorre na obrigação de recolher tributos. Tornam-se pertinentes as considerações de Elidie Palma Bifano acerca dos objetos das ciências contábil e do direito:[5]

> A Ciência Contábil trabalha com a essência econômica das coisas, considerando, não o tratamento que a Economia dá a essas coisas, mas sim as entendendo do ponto de vista da Contabilidade, enquanto a Ciência do Direito, de sua parte, opera com a natureza jurídica dessas mesmas coisas. É primordial examinar se existem eventuais diferenças entre essência e natureza, tomando-se como premissa que a coisa de que se fala, e que à Contabilidade interessa, tem natureza econômica, é regida pelas leis da Economia, sempre voltada ao objetivo de lucro. Essa mesma coisa, ainda que de natureza econômica, só interessa ao Direito se regulada pelo Direito Positivo. Quando se fala da essência econômica de uma coisa, deve-se buscar entender, acima de tudo, o que aqueles que da coisa fizeram uso tinham por objetivo, considerando-se, sempre, sua finalidade ou aplicação econômica. Por outro lado, buscar pela natureza jurídica dessa mesma coisa, é buscar pelo negócio ou instituto jurídico, contido no sistema, que aqueles que dela fizeram uso, pretendiam atingir.
>
> Do ponto de vista da Contabilidade, embora ela mantenha estreitos vínculos com o Direito, "não raro, a forma jurídica pode deixar de retratar a essência

---

5   BIFANO, Elidie Palma. Contabilidade e Direito: a nova relação. In: LOPES, Alexsandro Broedel; MOSQUERA, Roberto Quiroga (Org.). *Controvérsias jurídico-contábeis*: aproximações e distanciamentos. São Paulo: Dialética, 2010. p. 127-128.

econômica. Nessas situações, deve a Contabilidade guiar-se pelos seus objetivos de bem informar, seguindo, se for necessário para tanto, a essência ao invés da forma". Do ponto de vista jurídico, essência significa a "natureza da própria coisa ou o que é constitutivo dela, de modo a torná-la inconfundível com qualquer outra. A essência da coisa, do ato ou do contrato é o que mostra a sua própria qualidade, caráter e elementos distintos e inconfundíveis, pelo que, desde que não os traz, não se mostra com a perfeição ou os requisitos que se requerem, A essência é a existência do ato ou coisa por si mesma..."

Como se vê, na contabilidade a essência deve prevalecer sobre a forma.[6] Esse princípio da "essência sobre a forma" é coerente com os propósitos da contabilidade: fornecer a seus usuários informações sobre a realidade econômica da empresa.

Esse primado, porém, não é compatível com o direito tributário.[7] Ao se analisar um fato sob a perspectiva do direito tributário (que tem no princípio da legalidade uma firme trava de sustentação), o intérprete deve se manter fiel à prescrição legal, sem dela distanciar-se para extrair-lhe comandos que extrapolam o seu conteúdo.[8]

---

6   O Pronunciamento Conceitual Básico do Comitê de Pronunciamentos Contábeis (CPC 00), que contém a estrutura conceitual para elaboração e divulgação de relatório contábil financeiro e os preceitos básicos da contabilidade brasileira, afirma em seu prefácio: "A característica essência sobre a forma foi formalmente retirada da condição de componente separado da representação fidedigna, por ser considerado isso uma redundância. A representação pela forma legal que difira da substância econômica não pode resultar em representação fidedigna, conforme citam as Bases para Conclusões. Assim, essência sobre a forma continua, na realidade, bandeira insubstituível nas normas do IASB".

7   Vale observar que, como bem colocado por Fabiana Carsoni Alves F. da Silva, o Anteprojeto do Código Tributário Nacional (CTN) buscou inserir tal princípio no ordenamento jurídico, porém tal previsão não foi incorporada ao texto final do diploma legal. Nos termos do art. 74 do referido documento: "Art. 74 A interpretação da legislação tributária visará sua aplicação não só aos atos, fatos ou situações jurídicas nela nominalmente referidos, como também àqueles que produzam ou sejam suscetíveis a produzir resultados equivalentes". SILVA, Fabiana Carsoni Alves Fernandes da. Direito Tributário e Contabilidade: independência e intersecção. A convivência das duas ciências. *Revista Tributária e de Finanças Públicas,* São Paulo, v. 132, p. 211, jan./fev. 2017.

8   Vale reproduzir a lição de Carlos Maximiliano ao comentar a interpretação das regras de Direito Tributário: "Pressupõe-se ter havido o maior cuidado ao redigir as disposições em que se estabelecem impostos ou taxas, designadas, em linguagem clara e precisa, as pessoas e coisas alvejadas pelo tributo, bem como o modo, lugar e tempo do lançamento e da arrecadação, assim como quaisquer outras circunstâncias, referências à incidência e à cobrança. **Tratam-se as normas de tal espécie como se foram rigorosamente taxativas; deve, por isso, abster-se o aplicador de**

Nesse giro, espera-se que haja independência entre as ciências, de forma a evitar o desvirtuamento de ambas. No entanto, como se verá a seguir, historicamente não é o que ocorreu no Brasil.

2. CONTEXTO HISTÓRICO DA EDIÇÃO DA LEI N. 12.973/2014

Historicamente, a contabilidade brasileira foi fortemente influenciada pelas normas de natureza tributária e, em particular, pela legislação do imposto de renda. O legislador brasileiro, costumeiramente, implementou normas contábeis que impactavam a escrituração comercial das empresas com o fito de atingir finalidades essencialmente fiscais. Isso porque a interferência da contabilidade brasileira visava, primariamente, atender aos interesses do fisco, munindo-o de informações necessárias para fins de tributação, em detrimento da principal função da contabilidade, que é informar os interessados acerca da realidade econômica da entidade.

Assim, por décadas, os padrões contábeis adotados no Brasil, comumente denominados BR GAAP (*Generally Accepted Accounting Principles*), divergiam bastante das normas emitidas pelo International Accounting Standards Board (IASB), agrupadas no assim chamado *International Financial Reporting Standards* (IFRS). Desnecessário discorrer longamente acerca dos efeitos nocivos que advinham de tal cenário. Em linhas gerais, isso fazia com que o BR GAAP não tivesse comparabilidade com as normas contábeis internacionalmente aceitas, dificultando a análise de demonstrações financeiras por usuários mais familiarizados com o IFRS. Essa situação perdurou até a edição das Leis n. 11.638/2007 e n. 11.941/2009. As referidas leis introduziram novas regras e padrões contábeis que visavam harmonizar as normas contábeis brasileiras aos padrões internacionais do IFRS.

As vantagens de tal aproximação são muitas. Como bem observado por Alexsandro Broedel Lopes e Roberto Quiroga Mosquera,[9] a harmonização das nor-

---

lhes restringir ou dilatar o sentido. Muito se aproximam das penais, quanto à exegese; porque encerram prescrições de ordem pública, imperativas ou proibitivas, e afetam o livre exercício dos direitos patrimoniais. **Não suportam o recurso à analogia, nem a interpretação extensiva; as suas disposições aplicam-se no sentido rigoroso, estrito**" (grifos nossos). MAXIMILIANO, Carlos. *Hermenêutica e aplicação do direito*. 20. ed. Rio de Janeiro: Forense, 2011. p. 270-271.

9 LOPES, Alexandre Broedel; MOSQUERA, Roberto Quiroga. O direito contábil: fundamentos conceituais, aspectos da experiência brasileira e implicações. In: _____. (Org.). *Controvérsias jurídico-contábeis*: aproximações e distanciamentos. São Paulo: Dialética, 2010. p. 56-81.

mas contábeis brasileiras aos padrões internacionais facilitou a comparação entre empresas sediadas em países distintos, reduziu custos de captação nos mercados financeiros e trouxe maior transparência das atividades empresariais desenvolvidas, dentre outros benefícios.

Como era de se esperar, a introdução das supracitadas leis teve um profundo impacto na contabilidade brasileira. Como exemplo, citamos as regras relativas à amortização de ágio: a legislação fiscal determinava a amortização sistemática do ágio, sendo que tal amortização era necessariamente refletida na contabilidade dos contribuintes (ou seja, a contabilidade refletia a norma fiscal). Com o surgimento das novas normas contábeis, porém, o tratamento contábil do ágio foi alterado e ele passou a se sujeitar a testes de recuperabilidade de valor (ou *impairment*).

A intenção das novas normas era, primariamente, aproximar o BR GAAP do IFRS. No entanto, sua introdução acabaria por trazer, também, profundos impactos tributários, dada a já mencionada interdependência entre a contabilidade e o direito. Assim, visando evitar a insegurança jurídica que resultaria da aceitação total dos impactos fiscais decorrentes das novas normas, a Lei n. 11.941/2009 instituiu o Regime Tributário de Transição (RTT), que tratou dos ajustes tributários decorrentes dos novos métodos e critérios contábeis então introduzidos no que tange à apuração do Imposto de Renda das Pessoas Jurídicas (IRPJ), da Contribuição Social sobre o Lucro Líquido (CSLL), da contribuição ao Programa de Integração Social (PIS) e da Contribuição para o Financiamento da Seguridade Social (Cofins).[10]

Em síntese, o referido regime dispunha que as inovações contábeis introduzidas pelas novas leis, que modificaram o critério de reconhecimento de receitas, custos e despesas computados na apuração do lucro líquido do exercício, não teriam efeitos para fins de apuração da base de cálculo do IRPJ (bem como da CSLL, do PIS e da Cofins) da pessoa jurídica sujeita ao regime, sendo aplicáveis, para fins tributários, os métodos e os critérios contábeis vigentes até 31 de dezembro de 2007.

---

10 Originalmente, a adoção do RTT era opcional, tornando-se obrigatória a partir do ano-calendário de 2010. Vide o que dispunha a Lei n. 11.941/2009: "Art. 15. [...] § 2º Nos anos-calendário de 2008 e 2009, o RTT será optativo [...]. § 3º Observado o prazo estabelecido no § 1º deste artigo, o RTT será obrigatório a partir do ano-calendário de 2010, inclusive para a apuração do imposto sobre a renda com base no lucro presumido ou arbitrado, da Contribuição Social sobre o Lucro Líquido – CSLL, da Contribuição para o PIS/PASEP e da Contribuição para o Financiamento da Seguridade Social – COFINS".

A intenção da instituição do RTT era, em linhas gerais, estabelecer a neutralidade das novas normas contábeis para fins fiscais, de acordo com a Exposição de Motivos da Medida Provisória (MP) n. 449/2008, que posteriormente foi convertida na já citada Lei n. 11.941/2009:

> 7. No que concerne ao Regime Tributário de Transição – RTT, **objetiva-se neutralizar os impactos dos novos métodos e critérios contábeis introduzidos pela Lei n° 11.638, de 2007, na apuração das bases de cálculo de tributos federais nos anos de 2008 e 2009**, bem como alterar a Lei n° 6.404, de 1976, no esforço de harmonização das normas contábeis adotadas no Brasil às normas contábeis internacionais
>
> 8. A Lei n° 11.638, de 2007, foi publicada no Diário Oficial da União de 28 de dezembro de 2007, e entrou em vigor no dia 1° de janeiro de 2008, sem a adequação concomitante da legislação tributária. Esta breve vacatio legis e a alta complexidade dos novos métodos e critérios contábeis instituídos pelo referido diploma legal – muitos deles ainda não regulamentados – têm causado insegurança jurídica aos contribuintes. **Assim, faz-se mister a adoção do RTT, conforme definido nos arts. 15 a 22 desta Medida Provisória, para neutralizar os efeitos tributários e remover a insegurança jurídica.** (grifos nossos)

Nesse giro, a Lei n. 11.941/2009 determinou que as demonstrações contábeis das empresas fossem elaboradas conforme os novos padrões contábeis, sendo que os ajustes necessários para fins fiscais (aqueles que visavam, em linhas gerais, neutralizar os impactos fiscais das novas normas) deveriam ser efetuados em livros e registros auxiliares. Como se verifica, instituiu-se formalmente uma clara separação entre a contabilidade e o direito tributário, com o reconhecimento implícito de que ambos serviam a finalidades diferentes, em que pese a inegável interdependência entre os dois ramos do conhecimento científico.

Embora a intenção do legislador fosse louvável,[11] a instituição do RTT acabou por trazer insegurança jurídica ao fisco e aos contribuintes, tendo em vista que a apuração de tributos tinha por base padrões contábeis já revogados pelas próprias Leis n. 11.638/2007 e n. 11.941/2009, que, com o passar do tempo, restariam carentes de análise e atualização.

---

11 Ademais, dada a relevância das alterações introduzidas, um período de transição era absolutamente necessário.

Impactos fiscais dos efeitos contábeis não tratados expressamente pela Lei n. 12.973/2014 243

O cenário delineado perdurou até a edição da Lei n. 12.973/2014, que, dente outros temas, revogou o RTT e passou a tratar dos impactos fiscais das novas normas contábeis.

3. ESCOPO DA LEI N. 12.973/2014

É evidente que a revogação do RTT não poderia se dar sem que a legislação tributária tratasse definitivamente dos impactos das normas contábeis introduzidas pelas Leis n. 11.638/2007 e n. 11.941/2009, sob pena de se instaurar a mesma insegurança que a criação do citado regime buscou mitigar. Nesse contexto, a Lei n. 12.973/2014 trouxe o tratamento tributário que deveria ser dispensado às novas regras contábeis.

Feita essa consideração inicial, mas antes de analisar detidamente tais normas, faz-se necessário observar que a Lei n. 12.973/2014 não tratou apenas da adequação da legislação tributária à legislação societária e às regras contábeis, mas também trouxe normas que, efetivamente, visaram alterar a legislação então em vigor.[12] Tais normas, no entanto, não serão objeto deste trabalho, cujo foco consiste na análise dos dispositivos da Lei n. 12.973/2014 voltados às novas regras contábeis.

Excluídas estas, podemos dividir as normas remanescentes em dois grandes grupos principais: normas de adaptação e normas de neutralização. As primeiras simplesmente "atualizam" as normas tributárias anteriormente vigentes fazendo referência às novas denominações contábeis, enquanto as últimas visam afastar, para fins fiscais, os impactos das novas normas contábeis que não estão em consonância com o regime tributário legal (tais normas visam, portanto, à manutenção do regime vigente anteriormente à edição das Leis n. 11.638/2007 e n. 11.941/2009).

Segundo Ricardo Mariz de Oliveira,[13]

> pode-se perceber que dois grupos principais de normas tributárias estão contidas na lei em questão: normas de simples adaptação e normas de neutralização.

---

12 Cite-se, exemplificativamente, as alterações trazidas à legislação relativas à tributação do acréscimo patrimonial decorrente de lucros auferidos por intermédio de empresa controlada no exterior. A Exposição de Motivos da MP n. 327/2013 (que foi convertida na Lei n. 12.973/2014) é expressa ao informar que: "5. Também é objetivo da presente Medida Provisória **alterar a legislação** que trata da tributação do acréscimo patrimonial decorrente de lucros auferidos por intermédio de empresa controlada no exterior" (grifo nosso).

13 OLIVEIRA, Ricardo Mariz de. Os vários caminhos da Lei 12973: cuidados na sua interpretação. In: ROCHA, Sérgio André (Org.). *Direito tributário, societário e a reforma da Lei das S/A*. São Paulo: Quartier Latin, 2015. p. 473.

As normas de simples adaptação são aquelas que visam tão-somente ajustar normas tributárias pretéritas às novas nomenclaturas contábeis, ainda que derivadas da Lei n. 11638, ou a novos conceitos ou procedimentos contábeis, também possivelmente previstos nessa lei. [...]

O segundo agrupamento de normas tributárias contidas na Lei n. 12973 corresponde às normas que neutralizam efeitos das novas práticas contábeis no lucro líquido ou no patrimônio líquido e que não atendem às conveniências do regime tributário, ou mesmo não se conformam com superiores princípios do Sistema Tributário Nacional constante da Constituição Federal, particularmente com os da legalidade e da capacidade contributiva.

Além desses dois grupos (e das normas que visaram expressamente alterar a legislação), a Lei n. 12.973/2014 traz ainda uma norma prospectiva, que trata do tratamento fiscal de futuras alterações contábeis. Trata-se do art. 58 da lei sob análise:

Art. 58. A modificação ou a adoção de métodos e critérios contábeis, por meio de atos administrativos emitidos com base em competência atribuída em lei comercial, que sejam posteriores à publicação desta Lei, não terá implicação na apuração dos tributos federais até que lei tributária regule a matéria. Parágrafo único. Para fins do disposto no caput, compete à Secretaria da Receita Federal do Brasil, no âmbito de suas atribuições, identificar os atos administrativos e dispor sobre os procedimentos para anular os efeitos desses atos sobre a apuração dos tributos federais.

Como se verifica, a norma visa afastar eventuais inseguranças que advenham de normas administrativas de natureza contábil que porventura surjam após a promulgação da lei e possam impactar a apuração de tributos. Trata-se de disposição que evidencia o afastamento entre o direito tributário e a contabilidade, ao determinar que alterações contábeis futuras serão neutras para fins de apuração de tributos.[14]

De fato, a própria edição da Lei n. 12.973/2014 é indício bastante claro de que o legislador não teve intenção de fazer com que a legislação tributária fosse

---

14 Há de se notar que a norma não representa uma regra geral de neutralidade, uma vez que se dirige especificamente ao futuro.

absolutamente convergente com as normas contábeis. Ao contrário, a existência das normas de neutralização torna bastante evidente a separação entre a ciência contábil e o direito tributário.

Quisesse o legislador que houvesse congruência total entre os novos padrões contábeis e o direito tributário, bastaria apenas e tão somente revogar o RTT (ou não o implementar), de forma a fazer com que as novas normas contábeis impactassem automaticamente a apuração de tributos. No entanto, esse não foi o caminho escolhido pelo legislador e tal fato deve ser levado em conta ao se interpretar a Lei n. 12.973/2014 e os novos padrões contábeis em geral.

Cumpre frisar que isso não equivale a dizer que a Lei n. 12.973/2014 teve o objetivo de neutralizar todos os impactos fiscais decorrentes das novas normas contábeis. Há situações em que essas normas influenciarão a apuração de tributos, conforme será analisado mais adiante, seja por determinação legal expressa, seja por ausência de previsão em sentido contrário – e desde que a adoção da norma contábil para fins fiscais não viole a regra-matriz de incidência do tributo, as normas gerais do direito tributário, os conceitos do direito privado, os princípios constitucionais tributários, os limites constitucionais ao poder de tributar, dentre outros.

Isso porque, vale lembrar, a norma contábil não tem o condão de alterar a materialidade dos tributos prevista na Constituição Federal e na legislação de regência. A título de exemplo, observamos que, ainda que se altere o conceito contábil de renda para englobar ingressos que não representam acréscimo patrimonial, tal alteração não impactará para fins do imposto de renda, que pressupõe tal acréscimo patrimonial para que incida.

A subsunção do fato à norma jurídica somente ocorre quando todos os elementos previstos nesta se verificam. Nas palavras de Paulo de Barros Carvalho:[15]

> Nesse caso, diremos **que houve a subsunção, quando o fato (fato jurídico tributário constituído pela linguagem prescrita pelo direito positivo) guardar absoluta identidade com o desenho normativo da hipótese (hipótese tributária)** [...].
>
> Mas esse enquadramento do fato à hipótese normativa tem que ser completo, para que se dê, verdadeiramente, a subsunção. É aquilo que se tem por tipicidade, que no Direito Tributário, assim como no Direito Penal, adquire

---

15 CARVALHO, Paulo de Barros. *Curso de Direito Tributário*. 28. ed. São Paulo: Saraiva, 2017. p. 272.

246 Impactos tributários decorrentes da adoção do IFRS no Brasil

transcendental importância. **Para que seja tido como fato jurídico tributário, a ocorrência da vida real,** descrita no suposto da norma individual e concreta expedida pelo órgão competente, **tem de satisfazer a todos os critérios identificadores tipificados na hipótese de norma geral e abstrata.** (grifos nossos)

Por fim, cabe ainda uma consideração adicional acerca do escopo da Lei n. 12.973/2014: ela contém em seu bojo diversas remissões a conceitos não definidos pela norma sob análise e a outros dispositivos legais contidos em outras leis. Tais remissões devem ser cuidadosamente analisadas pelo intérprete, que deve buscar aferir se a intenção do legislador foi incorporar o conteúdo da norma remitida na forma como estava disposto quando de sua edição (remissão estática) ou simplesmente se referir a essa norma de forma a incorporar automaticamente quaisquer alterações supervenientes a ela (remissão dinâmica).[16]

A análise detalhada do assunto escaparia do escopo do presente estudo. De toda forma, deve o intérprete cuidadosamente buscar aferir qual foi a verdadeira intenção do legislador em cada caso de remissão.

4. TEMAS NÃO TRATADOS PELA LEI N. 12.973/2014

Feitas as considerações anteriores, passa-se a tratar dos impactos fiscais dos efeitos contábeis não tratados expressamente pela Lei n. 12.973/2014. Refere-se aqui às situações nas quais uma norma contábil introduzida pelo Comitê de Pronunciamentos Contábeis (CPC), no contexto da autorização contida no art. 5º da Lei n. 11.638/2007,[17] possa trazer impactos fiscais que não foram expressamente regulados ou afastados pela Lei n. 12.973/2014.

---

16 OLIVEIRA, Ricardo Mariz de. Os vários caminhos da Lei 12973: cuidados na sua interpretação. In: ROCHA, Sérgio André (Org.). *Direito tributário, societário e a reforma da Lei das S/A. – Vol. IV.* São Paulo: Quartier Latin, 2015. p. 471-499.

17 "Art. 5º. A Lei nº 6.385, de 7 de dezembro de 1976, passa a vigorar acrescida do seguinte art. 10-A: 'Art. 10-A. A Comissão de Valores Mobiliários, o Banco Central do Brasil e demais órgãos e agências reguladoras poderão celebrar convênio com entidade que tenha por objeto o estudo e a divulgação de princípios, normas e padrões de contabilidade e de auditoria, podendo, no exercício de suas atribuições regulamentares, adotar, no todo ou em parte, os pronunciamentos e demais orientações técnicas emitidas. Parágrafo único. A entidade referida no caput deste artigo deverá ser majoritariamente composta por contadores, dela fazendo parte, paritariamente, representantes de entidades representativas de sociedades submetidas ao regime de

Inicialmente, é possível se arguir que, no momento da edição da citada lei, o legislador tinha plena ciência das novas normas contábeis e de seus potenciais impactos fiscais. Nesse giro, se um dado tema não foi tratado pela nova norma, pode-se chegar à conclusão de que tais impactos fiscais foram tacitamente aceitos pelo legislador.

Embora tal conclusão possa parecer correta para certas situações, ela não pode ser adotada de forma geral e irrestrita. Há de se analisar cada situação de forma casuística e tomar certos cuidados.

Isso por duas razões principais: a primeira é que, de um ponto de vista pragmático, não se pode olvidar que as alterações contábeis introduzidas pelas Leis n. 11.638/2007 e n. 11.941/2009 possuem amplitude tal que impossibilita a presunção de que o legislador tributário avaliou todos os seus impactos fiscais,[18] e a segunda é a separação conceitual e legal do direito tributário e da contabilidade.[19] Como visto, inobstante sua interdependência, ambas as ciências servem a propósitos diferentes e obedecem a lógicas distintas, sendo tal fato confirmado pela separação sistemática promovida pelas Leis n. 11.638/2007 e n. 11.941/2009 e confirmada pela Lei n. 12.973/2014.

Recorde-se: a contabilidade privilegia a essência sobre a forma. Nesse sentido, exige-se o registro das operações com base em critérios econômicos, que podem não corresponder aos jurídicos. Por outro lado, o direito tributário está sujeito a limites legais e constitucionais muito bem definidos.[20]

---

elaboração de demonstrações financeiras previstas nesta Lei, de sociedades que auditam e analisam as demonstrações financeiras, do órgão federal de fiscalização do exercício da profissão contábil e de universidade ou instituto de pesquisa com reconhecida atuação na área contábil e de mercado de capitais.'"

18 Como bem observado por OLIVEIRA, Ricardo Mariz de. Os vários caminhos da Lei 12.973: cuidados na sua interpretação. In: ROCHA, Sérgio André (Org.). *Direito tributário, societário e a reforma da Lei das S/A.* São Paulo: Quartier Latin, 2015. p. 471-499.

19 Tema detalhadamente analisado por SILVA, Fabiana Carsoni Alves Fernandes da. Direito Tributário e Contabilidade: independência e intersecção. A convivência das duas ciências. *Revista Tributária e de Finanças Públicas,* São Paulo, v. 132, p. 211, jan./fev. 2017.

20 De acordo com o CTN: "Art. 109. Os princípios gerais de direito privado utilizam-se para pesquisa da definição, do conteúdo e do alcance de seus institutos, conceitos e formas, mas não para definição dos respectivos efeitos tributários. Art. 110. A lei tributária não pode alterar a definição, o conteúdo e o alcance de institutos, conceitos e formas de direito privado, utilizados, expressa ou implicitamente, pela Constituição Federal, pelas Constituições dos Estados, ou pelas Leis Orgânicas do Distrito Federal ou dos Municípios, para definir ou limitar competências tributárias".

248 Impactos tributários decorrentes da adoção do IFRS no Brasil

Ao tratar do tema, João Francisco Bianco[21] faz pertinentes considerações:

O fato de a essência econômica prevalecer sobre a natureza jurídica não é novidade para a contabilidade.[22] Com efeito, no pronunciamento do Instituto Brasileiro de Contadores – Ibracon – sobre a Estrutura Conceitual Básica da Contabilidade, aprovada pela Deliberação CVM n. 29, de 5 de fevereiro de 1986, já constava que:

"A contabilidade possui um grande relacionamento com os aspectos jurídicos que cercam o patrimônio, mas, não raro, a forma jurídica pode deixar de retratar a essência econômica. Nessas situações, deve a Contabilidade guiar-se pelos seus objetivos de bem informar, seguindo, se for necessário para tanto, a essência ao invés da forma."

E mais adiante, por exemplo, a empresa vende um ativo, mas assume o compromisso de recomprá-lo por um valor já determinado em certa data. Essa formalidade deve ensejar a contabilização de uma operação de financiamento (essência) e não de compra e venda (forma).[23]

Para o Direito [...] No caso da compra com retrovenda, temos a transferência do domínio de determinado bem do vendedor para o comprador, mediante o pagamento de preço em dinheiro, conforme definição constante do artigo 481 do Código Civil. Como se dá a alienação do bem, a operação está sujeita à apuração de ganho de capital, conforme previsto no artigo 418 do Regulamento do Imposto de Renda de 1999, se o vendedor for pessoa jurídica, cuja base de cálculo é a diferença entre o custo de aquisição e o calor da alienação.

---

21 BIANCO, João Francisco. Aparência econômicas e natureza jurídica. In: LOPES, Alexsandro Broedel; MOSQUERA, Roberto Quiroga (Org.). *Controvérsias jurídico-contábeis*: aproximações e distanciamentos. São Paulo: Dialética, 2010. p. 174-184.

22 Não obstante, a histórica interferência das normas tributárias sobre a legislação contábil acarretava a não observância a esse preceito em sua totalidade. As Leis n. 11.638/2007 e n. 11.941/2009 vieram para mudar esse cenário.

23 Na verdade, o referido pronunciamento possui uma redação um pouco diferente, mas com exatamente o mesmo sentido: "Ou, ainda, uma empresa vende um ativo, mas assume o compromisso de recomprá-lo por um valor já determinado em certa data. Essa formalidade deve ensejar a contabilização de uma operação de financiamento (essência) e não de compra e venda (forma)" (BRASIL. Comissão de Valores Mobiliários. *Deliberação CVM 29*, de 5 de fevereiro de 1986. Disponível em: <http://www.cvm.gov.br/legislacao/deliberacoes/deli0001/deli029.html>. Acesso em: 19 jul. 2018). De toda forma, vale observar que o referido pronunciamento está hoje revogado.

Por ocasião da retrovenda – se e quando esta ocorrer – haverá nova transferência do domínio do bem do antigo comprador para o antigo vendedor, com nova apuração de ganho de capital agora pelo atual vendedor.

Como se verifica, a contabilidade e o direito tributário tratam um mesmo evento de formas distintas. A contabilidade registra o que entende ser a essência econômica de fatos e negócios, em detrimento de sua natureza jurídica. Para o direito tributário, porém, a natureza jurídica é de suma relevância. Admitir a tributação de uma suposta "realidade econômica subjacente" pode implicar ofensa à regra-matriz de incidência do tributo em questão, aos limites constitucionais do poder de tributar ou às normas gerais de direito tributário,[24] o que, por óbvio, é inadmissível.

Assim, embora muitas normas tributárias partam da contabilidade, as regras dessa ciência não se sobrepõem a tais limitações legais e constitucionais. As definições dadas pela contabilidade são válidas para fins contábeis, não se sobrepondo às definições adotadas pelo direito tributário. Destarte, por exemplo, o conceito de renda dado pela contabilidade jamais terá o condão de alterar a materialidade do imposto de renda, definida pela legislação tributária.

Isso não é dizer que as ciências ora analisadas não possuem pontos de interseção. Como exaustivamente ressaltado, elas são altamente interdependentes. Nesse giro, e em que pese a autonomia de cada ramo do conhecimento, pode haver convergência entre ambas, em situações em que a contabilidade adota conceitos que não ofendem aqueles adotados pelo direito tributário ou em que este adota expressamente critérios contábeis (juridicizando-os).

O que se pretende demonstrar é que não se pode presumir que toda e qualquer alteração contábil não tratada expressamente pela Lei n. 12.973/2014 foi

---

24 "São 'normas gerais' aquelas que, simultaneamente, estabelecem os princípios, os fundamentos, as diretrizes, os critérios básicos conformadores das leis que completarão a regência da matéria e que possam ser aplicadas uniformemente em todo o País, indiferentemente de regiões ou localidades" (TRF4, Corte Especial, rel. Maria Lúcia Luzz Leiria, AIAC 1997.04.01.020236-8, 2001, apud PAULSEN, Leandro. *Curso de Direito Tributário*. 8. ed. São Paulo: 2017. p. 166. Dentre tais normas inclui-se, por exemplo, o art. 110 do CTN, que prescreve que "A lei tributária não pode alterar a definição, o conteúdo e o alcance de institutos, conceitos e formas de direito privado, utilizados, expressa ou implicitamente, pela Constituição Federal, pelas Constituições dos Estados, ou pelas Leis Orgânicas do Distrito Federal ou dos Municípios, para definir ou limitar competências tributárias", bem como a determinação do § 1º do art. 108 do mesmo diploma legal, segundo o qual "o emprego da analogia não poderá resultar na exigência de tributo não previsto em lei".

tacitamente acolhida pela legislação tributária e está apta a gerar impactos fiscais. Como já exposto, não se pode aceitar que normas de natureza contábil acabem por impactar a apuração de tributos de forma a violar suas respectivas regras-matriz de incidência, as normas gerais de direito tributário ou os limites constitucionais ao poder de tributar. Não se admite a alteração da estrutura jurídica de cada tributo com base em normas de natureza meramente contábil.

Exemplo de situação em que há omissão da Lei n. 12.973/2014, mas houve adoção tácita dos efeitos contábeis decorrentes das novas normas contábeis pelo ordenamento jurídico tributário, é dado pelo já citado autor Ricardo Mariz de Oliveira:[25]

> Outras vezes, as consequências tributárias derivadas da Lei n. 12973, diferentes das que vigiam antes dela, não são tão perceptíveis, mas estão lá. Isto pode acontecer quando a norma tributária se refira, por exemplo, a patrimônio líquido, e não faça qualquer ressalva de ajuste a esse patrimônio.
>
> Assim, o patrimônio líquido é base para cálculo das avaliações de investimentos segundo o método da equivalência patrimonial, para pagamento de juros sobre o capital próprio, para redução de prejuízos fiscais a compensar nos casos de cisão parcial, e para outras hipóteses. Porém, apenas em relação a juros sobre o capital próprio, a lei determina a exclusão de reservas de reavaliação e das contas de ajustes de variação patrimonial, sendo silente quanto aos outros exemplos mencionados.
>
> Nestas hipóteses de alterações, o curioso é que a nova consequência tributária não decorre de alteração na lei tributária, mas, sim, de alteração na norma contábil e de ausência de expressa norma fiscal prescrevendo algum ajuste no resultado contábil. Inobstante, não fica ferida a legalidade se a regra contábil tiver lastro na Lei n. 11638.

Por outro lado, Sérgio André Rocha[26] traz exemplo de situação em que o registro contábil deve ser desconsiderado para fins fiscais:

---

25 OLIVEIRA, Ricardo Mariz de. Os vários caminhos da Lei 12973: cuidados na sua interpretação. In: ROCHA, Sérgio André (Org.). *Direito tributário, societário e a reforma da Lei das S/A*. São Paulo: Quartier Latin, 2015. p. 474.

26 ROCHA, Sérgio André. Nova lei tributária deveria estabelecer a neutralidade como princípio. *Revista Consultor Jurídico*, São Paulo, 27 set. 2014. Disponível em: <https://www.conjur.com.br/2014-set-27/lei-tributaria-deixa-lado-neutralidade-principio>. Acesso em: 19 jul. 2018.

Contudo, talvez o maior problema da Lei 12.973/14 não seja o brutal aumento do "compliance" fiscal. Parece-nos que o principal problema são suas omissões. [...] Por exemplo, a lei trouxe regra específica a respeito do aproveitamento de créditos de PIS e Cofins não cumulativos sobre bens contabilizados como ativos intangíveis. Ocorre que é possível que o valor do intangível sofra impactos em razão de Ajuste a Valor Presente, o que pode levar ao valor contábil do intangível a ser menor do que o valor do desembolso de caixa. Qual a solução para um caso como esse? Parece-nos que só pode ser no sentido creditamento pelo valor efetivamente pago, independentemente de este ser distinto do contábil.

O racional adotado pelo autor nos parece ser integralmente procedente. Ora, o desembolso foi efetivamente suportado pela empresa, e negar direito ao crédito correspondente à totalidade desse desembolso prejudicará a empresa e a sistemática da não cumulatividade do PIS e da Cofins, que pressupõe a possibilidade de aproveitamento integral dos créditos legais para dedução da contribuição incidente sobre a receita.

Outro exemplo de situação em que as novas normas contábeis não produzem impactos fiscais ocorre quando há venda de participação societária por pessoa jurídica controladora que mantém sua posição de controladora mesmo após a operação. Nesse caso, as normas contábeis em vigor determinam que o valor obtido em decorrência da venda não transite pelas contas de resultado do alienante, devendo o resultado da operação transitar apenas em contas de patrimônio líquido.[27]

Caso se entenda que as normas contábeis devem produzir impactos fiscais sempre que não forem objeto de tratamento legal específico, é forçoso reconhecer que não haverá lucro tributável na operação, pois não há receita passível de influenciar a apuração de lucro. Mas, evidentemente, essa não é a melhor interpretação da matéria. A situação sob análise (alienação de participação societária) está perfeitamente enquadrada nas regras de apuração de ganho de capital, estando sujeita, portanto, à incidência do imposto de renda. Isso porque, independentemente de

---

27 Dispõe o Pronunciamento Técnico n. 36 do CPC (CPC 36): "23. Mudanças na participação societária detida por controladores de controladora na controlada que não resultam na perda de controle da controlada pela controladora constituem transações patrimoniais (ou seja, transações com os sócios, tais quais operações de aquisição de suas próprias ações para manutenção em tesouraria)".

qualquer questão contábil, houve alienação de ativo, acréscimo patrimonial e disponibilidade econômica e jurídica de renda.

No caso em tela, portanto, as formalidades previstas pela contabilidade para fins de registro da operação são irrelevantes para fins fiscais, até mesmo porque essas normas contábeis não se dirigem à apuração de tributos, mas, como já dito, visam prover informações confiáveis àqueles que tem algum tipo de interesse na empresa (os *stakeholders*).

É relevante também observar as normas referentes à avaliação a valor justo (AVJ).[28] Tratam-se de determinações trazidas pelas novas normas contábeis que obrigam as pessoas jurídicas a efetuar ajustes em sua contabilidade a fim de atualizar o valor de seus ativos para que correspondam ao seu valor justo.

A Lei n. 12.9473/2014 determinou expressamente a neutralidade tributária de tais ajustes. Eles são, portanto, não passíveis de tributação. No entanto, ainda que não houvesse tal determinação, não haveria de se falar na tributação de tais valores, que são meros ajustes contábeis e não representam efetivo ingresso para a pessoa jurídica.

A simples segregação em contas apartadas tem por finalidade o controle desses valores e serve como forma de demonstrar que tais ajustes foram realizados em desacordo com a real intenção do contribuinte (que não os considera renda efetiva e tampouco pretendeu fazê-lo). Não há qualquer alteração efetiva na riqueza da empresa, mas mero ajuste contábil a fim de fornecer informações de interesse dos *stakeholders*. Tais ajustes não são tributáveis por não se enquadrarem na hipótese de incidência de qualquer tributo (não há acréscimo patrimonial ou realização de renda de qualquer tipo). Mais ainda, tributar tais valores violaria os princípios da legalidade e da tipicidade cerrada.

Como se verifica, deve-se fazer uma análise casuística de cada situação, avaliando se a adoção dos novos critérios contábeis para fins fiscais agride a regra-matriz de incidência do tributo, os limites constitucionais ao poder de tributar ou as normas gerais de direito tributário. Ademais, também é mister aferir se a adoção desse critério contábil para fins fiscais conflita com a interpretação sistemática das normas que regem o tributo específico. Caso a resposta para todas essas indagações seja negativa, podem-se acolher os efeitos fiscais na norma contábil. Caso contrário, a norma contábil não poderá produzir efeitos fiscais.

---

28 Em linhas gerais, as mesmas considerações se aplicam às normas de avaliação a valor presente (AVP).

5. CONSIDERAÇÕES FINAIS

Sumarizando-se o quanto exposto, temos que:

- Em que pese a interdependência entre as matérias, a contabilidade e o direito tributário servem a propósitos bastante distintos: a primeira visa fornecer a seus usuários informações fidedignas acerca da realidade econômica da entidade, enquanto o último busca assegurar que, dentro dos limites constitucionais traçados e sem desrespeitar os direitos dos administrados, o Estado obtenha os recursos necessários para o desenvolvimento de suas atividades.

- Historicamente, no entanto, o direito tributário brasileiro influenciou as normas de natureza contábil, de forma a fazer com que a contabilidade fosse simplesmente um instrumento para facilitação da arrecadação. Tal cenário foi alterado com a edição das Leis n. 11.638/2007 e n. 11.941/2009, que visaram aproximar o BR GAAP do IFRS.

- Essa aproximação entre o BR GAAP e o IFRS teve por consequência um afastamento entre as regras contábeis e fiscais. Nesse giro, o legislador implementou o RTT, um regime que visava assegurar, durante um período de transição, a neutralidade tributária das novas normas contábeis.

- A edição da Lei n. 12.973/2014 extinguiu o RTT e regulou de forma definitiva os impactos fiscais das novas normas contábeis, ora atualizando as normas fiscais para recepcionar as novas disposições, ora neutralizando seus efeitos para fins fiscais. Ademais, a referida lei ainda determinou que futuras alterações contábeis advindas de atos administrativos somente teriam impactos após a edição de lei tributária que regule a matéria, competindo à Secretaria da Receita Federal do Brasil a identificação de tais atos e a regulação dos procedimentos de neutralização fiscal de seus efeitos.

- No entanto, a Lei n. 12.973/2014 não esgotou o assunto. As situações de omissão devem ser analisadas caso a caso, sendo que a norma contábil produzirá efeitos fiscais se sua adoção para fins fiscais não ofender a regra-matriz de incidência do tributo, os limites constitucionais ao poder de tributar e as normas gerais de direito tributário e for condizente com a interpretação sistemática das normas que regem o tributo específico.

A NÃO INCIDÊNCIA DE PIS E COFINS SOBRE GANHO POR COMPRA VANTAJOSA RECONHECIDO NO CONTEXTO DE UMA COMBINAÇÃO DE NEGÓCIOS

Reinaldo Ravelli[1]
Dora Almeida[2]

1. INTRODUÇÃO

O presente artigo visa analisar o tratamento tributário aplicável ao ganho proveniente de compra vantajosa reconhecido no contexto de uma operação de combinação de negócios, para fins da determinação das bases de cálculo da contribuição para o Programa de Integração Social (PIS) e da Contribuição para o Financiamento da Seguridade Social (Cofins).

O cerne da questão reside em determinar se o valor referente ao ganho por compra vantajosa registrado como receita na demonstração de resultados do contribuinte deve ser incluído nas bases de cálculo das duas contribuições pelas pessoas jurídicas sujeitas ao regime não cumulativo. Tal problemática se coloca na medida em que alguém poderia sustentar, à primeira vista, que as Leis n. 10.8633/2003 e n. 10.637/2002, bem como a Lei n. 12.973/2014, não disciplinaram expressamente o

---

1 Mestre em Direito (LL.M) pela Northwestern University School of Law. Certificado em Administração de Empresas pela Kellogg School of Management. Especialista em Direito Tributário pela Fundação Getúlio Vargas (FGV). Bacharel em Direito pela Universidade de São Paulo (USP). Bacharel em Administração pela FGV. Advogado em São Paulo.

2 Pós-graduanda em Direito Tributário Internacional pelo Instituto Brasileiro de Direito Tributário. Especialista em Direito Tributário Nacional pelo Instituto Brasileiro de Direito Tributário. Advogada em São Paulo.

tratamento tributário aplicável ao ganho por compra vantajosa para fins de determinação das bases de cálculo do PIS e da Cofins, motivo pelo qual os valores registrados em obediência às normas contábeis integrariam o campo de incidência dessas contribuições indistintamente.

Nesse cenário, o presente estudo pretende demonstrar que os valores registrados na conta de resultado das pessoas jurídicas sujeitas ao regime de apuração não cumulativa do PIS e da Cofins em decorrência do reconhecimento de ganho por compra vantajosa não representam receitas para fins da incidência do PIS e da COFINS.

Para tanto, o primeiro tópico será destinado à determinação do conceito jurídico de receita, considerada a base de cálculo do PIS e da Cofins. Então, passaremos a tratar do conceito de ganho proveniente de compra vantajosa no contexto de uma combinação de negócios, comentando o tratamento contábil-fiscal previsto no ordenamento jurídico brasileiro, incluindo os pronunciamentos contábeis correlatos. Por fim, à luz da jurisprudência, listaremos os fundamentos pelos quais entendemos que o PIS e a Cofins não devem incidir sobre o ganho proveniente de compra vantajosa.

2. BASE DE CÁLCULO DO PIS E DA COFINS

A Constituição Federal de 1988 prescreveu em seu art. 149 a possibilidade de a União instituir contribuições. Estas podem ser contribuições sociais, de intervenção no domínio econômico e de interesse das categorias profissionais, ou econômicas. Para o presente artigo interessam as contribuições sociais, mais especificamente as destinadas ao financiamento da seguridade social.

O art. 195, inciso I, da Constituição Federal prevê a possibilidade de o legislador federal instituir contribuições sociais cobradas do empregador, da empresa e da entidade a ela equiparada, incidentes sobre a folha de salário e demais rendimentos de trabalho, a receita, o faturamento ou o lucro.[3] Trata-se de norma constitucional de conteúdo denso, que não deixa margem de discricionariedade ao legislador ordinário para optar por qualquer outra base de cálculo, contribuinte e fato gerador dessas contribuições.[4]

---

3   Conforme redação trazida pela Emenda Constitucional n. 20/1998.

4   MARTINS, Ives Gandra da Silva; SOUZA, Fátima Rodrigues de; PAVAN, Cláudia Fonseca Morato. Base de cálculo do PIS e da COFINS: distinção entre receita e faturamento. *Revista Dialética de Direito Tributário*, São Paulo, n. 118, p. 68-75, 2005, p. 69.

Nesse contexto, o legislador ordinário, ao dispor sobre a base de cálculo das duas contribuições, previu que o PIS e a COFINS incidem sobre a totalidade das receitas auferidas pela pessoa jurídica, independentemente de sua denominação ou classificação contábil. É o que dispõem os primeiros artigos das Leis n. 10.833/2003 e n. 10.637/2002, respectivamente:

> Art. 1º. A Contribuição para o Financiamento da Seguridade Social – Cofins, com a incidência não cumulativa, incide sobre o total das receitas auferidas no mês pela pessoa jurídica, independentemente de sua denominação ou classificação contábil.
>
> Art. 1º. A Contribuição para o PIS/Pasep, com a incidência não cumulativa, incide sobre o total das receitas auferidas no mês pela pessoa jurídica, independentemente de sua denominação ou classificação contábil.

A legislação sob análise forneceu, contudo, definição da expressão "total das receitas", esclarecendo que a base de cálculo compreende a receita bruta das pessoas jurídicas, conforme definida pelo art. 12 do Decreto-Lei (DL) n. 1.598/1977, na redação da Lei n. 12.973/2014. Para esses fins, receita bruta compreende: (i) o produto da venda de bens nas operações de conta própria; (ii) o preço da prestação de serviços em geral; (iii) o resultado auferido nas operações de conta alheia; e (iv) as receitas da atividade ou objeto principal da pessoa jurídica não compreendidas nos itens anteriores. A legislação é expressa, portanto, em limitar a incidência às chamadas receitas operacionais.

A expressão "total de receitas" compreende também todas as demais receitas auferidas pelas pessoas jurídicas com os respectivos valores decorrentes do ajuste a valor presente de que trata o inciso VIII do art. 183 da Lei n. 6.404/1976,[5] que prescreve que, no balanço das pessoas jurídicas, os elementos do ativo decorrentes de operações de longo prazo serão ajustados a valor presente, sendo os demais ajustados quando houver efeito relevante.

Com efeito, a leitura dos trechos anteriores permite concluir que o fato gerador do PIS e da Cofins tem por elemento essencial o ato do contribuinte de "auferir receitas". Neste ponto, é preciso considerar que o conceito de receita, embora

---

5 "Art. 183. No balanço, os elementos do ativo serão avaliados segundo os seguintes critérios: [...] VIII – os elementos do ativo decorrentes de operações de longo prazo serão ajustados a valor presente, sendo os demais ajustados quando houver efeito relevante."

tenha extensa amplitude de significado, apresenta um núcleo mínimo de conteúdo jurídico que não pode ser negado.

Na concepção de José Luiz Bulhões Pedreira,[6] receita poderia ser caracterizada como a quantidade de valor financeiro, originário de outro patrimônio, cuja propriedade é adquirida pela sociedade empresária ao exercer as atividades que constituem as fontes do seu resultado. Conforme o autor, o recebimento dessas receitas ocorreria mediante entrada no patrimônio de um fluxo que compreenderia a transferência de valor financeiro positivo e do objeto de direito que contém esse valor, juntamente com o respectivo direito patrimonial.

Ricardo Mariz de Oliveira,[7] por sua vez, considera que as receitas são ingressos dotados de qualidades específicas. Suas principais características podem ser sumarizadas da seguinte forma:

- receita é um tipo de entrada ou ingresso no patrimônio da pessoa, sendo certo que nem todo ingresso ou entrada é receita– receita é o tipo de entrada ou ingresso que se integra ao patrimônio sem reserva, condição ou compromisso no passivo, acrescendo-o como elemento novo e positivo;
- a receita passa a pertencer à entidade com sentido de permanência, isto é, em caráter não transitório;
- a receita remunera a entidade, correspondendo ao benefício efetivamente resultante das suas atividades;
- a receita provém de outro patrimônio, e se constitui em propriedade (titularidade) da entidade pelo exercício das atividades que constituem as fontes do seu resultado;
- a receita exprime a capacidade contributiva da entidade;
- a receita modifica o patrimônio, incrementando-o.

Nesse sentido, conclui o autor que:

receita é a espécie de entrada ou ingresso que se integra ao patrimônio sem reserva, condição ou compromisso no passivo, acrescendo-o como elemento

---

6   PEDREIRA, José Luiz Bulhões. *Finanças e demonstrações financeiras da companhia*. Rio de Janeiro: Forense, 1989.

7   OLIVEIRA, Ricardo Mariz de. *COFINS*: conceitos de receita e faturamento. São Paulo, jul. 2013. p. 14-15. Disponível em: <http://marizadvogados.com.br/_2017/wp-content/uploads/2018/03/NArt.06-2013.pdf>. Acesso em: 20 jul. 2018.

novo e positivo, passando a pertencer à entidade com sentido de permanência, remunerando a entidade por benefício efetivamente resultante de atividades suas, sendo que a receita provém de outro patrimônio, e se constitui em propriedade da entidade pelo exercício das atividades que constituem as fontes do seu resultado; ademais, a receita modifica o patrimônio, incrementando-o, e exprime a capacidade contributiva (tributária) da entidade.

Outrossim, Marco Aurélio Greco[8] enfatiza que para que um ingresso se caracterize como receita, é preciso permanência e que resulte da própria exploração da atividade da pessoa jurídica:

> nem todo "dinheiro" (crédito, etc) que "entra" no ou transita pelo universo de disponibilidades da pessoa jurídica integra a base de cálculo do PIS e COFINS. Não basta ser uma "entrada" (mera movimentação financeira), é preciso que se configure um ingresso com sentido de permanência e que resulte da exploração da atividade que corresponda ao seu objeto social (ou dele decorrente) impactando positivamente o patrimônio do beneficiário.

Já José Antônio Minatel[9] define receita como o ingresso de recursos financeiros no patrimônio da pessoa jurídica, em caráter definitivo, proveniente dos negócios jurídicos que envolvam o exercício da atividade empresarial, que corresponda à contraprestação por venda de mercadorias ou prestação de serviços, bem como remuneração de investimentos ou cessão onerosa e temporária de bens e direitos a terceiros, aferido instantaneamente pela contrapartida que remunera cada um desses eventos.

Nesse contexto, reforçando a ideia, cabe aqui estabelecer um paralelo com os clássicos ensinamentos de Aliomar Baleeiro[10] acerca de ingressos e receitas. Assim definiu o jurista o conceito de receita: "a entrada que, integrando-se no patrimônio

---

8 GRECO, Marco Aurélio. Contribuições ao PIS e da COFINS no âmbito de operações realizadas por empresa na qualidade de consignatária, à luz do regime de importação através do Fundap. *Revista Fórum de Direito Tributário RFDT*, Belo Horizonte, ano 7, n. 38, p. 18, mar./abr. 2009. Parecer. Disponível em: <http://www.bidforum.com.br/PDI0006.aspx?pdiCntd=57206>. Acesso em: 19 jul. 2018.

9 MINATEL, José Antônio. *Conteúdo do conceito de receita e regime jurídico para sua tributação.* São Paulo: MP, 2005.

10 BALEEIRO, Aliomar. *Uma introdução à ciência das finanças.* 12. ed. Rio de Janeiro: Forense, 1978. p. 130.

público sem quaisquer reservas, condições ou correspondência no passivo, vem acrescentar a seu título, como elemento novo e positivo". Embora se refira às receitas públicas, tal análise não prejudica sua aplicação para os nossos fins, uma vez que a própria definição trazida pelo autor atrela receita à ocorrência de incremento patrimonial efetivo (novo e positivo) e não subordinado a qualquer reserva ou condição.

Em todas essas menções, pode-se constatar que a síntese doutrinária aponta como critério demarcador do conceito de receita aquele relacionado com a definitiva alteração positiva do patrimônio da empresa, isto é, um ingresso positivo novo, definitivo e incondicional. Portanto, as receitas que apenas transitam pelos registros contábeis, mas nada acrescentam ao patrimônio do contribuinte, não revelam capacidade contributiva e assim, a nosso ver, não são passíveis de incidência do PIS e da Cofins.

Firmado o conceito de receita, passamos a tratar da definição de ganho proveniente de compra vantajosa e seu tratamento jurídico-contábil no ordenamento jurídico brasileiro.

3. TRATAMENTO CONTÁBIL-FISCAL DO GANHO PROVENIENTE DE COMPRA VANTAJOSA

A Lei n. 12.973/2014, fruto da conversão da Medida Provisória (MP) n. 627/2013, teve como um de seus principais objetivos adequar a legislação tributária aos novos padrões contábeis incorporados à legislação societária pelas Leis n. 11.638/2007 e n. 11.941/2009, estabelecendo uma nova realidade de tributação das pessoas jurídicas no Brasil. Nesse contexto, diversas das novas práticas contábeis então vigentes, editadas pelo Comitê de Pronunciamentos Contábeis (CPC), foram objeto da nova regulamentação tributária, algumas de forma expressa, outras nem tanto.

A chamada "combinação de negócios" é disciplinada pelo Pronunciamento Técnico n. 15 do CPC (CPC 15) e por ele definida como a "operação ou outro evento por meio do qual um adquirente obtém o controle de um ou mais negócios, independentemente da forma jurídica da operação", entendendo-se por negócio "um conjunto integrado de atividades e ativos capaz de ser conduzido e gerenciado para gerar retorno diretamente a seus investidores ou outros proprietários, membros ou participantes".

Nesse sentido, uma combinação de negócios é caracterizada quando há a aquisição de participação societária ou quando há a simples aquisição de um conjunto de ativos e passivos organizados, como um estabelecimento comercial. Havendo-se a aquisição de um negócio, há a necessidade de mensurar os ativos adquiridos e os passivos assumidos pelos seus respectivos valores justos e, na sequência, averiguar a existência de ágio por rentabilidade futura (*goodwill*) ou de ganho proveniente de compra vantajosa.

O item 34 do CPC 15, ao tratar do tema, dispõe que o ganho por compra vantajosa ocorrerá quando, na operação de combinação de negócios, o valor líquido na data da aquisição dos ativos identificáveis adquiridos e dos passivos assumidos, mensurados de acordo com o referido Pronunciamento,[11] for maior que a soma da contraprestação transferida em troca do controle da adquirida, com o montante de quaisquer participações de não controladores na adquirida e o valor justo, na data da aquisição, da participação do adquirente na adquirida imediatamente antes da combinação. Nessa hipótese em específico, o adquirente deve reconhecer o ganho na demonstração do resultado do exercício, na data da aquisição, devendo este ser atribuído ao adquirente.

Embora o ganho proveniente de compra vantajosa seja menos frequente na prática, o CPC 15 exemplifica que uma compra vantajosa pode acontecer em combinações de negócios que resultem de uma venda forçada, na qual o vendedor é compelido a agir dessa forma, bem como da aplicação das próprias regras e exceções de reconhecimento e mensuração previstas por ele.[12] Assim, no caso específico dos ganhos provenientes de compra vantajosa, o CPC 15 estabelece que tenham por contrapartida um registro efetuado diretamente na demonstração do resultado do exercício da pessoa jurídica adquirente do investimento, transitando pelo seu resultado.

Nessa seara, no âmbito do Imposto de Renda das Pessoas Jurídicas (IRPJ), o art. 27 da Lei n. 12.973/2014, que disciplina os ganhos provenientes de compra vantajosa, prescreve que o ganho decorrente do excesso do valor líquido dos ativos identificáveis adquiridos e dos passivos assumidos, mensurados pelos respectivos valores justos, em relação à contraprestação transferida será computado

---

11   Segundo o item 18 do CPC 15, o adquirente deve mensurar os ativos identificáveis adquiridos e os passivos assumidos pelos respectivos valores justos na data a aquisição.

12   Dispõe o CPC 15: "Uma compra vantajosa pode acontecer, por exemplo, em combinação de negócios que resulte de uma venda forçada, na qual o vendedor é compelido a agir dessa forma. Contudo, as exceções de reconhecimento e mensuração para determinados itens, como disposto nos itens 22 a 31, também podem resultar no reconhecimento de ganho (ou mudar o valor do ganho reconhecido) em compra vantajosa".

na determinação do lucro real, como regra geral, no período de apuração relativo à data do evento e posteriores, à razão de 1/60, no mínimo, para cada mês do período de apuração. Todavia, quando o ganho proveniente de compra vantajosa se referir ao valor de que trata o art. 20, § 5°, inciso II, do DL n. 1.598, de 26 de dezembro de 1977, deverá ser observado, conforme o caso, o disposto no § 6° do art. 20 do mesmo Decreto-Lei.

O art. 20 do DL n. 1.598/1977 disciplina o investimento em sociedades coligadas ou controladas. O seu § 5° dispõe que, na aquisição de participação societária sujeita à avaliação pelo valor do patrimônio líquido, o contribuinte deve primeiramente reconhecer e mensurar os ativos identificáveis e os passivos assumidos a valor justo e, posteriormente, o eventual ganho proveniente de compra vantajosa, definido como o excesso do valor justo dos ativos líquidos da investida, na proporção da participação adquirida, em relação ao custo de aquisição do investimento. Nessa hipótese específica, o § 6° do art. 20 do DL n. 1.598/1977 é expresso em determinar que o ganho deverá ser computado na determinação do lucro real somente no período de apuração da alienação ou baixa do investimento. O art. 50 da Lei n. 12.973/2014 estendeu o mesmo tratamento tributário para a CSLL.[13]

Por outro lado, em uma primeira leitura da Lei n. 12.973/2014, pode parecer que o legislador tributário não disciplinou expressamente o tratamento tributário aplicável ao ganho proveniente de compra vantajosa para fins de determinação das bases de cálculo do PIS e da Cofins. Assim, em vista do reconhecimento imediato do ganho por compra vantajosa no resultado do exercício da sociedade adquirente, pode surgir uma controvérsia em relação à incidência do PIS e da Cofins sobre esse montante.

Nesse cenário, pode existir o risco de as autoridades fiscais exigirem o recolhimento de PIS e Cofins sobre o ganho proveniente de compra vantajosa, sob o argumento, por exemplo, de que é uma efetiva receita, já que teria o potencial de reduzir o sacrifício financeiro da empresa sem redução de ativo correspondente. Haveria, portanto, aumento de patrimônio líquido e diminuição de ônus financeiro impactando positivamente o resultado da empresa. Contudo, essa potencial interpretação, a nosso ver, não merece acolhida, como comentaremos pormenorizadamente a seguir.

---

13 Aplicam-se à apuração da base de cálculo da CSLL as disposições contidas nos art. 2° a 8°, 10 a 42, e 44 a 49.

4. NÃO CARACTERIZAÇÃO DO LANÇAMENTO CONTÁBIL A TÍTULO DE GANHO PROVENIENTE DE COMPRA VANTAJOSA COMO RECEITA TRIBUTÁVEL

Conforme visto, o ganho proveniente de compra vantajosa é, na realidade, o excesso do valor justo dos ativos líquidos da investida, na proporção da participação adquirida, em relação ao custo de aquisição do investimento. Consiste, na verdade, em um ajuste de natureza exclusivamente contábil, efetuado com base nas normas previstas no CPC 15.

Por outro lado, como explicitado nos tópicos anteriores, sob o prisma constitucional, receita seria definida como o ingresso financeiro que se integra no patrimônio na condição de elemento novo e positivo, sem reservas ou condições. Entendemos que o ganho por compra vantajosa não preenche esses requisitos, já que representa, no máximo, um ganho potencial da empresa adquirente, cuja efetiva realização está condicionada, como regra, a uma futura alienação do investimento adquirido.

Com base em tais considerações, é possível concluir que, na medida em que o registro do ganho proveniente de compra vantajosa constitui ajuste meramente contábil e não ingresso patrimonial definitivo e incondicional, revelador de capacidade contributiva, seu trânsito pela conta de resultado da pessoa jurídica adquirente não ocasiona o reconhecimento de uma receita tributável para fins de incidência do PIS e da Cofins.

Essa interpretação é corroborada pelo fato de que as Leis n. 10.637/2002 e n. 10.833/2003 preveem expressamente que o conceito jurídico de receita não depende da classificação contábil. Em sentido contrário, não é o mero fato de um valor ter sido registrado como receita que atrairá a incidência das contribuições do PIS e da Cofins, de tal sorte que o mero registo do ganho por compra vantajosa em conta de resultado não tem o condão de ocasionar a incidência do PIS e da Cofins.

Esse entendimento é compartilhado por Ricardo Mariz de Oliveira,[14] que elucida que a aferição da base de cálculo das duas contribuições independe da classificação contábil que lhe for atribuída, pois uma receita continuará sendo receita

---

14 OLIVEIRA, Ricardo Mariz de. *COFINS*: conceitos de receita e faturamento. São Paulo, jul. 2013. Disponível em: <http://marizadvogados.com.br/_2017/wp-content/uploads/2018/03/NArt.06-2013.pdf>. Acesso em: 20 jul. 2018.

ainda que não escriturada como tal, bem como uma quantia que juridicamente não caracterize uma receita não passará a sê-lo simplesmente porque contabilizado em conta de receita. Como esclarece José Antonio Minatel:[15] "há equívoco nessa tentativa generalizada de tomar o registro contábil como o elemento definidor da natureza dos eventos registrados. O conteúdo dos fatos revela a natureza pela qual esperasse sejam retratados, não o contrário".

É necessário, por conseguinte, aferir se a conta indicada como receita efetivamente representa receita, na sua acepção legal e para fins tributários, da pessoa jurídica, caso contrário se estariam tributando valores inexistentes ou que o próprio contribuinte define estarem sujeitos às contribuições. A tributação em análise não se justifica apenas pelo fato de o valor estar registrado contabilmente como receita, pois a tributação está subordinada por princípios e regras próprios do direito tributário.

Tal interpretação não é nova em nosso ordenamento jurídico. Podemos citar o Acórdão n. 3402-004.002, de 30 de março de 2017, da 4ª Câmara da 2ª Turma Ordinária da 3ª Seção de Julgamento do Conselho Administrativo de Recursos Fiscais (CARF), o qual é um precedente importante para se discutir a incidência do PIS e da Cofins sobre registros contábeis de receitas que não compõem a base de cálculo das duas contribuições.

O Caso Banco Panamericano envolveu uma discussão sobre a baixa de determinados passivos pela empresa Silvio Santos Participações (SSP) em razão da captação de recursos junto ao Fundo Garantidor de Créditos (FGC). A SSP liquidou tal passivo por meio de dação em pagamento de um crédito da SSP junto ao Banco BTG Pactual (relativo à venda do Banco Panamericano). Por meio dessa operação, a SSP foi liberada da obrigação relativa ao saldo remanescente em razão de quitação expressa outorgada pelo FGC.

Essa operação levou à baixa do passivo existente e ao registro, na contabilidade da SSP, de um valor referente à diferença entre o valor total das obrigações financeiras e o valor de face do crédito perante o Banco BTG Pactual. Para as autoridades fiscais, a baixa dessa diferença deveria ter sido reconhecida pela SSP como uma receita tributável para fins de PIS e Cofins.

Em sua defesa, a SSP alegou, em linhas gerais, que embora tivesse auferido um "resultado escritural positivo" em decorrência da diminuição do passivo, não teria

---

15 MINATEL, José Antônio. *Conteúdo do conceito de receita e regime jurídico para sua tributação*. São Paulo: MP, 2005. p. 244.

auferido qualquer receita, uma vez que esse "resultado escritural positivo" não representaria ingresso de novos valores em decorrência de uma atividade operacional ou não operacional praticada pela empresa (compra, venda, investimentos etc.). Logo, as reduções de dispêndios por meio de perdão de dívidas não configurariam receitas propriamente ditas nem, por conseguinte, ensejariam a ocorrência do fato gerador do PIS e da Cofins.

Seguindo essa interpretação, o CARF entendeu pela impossibilidade de a receita decorrente de perdão de dívida compor a base de cálculo do PIS e da Cofins, sob o argumento de que o conceito de receita tributável, constitucional e jurídico, no âmbito do PIS e da Cofins não seria o mesmo da definição contábil de "receita para demonstração de resultados". Sob o prisma constitucional, receita seria definida como o ingresso financeiro que se integra no patrimônio na condição de elemento novo e positivo, sem reservas ou condições.

Nesse contexto, vale destaque ainda trecho da ementa do Recurso Extraordinário (RE) n. 606.107, de relatoria da Ministra Rosa Weber:

RECURSO EXTRAORDINÁRIO. CONSTITUCIONAL. TRIBUTÁRIO. IMUNIDADE. HERMENÊUTICA. CONTRIBUIÇÃO AO PIS E COFINS. NÃO INCIDÊNCIA. TELEOLOGIA DA NORMA. EMPRESA EXPORTADORA. CRÉDITOS DE ICMS TRANSFERIDOS A TERCEIROS [...] V – O conceito de receita, acolhido pelo art. 195, I, "b", da Constituição Federal, não se confunde com o conceito contábil. Entendimento, aliás, expresso nas Leis 10.637/02 (art. 1º) e Lei 10.833/03 (art. 1º), que determinam a incidência da contribuição ao PIS/PASEP e da COFINS não cumulativas sobre o total das receitas, "independentemente de sua denominação ou classificação contábil". Ainda que a contabilidade elaborada para fins de informação ao mercado, gestão e planejamento das empresas possa ser tomada pela lei como ponto de partida para a determinação das bases de cálculo de diversos tributos, de modo algum subordina a tributação. A contabilidade constitui ferramenta utilizada também para fins tributários, mas moldada nesta seara pelos princípios e regras próprios do Direito Tributário. (STF, RE n. 606.107/RS, Rel. Min. Rosa Weber, Tribunal Pleno, julgado em: 22 maio 2013, publicado em: 22 nov. 2013)

Por tais motivos, nos parece incorreta a afirmação comum por parte dos fiscais de que, frente à ausência de norma excludente desses valores das bases de cálculo das contribuições, deve-se concluir pela sua incidência. No caso, em se tratando

266 Impactos tributários decorrentes da adoção do IFRS no Brasil

de valores que não configuram receita, não é necessário que haja a sua exclusão da base de cálculo do PIS e da Cofins, pois simplesmente estão fora do seu campo de incidência constitucionalmente delimitado.[16]

Seguindo essa lógica, somos da opinião que a não incidência do PIS e da Cofins sobre os valores de ganhos provenientes de compra vantajosa reconhecidos na contabilidade do contribuinte não prescinde de norma expressa determinando a sua exclusão da base de cálculo dos referidos tributos. A ausência de tributação decorre do mero fato de tais valores não comporem o campo de incidência do PIS e da Cofins. Em outras palavras, como afirma Ricardo de Oliveira Mariz,[17] "a não-incidência é o reverso ou antítese da incidência, ambas sendo identificadas tão-somente pela norma constitucional atributiva da competência tributária".

Nesse contexto, vale traçar um paralelo com a figura do deságio. Antes da vigência dos novos padrões contábeis, os contribuintes que avaliassem investimento em sociedades coligadas ou controladas pelo valor do patrimônio líquido, por ocasião da aquisição de participação societária, deveriam desdobrar o custo de aquisição em valor de patrimônio e ágio ou deságio, definidos estes como a diferença entre o custo de aquisição do investimento e o patrimônio líquido na época da aquisição. No caso, o deságio correspondia à diferença negativa entre o valor do custo de aquisição e o valor patrimonial da participação societária.

Destarte, como o ganho proveniente de compra vantajosa definido pela legislação atualmente vigente, a apuração de deságio pelo adquirente correspondia a um excesso do valor dos ativos identificáveis adquiridos e dos passivos assumidos, mensurados conforme as normas contábeis aplicáveis na época, com relação ao efetivo custo de aquisição do contribuinte.

Nesse sentido, há precedentes do CARF que analisam a natureza jurídica do deságio e se posicionam no sentido de que este consistia em um "ganho de capital teórico", que no momento da aquisição do investimento seria meramente potencial, como é possível notar a seguir:

> Como exemplo disso, encontra-se na lei ordinária do imposto de renda situações de renda não realizada, todas elas tratadas em perfeita sintonia com a

---

16 OLIVEIRA, Ricardo Mariz de. *COFINS*: conceitos de receita e faturamento. São Paulo, jul. 2013. Disponível em: <http://marizadvogados.com.br/_2017/wp-content/uploads/2018/03/NArt.06-2013.pdf>. Acesso em: 20 jul. 2018.

17 OLIVEIRA, Ricardo Mariz de. *COFINS*: conceitos de receita e faturamento. São Paulo, jul. 2013. p. 25. Disponível em: <http://marizadvogados.com.br/_2017/wp-content/uploads/2018/03/NArt.06-2013.pdf>. Acesso em: 20 jul. 2018.

exigência da realização para que essa renda possa ser submetida à tributação. Uma dessas hipóteses, de alto valor exemplificativo e de particular importância para este processo, é a do deságio obtido na aquisição de investimento submetido à equivalência patrimonial.

Neste método de avaliação do investimento, que é compulsório nos casos determinados pela lei, o deságio surge quando (e corresponde ao) o custo de aquisição é inferior ao valor do investimento avaliado com base no valor patrimonial contábil do mesmo, apurado com base no patrimônio líquido contábil da pessoa jurídica à qual o investimento se refere.

Trata-se, pois, de um ganho de capital teórico, que no momento da aquisição do investimento é meramente potencial, mas não tributável de pronto, o qual fica segregado fiscalmente para ser considerado, e tributado (se for o caso de ganho), apenas quando da alienação (ou baixa por outras razões) do investimento, momento em que o deságio entra como elemento redutor do custo contábil de aquisição para apuração de ganho ou perda de capital.

Na verdade, como o deságio somente existe em razão do método obrigatório da equivalência patrimonial e é meramente contábil, no momento da realização do bem, por venda ou outro ato, ele é expurgado do custo de aquisição (ao qual estava ou esteve acrescido contabilmente) para apuração de ganho ou perda de capital, dado que ele nunca consistiu em custo efetivo e nunca representou ganho real. (CARF, 3ª Câmara, 2ª Turma, Acórdão n. 1302-002.542, Processo n. 10972.720011/201561, Rel. Cons. Rogério Aparecido Gil, julgado em: 19 fev. 2018)

Os julgadores vão mais além e afirmam que, como o deságio somente existe em razão do método da equivalência patrimonial (MEP) e é consequência meramente contábil, no momento da realização do bem, este é expurgado do custo de aquisição, ao qual esteve acrescido puramente para fins contábeis, para apuração do ganho, uma vez que nunca consistiu um custo efetivo nem representou um ganho real para o adquirente.

Em que pese tais considerações terem sido efetuadas com base em um contexto normativo distinto, é manifesta a sua aplicabilidade no âmbito dos ganhos provenientes de compra vantajosa, os quais guardam, em sua essência, identidade com a figura do deságio.

Do mesmo modo, o CARF já proferiu decisão no sentido de que os créditos resultantes da amortização da diferença dos valores de participações acionárias adquiridas com deságio não integram a base de cálculo do PIS e da Cofins. A decisão foi proferida na análise de um auto de infração contra a empresa Tele Norte

Leste Participações (TNL), do grupo de telecomunicações Oi (Acórdão n. 3302-00.978). No caso, as participações societárias foram adquiridas com deságio no ano de 2000, após a desestatização do sistema Telebrás, em virtude da especulação de futuros prejuízos da empresa cuja participação acionária foi adquirida.

Ao analisar o caso, o CARF julgou procedente o recurso voluntário da empresa, sob o argumento de que a amortização do valor correspondente ao deságio não deve ser incluída na base de cálculo do PIS e da Cofins. Em breve resumo, entendeu o tribunal administrativo que os valores registrados como receita não poderiam ser tributados pelo PIS e pela Cofins, uma vez que há neutralidade na contraposição entre a despesa de equivalência patrimonial e o crédito contábil de receita consistente na amortização do deságio que demonstra a inexistência de qualquer resultado positivo ou acréscimo patrimonial, pressuposto para a incidência do PIS e da Cofins.

Para tanto, os julgadores adotam o conceito de receita manifestado no voto-vista do Ministro César Peluzo no julgamento do RE n. 390.840/MG, em que afirmou que se considera receita auferida como "todos os valores que recebidos da pessoa jurídica, se lhe incorporam à esfera patrimonial" (STF, RE n. 390.840/MG, Rel. Min. Marco Aurélio, julgado em: 9 nov. 2005, publicado em: 15 set. 2006).

Assim, afirmam os julgadores que, quando da aquisição do investimento, a pessoa jurídica pagou o valor do patrimônio líquido menos o deságio. Posteriormente, com a realização da causa que ensejou o deságio, haverá, de um lado, uma despesa de equivalência e, de outro, a amortização do deságio, um crédito que se contrapõe ao primeiro lançamento, de sorte que o custo de aquisição do investimento permanece inalterado e, portanto, o valor contabilizado como contrapartida do deságio não representa efetivo ingresso de receitas.

Conforme entendimento exposto, quando as Leis n. 10.833/2002 e n. 10.637/2002 determinam que a base de cálculo das contribuições não depende da classificação contábil adotada para as receitas, quis o legislador demonstrar expressamente a possibilidade de valores registrados em conta de receita não representarem efetivamente receitas para fins de PIS e Cofins.

Tendo em vista as considerações feitas, é possível identificar que a apuração do ganho proveniente de compra vantajosa e o seu reconhecimento no resultado do exercício da pessoa jurídica adquirente, enquanto excesso decorrente da avaliação a valor justo, não tem natureza de ingresso patrimonial definitivo e incondicional, revelador de capacidade contributiva. Na realidade, constitui um lançamento de natureza exclusivamente contábil, o qual prescinde, no seu registro, dos requisitos necessários para a incidência do PIS e da Cofins.

5. CONSIDERAÇÕES FINAIS

Ante o exposto, podemos concluir que o legislador ordinário, ao dispor sobre a base de cálculo do PIS e da Cofins, previu que essas duas contribuições incidem sobre a totalidade das receitas auferidas pela pessoa jurídica, independentemente de sua denominação ou classificação contábil.

Nesse sentido, o conceito de receita está relacionado com a definitiva alteração positiva do patrimônio da empresa, ou seja, um ingresso positivo novo, definitivo e incondicional, de tal forma que receitas que apenas transitam pelos registros contábeis, mas nada acrescentam ao patrimônio do contribuinte, isto é, não revelem capacidade contributiva, não são passíveis de incidência das contribuições.

Por sua vez, as normas contábeis definem que o ganho por compra vantajosa ocorrerá quando, na operação de combinação de negócios, o valor líquido na data da aquisição dos ativos identificáveis adquiridos e dos passivos assumidos for maior que a soma da contraprestação transferida em troca do controle da adquirida, com o montante de quaisquer participações de não controladores na adquirida e o valor justo, na data da aquisição, da participação do adquirente na adquirida imediatamente antes da combinação.

Ademais, a legislação fiscal define ganho proveniente de compra vantajosa como o excesso do valor justo dos ativos líquidos da investida, na proporção da participação adquirida, em relação ao custo de aquisição do investimento.

O ganho proveniente de compra vantajosa consiste em um ajuste de natureza exclusivamente contábil, efetuado com base nas normas previstas no CPC 15. Há decisões proferidas pelo Supremo Tribunal Federal (STF) e pelo CARF no sentido de que lançamentos contábeis credores no resultado que não representem um ingresso positivo novo, definitivo e incondicional não devem ser considerados receitas para fins tributários. Consequentemente, entendemos que os lançamentos realizados pelos contribuintes para o reconhecimento do ganho de compra vantajosa estão excluídos do campo de incidência do PIS e da Cofins.

A EVOLUÇÃO DO CONCEITO DE RECEITA BRUTA E O EXEMPLO DAS RESERVAS TÉCNICAS DAS SEGURADORAS

Thais de Barros Meira[1]
Raphael Furtado e Silva[2]

1. INTRODUÇÃO

O art. 195, inciso I, alínea "b", da Constituição Federal de 1988 e seu § 13 atribuem competência à União para instituição de contribuições para financiamento da seguridade social incidentes sobre "receitas".[3]

---

1   Doutoranda em Direito Tributário pela Universidade de São Paulo (USP); LL.M. – Harvard Law School, Mestre em Direito do Estado pela Pontifícia Universidade Católica de São Paulo (PUC-SP). Sócia de Barbosa Müssnich Aragão.

2   LL.M – London School of Economics and Political Science. Especialista em Contabilidade Financeira pela Universidade Federal do Rio de Janeiro (UFRJ). Advogado do Barbosa Müssnich Aragão.

3   Discussão relevante é se existiria um "conceito" (isto é, "tipo fechado") constitucional de "receita" ou se o constituinte teria se referido apenas à materialidade por meio de um "tipo" (isto é, "tipo aberto"), permitindo ao legislador infraconstitucional a expressão de seus limites normativos e, consequentemente, o desenvolvimento de alguns de seus elementos conceituais.
    Na primeira linha interpretativa, eventual ato normativo legal que viesse a permitir a tributação sobre valores que não se enquadrassem no conceito constitucional de receita deveriam ser afastados por inconstitucionalidade. Na segunda linha interpretativa, um possível alargamento do conceito por ato infralegal poderia ser um problema de ilegalidade de ato normativo ou até mesmo de ordem constitucional, se o alargamento – de tão extremo – violasse o núcleo mínimo da materialidade referida constitucionalmente.
    Embora a discussão entre "conceito" e "tipo aberto" seja controversa e não tenha sido definitivamente resolvida pelos tribunais superiores, a posição adotada neste artigo é que existe um

A evolução do conceito de receita bruta será ilustrada por meio da análise da eventual incidência da contribuição ao Programa de Integração Social (PIS) e da Contribuição para o Financiamento da Seguridade Social (Cofins) sobre as reservas técnicas das seguradoras.

Esse tema foi analisado pela Câmara Superior de Recursos Fiscais (CSRF), nos Acórdãos n. 9303-003.863, de 18 de maio de 2016, e n. 9303-006.234, de 24 de janeiro de 2018, que foram desfavoráveis seguradoras. Mais recentemente, contudo, no Acórdão n. 3301-005.183, de 26 de setembro de 2018, a 1ª Turma da 3ª Câmara da Terceira Seção do Conselho Administrativo de Recursos Fiscais (CARF) concluiu pela não incidência da contribuição ao PIS da Cofins sobre as receitas financeiras derivadas das reservas técnicas, por não se enquadrarem no conceito de faturamento, entendido como a receita bruta oriunda do desenvolvimento de suas atividades empresariais.

Além disso, com enfoque no novo conceito de receita bruta introduzido pela Lei n. 12.973, de 13 de maio de 2014, as autoridades fiscais formalizaram seu entendimento pela incidência da Contribuição ao PIS e da Cofins por meio da Solução de Consulta (SC) Cosit n. 83, de 24 de janeiro de 2017.

2. EVOLUÇÃO LEGISLATIVA E JURISPRUDENCIAL

2.1 Conceito constitucional de receita

A abrangência do termo "receitas" já foi analisada pelo STF em pelo menos quatro oportunidades:

i. o art. 28 da Lei n. 7.738, de 1989, que previa que a contribuição ao Fundo de Investimento Social (Finsocial) deveria incidir sobre a receita bruta – Recurso Extraordinário (RE) n. 150.764, julgado em 16 de novembro de 1992;

ii. a Lei Complementar (LC) n. 70, de 30 de dezembro de 1991, que tratava da incidência da Cofins sobre o faturamento – Ação Direta de Constitucionalidade (ADC) n. 1, julgada em 1º de dezembro de 1993;

iii. o art. 3º da Lei n. 9.718, de 27 de novembro de 1998, que fixava a base de cálculo da contribuição ao PIS e da Cofins – RE n. 390.840-5, julgado em 9 de novembro de 2005; e

---

conceito constitucional de receita do "tipo fechado", cujos principais elementos já foram delineados pelos julgamentos do Supremo Tribunal Federal (STF).

iv. a inclusão do Imposto sobre a Circulação de Mercadorias e Serviços (ICMS) destacado na nota fiscal na base de cálculo da contribuição ao PIS e da Cofins, conforme previsto no art. 3º, § 2º, inciso I, da Lei n. 9.718/1998 – Recurso Especial (REsp) n. 574.706/PR.

A discussão inicial era se as receitas decorrentes da prestação de serviços também seriam abrangidas pelo conceito de faturamento, uma vez que o termo "fatura", previsto pela legislação comercial, era o documento que se destinava a acobertar apenas a venda de mercadorias, e não a prestação de serviços.

Nos julgamentos do RE n. 150.764 e da ADI n. 1, fixou-se o entendimento no sentido de que o conceito de faturamento abrangeria a receita oriunda da venda de mercadorias e da prestação de serviços.

Já no julgamento do RE n. 390.840-5, verifica-se em diversos momentos a preocupação de incluir no conceito de faturamento receitas decorrentes das atividades típicas empresariais, desenvolvidas em conformidade com o objeto social da empresa, que não se enquadram no conceito de prestação de serviços. Essa preocupação é nítida no seguinte trecho do voto do Ministro Cezar Peluso:

> Quando me referi ao conceito construído sobretudo no RE 150.755, sob a expressão "receita bruta de venda de mercadorias e prestação de serviços", quis significar que tal conceito está ligado à ideia de produto do exercício de atividades empresariais típicas, ou seja, que nessa expressão se inclui todo incremento patrimonial resultante do exercício das atividades empresariais típicas.

Se determinadas instituições prestam determinado tipo de serviço cuja remuneração entra na classe das receitas chamadas financeiras, isso não desnatura a remuneração de atividade própria do campo empresarial, de modo que tal produto entra no conceito de "receita bruta igual a faturamento".

O STF optou pela manutenção da definição do conceito de faturamento que vinha prevalecendo naquele tribunal – sinônimo de receita de prestação de serviços e venda de mercadorias –, tendo sido ponderado que a extensão desse conceito para outras atividades desenvolvidas nos termos do objeto social da empresa deveria ser analisada apenas "quando o problema surgisse em um processo objetivo".

Ainda não se definiu, no STF, se outras receitas desenvolvidas nos termos do objeto social da empresa que não se enquadrem em prestação de serviços ou venda de mercadorias estariam incluídas no conceito de faturamento. É o que se

274   Impactos tributários decorrentes da adoção do IFRS no Brasil

verifica, por exemplo, no caso de pessoas jurídicas cujas receitas principais sejam a locação de bens imóveis[4] ou móveis[5] e das seguradoras.[6]

Posteriormente à edição da Lei n. 9.718/1998, a Emenda Constitucional (EC) n. 20, de 15 de dezembro de 1998, alterou o seu art. 195, inciso I, alínea "b", prevendo a possibilidade de incidência das contribuições sociais sobre a receita.

Foram, então, editadas a Lei n. 10.637, de 30 de dezembro de 2002, e a Lei n. 10.833, de 29 de dezembro de 2003, que instituíram a contribuição ao PIS e a Cofins devidos de acordo com o sistema não cumulativo. A sistemática não cumulativa se trata de uma tentativa de corrigir distorções econômicas decorrentes da cobrança em cascata da contribuição ao PIS e da Cofins nos termos da Lei n. 9.718/1998. Após a edição das Leis n. 10.637/2002 e n. 10.833/2003, a EC n. 42, de 19 de dezembro de 2003, incluiu o § 12 no art. 195 da Constituição Federal, alçando a sistemática da não cumulatividade a *status* constitucional.

Alguns contribuintes, bem como algumas receitas específicas, continuaram sujeitos ao regime cumulativo da Cofins, de acordo com as disposições da Lei n. 9.718/1998, conforme art. 10 da Lei n. 10.833/2003. Assim, desde a edição das Leis n. 10.637/2002 e n. 10.833/2003, coexistem basicamente dois regimes para

---

4   Ao analisar a mesma atividade – locação de bens imóveis – no âmbito da Lei n. 9.718/1998, a 1ª Turma do STF concluiu pela não incidência da contribuição ao PIS e da Cofins. No caso analisado, o contribuinte era uma construtora que, dentre outras atividades, tinha em seu objeto social a locação de bens imóveis (AgRg no RE n. 396.514.). Por outro lado, há decisão da 2ª Turma do STF pela incidência da contribuição ao PIS e da Cofins sobre tais receitas (AgRg no RE n. 371.258-6). A matéria será analisada pelo Plenário do STF nos autos do RE n. 599.658, em relação ao qual foi declarada a existência de repercussão geral. Ainda no âmbito da LC n. 70/1991, a 1ª Seção do Superior Tribunal de Justiça (STJ) se posicionou no sentido de que as receitas decorrentes da locação de bens imóveis estariam abrangidas pelo conceito de faturamento, pois as empresas que locam imóveis deveriam ser equiparadas àquelas que comercializam imóveis. Foi destacado, ainda, que "a noção de mercadoria do Código Comercial, como conceito, não pode servir de fundamento para a não-incidência da Cofins sobre um segmento empresarial que exerce o comércio" (EEEREsp n. 110.962/MG).

5   Recentemente foi reconhecida, nos autos do RE n. 659.412, a existência de repercussão geral em relação à incidência da contribuição ao PIS e da Cofins sobre as receitas decorrentes de locação de bens móveis.

6   A 2ª Turma do STF decidiu que "o conceito de receita bruta sujeita à exação tributária em comento envolve, não só aquela decorrente da venda de mercadorias e da prestação de serviços, mas a soma das receitas oriundas do exercício das atividades empresariais" (RE n. 400.479/RJ). Esse processo, contudo, ainda será analisado pelo Plenário do STF, e a sua conclusão poderá ser alterada.

A evolução do conceito de receita bruta e o exemplo das reservas técnicas das seguradoras   275

a apuração da contribuição ao PIS e da Cofins:[7] (i) regime cumulativo, com alíquotas menos onerosas (3% para a Cofins e 0,65% para a contribuição ao PIS); e (ii) regime não cumulativo, com alíquotas mais onerosas (9,25% conjuntamente).

O art. 1º da Lei n. 10.833/2003 estabelece que a Cofins incide sobre "o faturamento mensal, assim entendido o total das receitas auferidas pela pessoa jurídica". Esse dispositivo legal poderia simplesmente ter estabelecido que as bases de cálculo da Cofins seriam as receitas das pessoas jurídicas, sem fazer referência a faturamento, uma vez que tais leis foram editadas já sob a égide da EC n. 20/1998. No entanto, essa solução só veio a ser adotada pela Medida Provisória (MP) n. 627, de 11 de novembro de 2013, que deu origem à Lei n. 12.973/14, como será visto no tópico a seguir.

Por fim, mais recentemente, em 15 de março de 2017, no julgamento do REsp n. 574.706/PR, o STF afirmou que o conceito constitucional de faturamento possui significado próprio, não comportando a inclusão do ICMS destacado na nota fiscal na base de cálculo da contribuição ao PIS e da Cofins.

2.2 Conceito legal de receita bruta

Os art. 54 e 55 do Projeto de Lei de Conversão da MP n. 627/2013 alteraram o art. 1º da Lei n. 9.718/1998, bem como o art. 1º da Lei n. 10.833/2003, que tratam, respectivamente, da incidência da Cofins de acordo com os regimes cumulativo e não cumulativo. Paulo Cezar Aragão e Paulo Marcelo de Oliveira Bento[8] destacam que "na exposição de motivos da MP 627, restou consignado que essa ampliação tinha como objetivo aperfeiçoar o conceito de receita bruta para o atual cenário jurídico nacional".

O art. 3º da Lei n. 9.718/1998 passou então a prever que a base de cálculo da Cofins devida de acordo com o regime cumulativo deve ser a receita bruta, como definida pelo art. 12 do Decreto-Lei (DL) n. 1.598, de 26 de dezembro de 1977, que também foi alterado por esse diploma legal.

---

7   Algumas receitas específicas estão sujeitas ao denominado regime monofásico da Cofins, no qual tal tributo é recolhido por contribuintes que estão no início da cadeia de comercialização dos produtos (como importadores e produtores), não havendo a incidência da referida contribuição nas etapas subsequentes.

8   ARAGÃO, Paulo Cezar; BENTO, Paulo Marcelo de Oliveira. Novo conceito de receita bruta e ganhos de capital na alienação. In: ROCHA, Sérgio André (Coord.). *Direito tributário, societário e a reforma da Lei das S/A*. Vol. IV. São Paulo: Quartier Latin, 2015. p. 429.

A nova redação do art. 12 do DL n. 1.598/1977 é clara no sentido de que o conceito de receita bruta deve abranger não somente o produto da venda de bens (inciso I) e da prestação de serviços (inciso II), mas todas "as receitas da atividade ou objeto principal da pessoa jurídica" (inciso IV), confirmando que a base de cálculo da contribuição ao PIS e da Cofins deve compreender todas as receitas relacionadas às atividades típicas empresarias, desenvolvidas nos termos do objeto social da empresa.

Dessa forma, como esclarecem Carlos Henrique Bechara e João Rafael L. Gândara Carvalho,[9]

> primeiro, a receita bruta passou a contemplar também todas as "receitas da atividade ou objeto principal da pessoa jurídica", e não apenas a receita brita decorrente da venda de mercadorias e da prestação de serviços. Segundo, ficou assentado de forma expressa que a receita brita compreende também o ajuste a valor presente das receitas que a compõem. Terceiro, foram incluídos na receita bruta os tributos sobre ela incidentes e foram dela excluídos os tributos não cumulativos cobrados destacadamente pelo vendedor dos bens ou pelo prestador dos serviços na com dição de mero depositário.

Ainda sobre o assunto, Werther Botelho Spagnol e Daniela Procópio[10] destacam que "o novo dispositivo, que teve por escopo encerrar várias discussões que hoje estão pendentes de solução pelo Poder Judiciário (como, por exemplo, o cálculo do PIS/COFINS dos bancos e seguradoras), poderá ensejar outras tantas".

O art. 1° da Lei n. 10.833/2003 passou a prever que o conceito de receita bruta seria "o total das receitas auferidas no mês pela pessoa jurídica", que abrange, nos termos do inciso I desse dispositivo legal, (i) a receita bruta de que trata o art. 12 do DL n. 1.598/1977 anteriormente mencionado, bem como (ii) todas as demais receitas auferidas pela pessoa jurídica com os seus respectivos valores decorrentes

---

9   BECHARA, Carlos Henrique; CARVALHO, João Rafael L. Gândara. A gênese do novo direito tributário brasileiro e as velhas disputas fiscais. In: ROCHA, Sérgio André (Coord.). *Direito tributário, societário e a reforma da Lei das S/A.* Vol. IV. São Paulo: Quartier Latin, 2015. p. 106.

10 SPAGNOL, Werther Botelho; PROCÓPIO, Daniela. Redefinição do conceito de receita bruta e as implicações para o cálculo do IRPJ e da CSLL e para a Contribuição ao PIS e COFINS In: ROCHA, Sérgio André (Coord.). *Direito tributário, societário e a reforma da Lei das S/A.* Vol. IV. São Paulo: Quartier Latin, 2015. p. 623.

do ajuste a valor presente de que trata o inciso VIII do art. 183 da Lei n. 6.404, de 15 de dezembro de 1976 (Lei das S.A.).[11]

3. NÃO INCIDÊNCIA DA CONTRIBUIÇÃO AO PIS E DA COFINS SOBRE RECEITAS RELACIONADAS ÀS RESERVAS TÉCNICAS DAS SEGURADORAS

3.1 Natureza das reservas técnicas das seguradoras

De acordo com o art. 757 do Código Civil, o contrato de seguro é contrato típico, por meio do qual "o segurador se obriga, mediante o pagamento de prêmio, a garantir o interesse legítimo do segurado, relativo a pessoa ou coisa, contra riscos predeterminados". Assim, o contrato de seguro é aquele mediante o qual determinada pessoa (segurado) transfere o risco a que está sujeito a uma seguradora, que se obriga juridicamente a garantir o risco objeto do contrato firmado com o segurado, o que consiste, basicamente, na obrigação de pagar a correspondente indenização em caso de ocorrência do sinistro.

A seguradora, em contrapartida à sua obrigação de indenizar o segurado em caso de sinistro, faz jus ao chamado prêmio, que é pago pelo próprio segurado. Em linhas gerais, o prêmio corresponde a um percentual aplicado sobre o montante segurado, que pode variar conforme a maior ou menor probabilidade de ocorrência do risco garantido pela seguradora.[12]

Por determinação legal e regulatória, as seguradoras, além de exercerem sua função principal, qual seja garantir/segurar a cobertura dos riscos passíveis de acontecer com o segurado mediante o pagamento de um prêmio, também são obrigadas a manter reservas financeiras suficientes para garantir a situação de solvência da sociedade frente aos riscos assumidos. Nesse contexto, como forma de garantir que as seguradoras terão como arcar com suas obrigações na hipótese de ocorrência do sinistro (pagamento das indenizações ao segurado), o DL n. 73, de 21 de novembro de 1966, que regula a atividade de seguros no Brasil, dispõe

---

11 "Artigo 183. [...] VIII – os elementos do ativo decorrentes de operações de longo prazo serão ajustados a valor presente, sendo os demais ajustados quando houver efeito relevante."

12 Nesse sentido: BURANELLO, Renato Macedo. *Do contrato de seguro*: o seguro garantia de obrigações contratuais. São Paulo: Quartier Latin, 2006.

em seu art. 84 que, para efetivar essa garantia, as seguradoras deverão constituir reservas técnicas, fundos especiais e provisões, em conformidade com os critérios fixados pelo Conselho Nacional de Seguros Privados (CNSP).[13]

Assim, por exigência regulatória e legal, as seguradoras são obrigadas a constituir as reservas técnicas, imobilizando parte de seus recursos em investimentos no mercado financeiro, de modo a se resguardar e garantir que serão capazes de arcar com todos os compromissos assumidos com seus segurados (pagamento futuro das indenizações). Como regra geral, quando as seguradoras recebem os prêmios a que fazem jus, reservam parte deles para a constituição de suas reservas técnicas.[14]

Conforme o art. 85 do DL n. 73/1966,

> os bens garantidores das reservas técnicas, fundos e previsões serão registrados na SUSEP e não poderão ser alienados, prometidos alienar ou de qualquer forma gravados em sua previa e expressa autorização, sendo nulas de pleno direito, as alienações realizadas ou os gravames constituídos com violação deste artigo.

Esse artigo é decorrência lógica da própria função das reservas técnicas, que consiste, basicamente, em garantir a solvência das seguradoras perante as obrigações assumidas com seus segurados, não sendo patrimônio de que a seguradora pode dispor livremente.

A aplicação dos recursos de reservas técnicas, fundos e provisões é regulamentada pela Resolução n. 4.444, de 13 de novembro de 2015, que foi alterada pela

---

13 "Art 84. Para garantia de todas as suas obrigações, as Sociedades Seguradoras constituirão reservas técnicas, fundos especiais e provisões, de conformidade com os critérios fixados pelo CNSP, além das reservas e fundos determinados em leis especiais."

14 Sobre a necessidade de constituição das reservas técnicas pelas seguradoras, Buranello argumenta que "No Direito vigente no Brasil, o instrumento destinado a conferir aos segurados a garantia de solvabilidade das seguradoras é a denominada reserva técnica. Atendendo a limites e critérios fixados pelo Conselho Nacional de Seguros Privados, cada companhia seguradora é obrigada a manter parcela de seu patrimônio imobilizado. Para onerar ou alienar bens da reserva técnica, a seguradora precisa de específica e prévia autorização da Superintendência de Seguros Privados, autarquia responsável pela fiscalização da atividade securitária. É, aliás, crime contra a economia popular a ação ou omissão de que decorra a insuficiência das reservas técnicas, fundos ou provisões legais ou regulamentares (arts. 84, 85 e 110 do Decreto-lei nº 73/1966)". BURANELLO, Renato Macedo. *Do contrato de seguro*: o seguro garantia de obrigações contratuais. São Paulo: Quartier Latin, 2006. p. 120.

Resolução n. 4.484, de 6 de maio de 2016, expedida pelo Conselho Monetário Nacional (CMN) e tornada pública pelo Banco Central. Essa Resolução prevê, em seu art. 4º, que

> somente serão considerados ativos garantidores os ativos financeiros que sejam registrados em sistemas de registros, objeto de custódia ou objeto de depósito centralizado, em todos os casos em instituições autorizadas pelo Banco Central do Brasil ou pela Comissão de Valores Mobiliários, nas suas respectivas áreas de competência, para desempenhar as referidas atividades.

Conforme mencionado, para formar suas reservas técnicas, as seguradoras aplicam parte dos prêmios recebidos dos segurados em investimentos realizados no mercado financeiro, que são chamados de ativos garantidores. Essa prática é utilizada, inclusive, para possibilitar o incremento dos **valores** inicialmente investidos, pois as seguradoras percebem receitas financeiras decorrentes de tais aplicações, as quais integram o valor das próprias reservas técnicas, colaborando para o seu aumento e, consequentemente, para o aumento da solvência da seguradora.

A receita com a remuneração de tais ativos não se confunde com o próprio faturamento das sociedades seguradoras, que compreende a receita bruta de tais sociedades, conforme definido no art. 12 do DL n. 1.598/1977, com as alterações previstas na Lei n. 12.973/2014, uma vez que não são receitas operacionais das atividades, mas receitas acessórias, decorrentes de obrigação legal e regulatória.

3.2 Não incidência da contribuição ao PIS e da Cofins sobre as receitas financeiras referentes aos ativos garantidores das reservas técnicas

O art. 8º, inciso I, da Lei n. 10.637, de 30 de dezembro de 2002, e o art. 10, inciso I, da Lei n. 10.833, de 29 de dezembro de 2003, exclui as atividades de seguros do regime não cumulativo, de modo que as seguradoras devem apurar a contribuição ao PIS e a Cofins no regime cumulativo, cuja base de cálculo é definida, atualmente, pelo art. 3º da Lei n. 9.718/1998 como a receita bruta de que trata o art. 12 do DL n. 1.598/1977.

Como visto no tópico anterior, as receitas financeiras decorrentes dos ativos garantidores das reservas técnicas das seguradoras não integram o conceito de receita bruta e, consequentemente, não devem integrar a base de cálculo da contribuição ao PIS e da Cofins.

280 Impactos tributários decorrentes da adoção do IFRS no Brasil

3.2.1 Inaplicabilidade dos precedentes do CARF e da CSRF que analisaram a questão sob o enfoque da legislação pretérita

Nos Acórdãos n. 9303-003.863, de 18 de maio de 2016, e n. 9303-006.234, de 24 de janeiro de 2018, a CSRF concluiu pela incidência da contribuição ao PIS e da Cofins sobre as receitas financeiras decorrentes dos ativos garantidores das reservas técnicas.

Já no Acórdão n. 3301-005.183, de 26 de setembro de 2018, a 1ª Turma da 3ª Câmara da Terceira Seção do Conselho Administrativo de Recursos Fiscais (CARF) decidiu em sentido inverso, concluindo pela não incidência da contribuição ao PIS e da Cofins sobre as receitas financeiras derivadas das reservas técnicas por não se enquadrarem no conceito de faturamento, entendido como a receita bruta oriunda do desenvolvimento de suas atividades empresariais.

No entanto, em todos esses casos acima mencionados, os períodos autuados não estavam alcançados pela alteração no conceito de "receita bruta" efetuada pela Lei n. 12.973/2014.[15]

3.2.2 SC Cosit n. 83/2017

A SC Cosit n. 83/2017 formalizou entendimento das autoridades fiscais pela incidência da contribuição ao PIS e da Cofins sobre a receita financeira referente aos ativos garantidores das reservas técnicas. O principal argumento foi que os investimentos realizados para formar as reservas técnicas das seguradoras se tratam de investimentos compulsórios (decorrem de obrigação legal e regulatória). Como as seguradoras são obrigadas a realizá-los, as receitas financeiras conexas integrariam a receita bruta da atividade ou objeto principal da sociedade.

Em outras palavras, na visão das autoridades fiscais, como a formação das reservas técnicas é obrigatória para as seguradoras exercerem suas atividades, as receitas financeiras decorrentes dos investimentos formadores de tais reservas constituiriam receitas da atividade empresarial própria, classificada, portanto, como inerente e imperiosa ao desenvolvimento das operações que compõem o objeto social de toda e qualquer sociedade seguradora.

---

15 Em ambos os acórdãos, o raciocínio do voto condutor foi no sentido de que os investimentos em reservas técnicas são compulsórios, de modo que as receitas financeiras decorrentes não seriam "estranhas ao faturamento dessas empresas".

Embora o entendimento formalizado na SC Cosit n. 83/2017 seja vinculante para todas as autoridades fiscais, entendemos que há bons argumentos para sustentar que as receitas financeiras decorrentes dos investimentos que compõem as reservas técnicas das seguradoras não podem ser caracterizadas como receita bruta, na medida em que não são produtos da venda de bens e serviços, tampouco são relacionadas às atividades do objeto principal das seguradoras.

Conforme explicitado no tópico anterior, as receitas financeiras decorrentes dos ativos garantidores são receitas adicionais às receitas operacionais propriamente ditas das referidas sociedades, que por mais que sejam necessárias à manutenção das atividades de tais sociedades, tendo em vista a obrigatoriedade da realização dos investimentos que compõem as reservas técnicas, **não decorrem de seu objeto social**, única situação passível de tributação pela contribuição ao PIS e pela Cofins para as sociedades sujeitas ao regime cumulativo de recolhimento de tais contribuições.[16]

Há quem defenda que as seguradoras têm duas funções principais: (i) a atividade operacional propriamente dita, que consiste em firmar os contratos de seguros; e (ii) a denominada atividade financeira, que consiste basicamente na gestão dos seus recursos para fazer frente às suas obrigações.[17]

---

16 Segundo leciona Julia de Menezes Nogueira, "o conceito de 'receitas financeiras' é ontologicamente distinto do conceito de receita operacional, decorrente da atividade. As receitas financeiras são receitas adicionais, necessárias para a manutenção de qualquer pessoa jurídica e mais ainda para as seguradoras e resseguradoras pelas razões já expostas, porem nem por isso se pode dizer que decorrem diretamente de sua atividade. Inclusive, as receitas financeiras nem mesmo são geradas pela seguradora ou resseguradora, mas sim por instituições financeiras onde estas aplicam seus recursos. [...] Não se pode confundir a importância e a relevância de uma receita com sua natureza jurídica. Receitas financeiras não têm natureza de faturamento e não podem, consequentemente, ser tratadas como tal para fins de integrarem à base de cálculo do PIS e da COFINS, sob pena de indevido alargamento da base de cálculo dessas contribuições, de forma ilegal e inconstitucional, o que não se pode admitir" (NOGUEIRA, Julia de Menezes. *Tributação do mercado de seguros, resseguros e previdência complementar.* São Paulo: Noeses, 2016. p. 160-161).

17 De acordo com Silney de Souza: "internamente, as seguradoras têm duas importantes funções: a primeira delas é a atividade operacional propriamente dita, conhecida também como underwriting; e a outra denominada financeira ou patrimonial, decorrente do processo de gestão dos recursos arrecadados. O ciclo completo compreende o oferecimento da proposta pelos corretores, a análise da proposta recebida, a aceitação do risco, envolvendo todos os cálculos atuariais e inspeções técnicas, a emissão da apólice, o recebimento do prêmio, considerando-se todos os procedimentos administrativos de aplicação do percentual do prêmio no mercado financeiro e do cálculo das

Por exemplo, uma sociedade que tenha como objeto social atividades de seguros de vida, que equivalem, em linhas gerais, a contratos por meio dos quais as seguradoras se obrigam a garantir o risco do segurado, teriam como contraprestação o recebimento dos prêmios quando da ocorrência dos riscos que haviam sido segurados. Dessa forma, pode-se dizer que as únicas receitas decorrentes das atividades relacionadas a atividades de seguro, tributáveis pela contribuição ao PIS e pela Cofins, corresponderiam ao valor dos prêmios recebidos dos segurados.

Por mais que a seguradora esteja obrigada, do ponto de vista regulatório, a efetivar os investimentos para a formação de suas reservas técnicas e cotidianamente administrá-las, respeitando os limites e os critérios de diversificação estabelecidos na Resolução n. 4.444/2015, com as alterações promovidas pela Resolução n. 4.484/2016, tal obrigação não faria parte das suas atividades típicas, que se consubstanciariam no próprio oferecimento dos seguros, no pagamento de indenizações quando da ocorrência do risco que estava garantido e no recebimento, como contrapartida, de prêmio. De fato, as reservas técnicas têm uma função meramente garantidora, isto é, elas servem tão somente para garantir que a seguradora terá recursos suficientes para arcar com todas as obrigações por ela assumidas perante seus segurados.

Posto isso, é inegável que a efetivação desses investimentos e a consequente receita financeira deles advinda não se caracterizam como operações empresariais próprias das atividades das seguradoras e, portanto, típicas de tais sociedades, nos termos do art. 12 do DL n. 1.598/1977, não podendo ser incluídas na base de cálculo da contribuição ao PIS e da Cofins.

Corrobora esse entendimento o disposto no inciso IV do art. 1º da Lei n. 9.701, de 17 de novembro de 1998, que possibilita às seguradoras **a exclusão da base de cálculo** da contribuição ao PIS e da Cofins, dentre outras, "da parcela dos prêmios destinada à constituição de provisões ou reservas técnicas". A referida previsão é reproduzida pelo art. 10, inciso III, da Instrução Normativa (IN) da Receita Federal do Brasil (RFB) n. 1.285, de 13 de agosto de 2012.

Os referidos dispositivos normativos, ao preverem a possibilidade de exclusão de tais parcelas, vai ao encontro do próprio conceito de receita bruta para as seguradoras, reconhecendo, por consequência, que tais valores, por estarem

---

reservas técnicas, e finalmente, quando ocorrer o sinistro, o pagamento da indenização devida ao segurado" (SOUZA, Silney de. *Seguros*: contabilidade, atuária e auditoria. 2. ed. São Paulo: Saraiva, 2007. p. 83).

A evolução do conceito de receita bruta e o exemplo das reservas técnicas das seguradoras   283

relacionados com uma obrigação legal e regulatória (obrigatoriedade de aplicar parte dos prêmios recebidos em investimentos no mercado financeiro que comporão as reservas técnicas), não constituem receita tributável para as seguradoras, estando de certo modo imobilizados nos investimentos que a seguradora realizará.[18]

Ora, se a parcela do prêmio que é destinada a constituir as reservas técnicas das seguradoras não integra a base de cálculo da contribuição ao PIS e da Cofins, uma vez que não configura receita bruta da seguradora, as receitas financeiras decorrentes dos investimentos realizados para compor tais reservas técnicas também não podem ser consideradas como faturamento para fins de incidência da contribuição ao PIS e da Cofins, sob pena de se tributar coisa que receita bruta não é.

As receitas financeiras decorrentes das reservas técnicas integram o valor total das referidas reservas, incrementando-as. O fato de a maior parte dos investimentos das reservas técnicas ser realizada no mercado financeiro reforça essa tese, na medida em que demonstra que o incremento financeiro decorrente dos rendimentos dos ativos garantidores (receitas financeiras) é relevante e compõe o valor total da reserva técnica.

De fato, pode-se argumentar que a efetivação das reservas técnicas constituiu, além de uma obrigação, um custo efetivo para as seguradoras. Isso porque elas têm de reter parte dos prêmios recebidos dos segurados para realizar os investimentos necessários à formação das reservas técnicas. Assim, assumindo que tais reservas representam um custo para as seguradoras, as receitas financeiras decorrentes dos investimentos também não podem ser consideradas receita bruta da sociedade.

Adotando-se esse racional, o fato de as seguradoras não poderem dispor dos bens garantidores das reservas técnicas sem a prévia anuência da Superintendência de Seguros Privados (Susep), consoante o art. 85 do DL n. 73/1966, atesta o entendimento no sentido de que esses valores não constituem receita tributável

---

18   Nesse sentido são os ensinamentos de Julia de Menezes Nogueira: "No que tange à referência feita na legislação à parcela dos prêmios destinadas à constituição de provisões ou reservas técnicas, trata-se de verdadeira adequação do conceito de recita a seguradoras e resseguradoras, uma vez que a obrigatoriedade de constituição desses passivos exclui de antemão a possibilidade de tributá-los como receitas, pois estes valores são reservados e não aderem ao patrimônio da seguradora ou resseguradora, até que sejam revertidos na hipótese de não ocorrência (ou ocorrência parcial) do sinistro ao final do prazo de cobertura" (NOGUEIRA, Julia de Menezes. *Tributação do mercado de seguros, resseguros e previdência complementar.* São Paulo: Noeses, 2016. p. 157).

284 Impactos tributários decorrentes da adoção do IFRS no Brasil

para a seguradora, tanto por não representarem efetivo ingresso ao patrimônio de tais sociedades como por não integrarem o conceito de receita bruta previsto no art. 12 do DL n. 1.598/1977 (isto é, não são receitas decorrentes da atividade ou objeto principal das seguradoras).

Nesse contexto, entendemos que há bons argumentos para sustentar que as receitas financeiras decorrentes dos investimentos realizados no mercado financeiro que comporão as reservas técnicas das seguradoras não se enquadram no conceito de receita bruta, motivo pelo qual não integram a base de cálculo da contribuição ao PIS e da Cofins.

3.2.3 Comparação entre os tratamentos legislativos das seguradoras e das operadoras de planos de previdência privada e títulos de capitalização

As entidades de previdência privada (também denominada complementar) são regulamentadas pela LC n. 109, de 29 de maio de 2001, e têm como principal objetivo instituir e executar planos de benefícios de caráter previdenciário, de forma complementar ao Regime Geral da Previdência Social.

Pelo contrato de previdência complementar, a sociedade de previdência se obriga a garantir ao participante de determinado plano uma renda futura, constituída em benefícios previdenciários. Dessa forma, o participante paga as chamadas contribuições à sociedade de previdência, que por sua vez aplica tais importâncias recebidas de modo a propiciar o maior benefício de aposentadoria possível.[19]

Igualmente ao tratamento aplicável às sociedades seguradoras, as sociedades de previdência complementar privada também estão obrigadas a constituir as denominadas reservas técnicas. Essa obrigação possui respaldo constitucional

---

19 Segundo ensina Patrícia Guadenzi, "a previdência privada, por outro lado, organizada na forma de planos de benefícios das modalidades benefício definido, contribuição definida ou contribuição variável, está voltada para assegurar benefícios previdenciários a todos aqueles, trabalhadores ou não, que venham a se associar a seus planos, observados os critérios estabelecidos na legislação. Este segmento da previdência está baseado no regime de capitalização, em seu formato escritural ou financeiro. No primeiro, porem os fluxos financeiros são usados para pagar os benefícios de inativos existentes; no segundo, as contribuições e seu fluxo financeiro integram uma reserva individual, usada para pagamento do benefício tão somente ao seu titular" (GUADENZI, Patrícia. *Tributação dos investimentos em previdência complementar privada*: fundos de pensão, PGBL, VGBL, FAPI e outros. São Paulo: Quartier Latin, 2008. p. 35-41).

na medida em que a parte final do caput do art. 202 da Constituição Federal determina que o regime de previdência privada será "baseado na constituição de reservas que garantam o benefício contratado".[20] Além disso, o art. 9º da LC n. 109/2001 é expresso no sentido da obrigatoriedade de constituição das reservas técnicas.[21]

Assim, no caso das sociedades de previdência complementar, a necessidade de constituição de reservas é intrínseca à própria atividade da sociedade, que de certa forma pode ser equiparada a uma poupança de longo prazo. As reservas são formadas por parte das contribuições pagas pelos planos de benefícios, que a entidade deve guardar e capitalizar (investir para gerar mais receitas).

Tendo em vista que, no caso das entidades de previdência complementar, a constituição das reservas faz parte, em princípio, das suas atividades principais, na medida em que são essenciais para a consecução do objeto social, em tese as receitas financeiras decorrentes dos investimentos realizados deveriam compor a base de cálculo do PIS e da Cofins, por se enquadrarem no inciso IV do art. 12 do DL n. 1.598/1977. Todavia, a legislação fiscal previu expressamente que tais receitas financeiras poderão ser excluídas da base de cálculo do PIS e da Cofins para fins da tributação das entidades de previdência privada.

A Lei n. 9.718/1998, em seu art. 3º, § 6º, inciso III, e § 7º, determina que os rendimentos auferidos nas aplicações financeiras proporcionados pelos ativos garantidores das provisões técnicas e destinados ao pagamento de benefícios de aposentadoria, pensão, pecúlio e de resgates podem ser excluídos da base de cálculo do PIS e da Cofins.

De forma similar, as sociedades de capitalização também são obrigadas a efetuar investimentos para constituição de reserva técnica, com o intuito de garantir que conseguirá arcar com todas as suas obrigações. A receita decorrente do investimento relacionado às reservas técnicas também poderia, em tese, compor a base de cálculo do PIS e da Cofins, por se enquadrar no inciso IV do art. 12 do DL

---

20 O art. 202 da Constituição Federal, com redação dada pela EC n. 20/1998, prevê que o regime de previdência privada tem caráter complementar, é organizado de forma autônoma ao regime geral de previdência social e é, ainda, facultativo.

21 "Art. 9º. As entidades de previdência complementar constituirão reservas técnicas, provisões e fundos, de conformidade com os critérios e normas fixados pelo órgão regulador e fiscalizador. § 1º A aplicação dos recursos correspondentes às reservas, às provisões e aos fundos de que trata o caput será feita conforme diretrizes estabelecidas pelo Conselho Monetário Nacional. § 2º É vedado o estabelecimento de aplicações compulsórias ou limites mínimos de aplicação."

n. 1.598/1977. Ocorre que o legislador optou por excluir expressamente esses valores da base de cálculo de tais contribuições, nos termos do § 7° do art. 3° da Lei n. 9.718/1998.

3.2.4 Breves comentários acerca das normas da contabilidade regulatória

A diferença entre a natureza das receitas financeiras referentes aos ativos garantidores para as sociedades seguradoras e para as sociedades de previdência complementar e de capitalização também é realçada pela análise do plano de contas previsto na legislação regulatória.

De acordo com o disposto nos procedimentos contábeis determinados pela Susep, estabelecidos na Resolução CNSP n. 86/2002, receitas e despesas com os contratos de seguros são contabilizadas no grupo "operações de seguros", que compõe o grupo das contas de resultado e possui quatro subcontas para registro de (i) prêmios ganhos; (ii) sinistros retidos; (iii) despesas de comercialização; e (iv) outras receitas e despesas operacionais.

Por sua vez, as receitas e as despesas com as atividades de previdência complementar são contabilizadas no grupo "operações de previdência complementar aberta", possuindo como subcontas: (i) rendas de contribuições retidas; (ii) variações das provisões técnicas; (iii) despesas com benefícios e resgates; (iv) despesas de comercialização; e (v) outras receitas e despesas operacionais.

Já as receitas e as despesas de capitalização são contabilizadas no grupo "operações de capitalização", divididas nas seguintes subcontas: (i) receitas com títulos de capitalização; (ii) variações das provisões técnicas; (iii) despesas com sorteio e resgates; (iv) despesas de comercialização; e (v) outras receitas e despesas operacionais.

Como decorrência da forma de contabilização imposta às seguradoras, fica evidente que, no caso dos contratos de seguros, as reservas técnicas não fazem parte das chamadas receitas operacionais registradas na contabilidade regulatória das seguradoras, muito menos as receitas financeiras decorrentes dos investimentos que as compõem, uma vez que dentro do grupo operações de seguro não há subcontas para o cômputo dessas receitas. Na prática, tais receitas são contabilizadas no grupo "resultado financeiro", na subconta de receitas financeiras.

Corroborando o que explicitamos nos itens anteriores, diferente é o caso das sociedades de previdência complementar e de capitalização, na medida em que as variações decorrentes das provisões técnicas são contabilizadas no próprio grupo de tais operações, o que significa dizer que estas compreendem e integram a receita operacional de tais atividades.

De fato, as normas da contabilidade regulatória vêm confirmar a posição que entendemos ser a mais correta e que, no caso das sociedades de previdência complementar e capitalização, está expressamente prevista na legislação fiscal. Isso porque, para tais sociedades, há a exclusão expressa dos rendimentos das aplicações financeiras decorrentes dos ativos garantidores, que somente se faz necessária na medida em que, no caso específico dessas sociedades, as reservas técnicas integram o conceito de receita bruta determinado pela legislação fiscal. Assim, foi necessário a previsão expressa da possibilidade de se excluírem tais valores da base de cálculo do PIS e da Cofins.

Já nos casos das seguradoras, não há, conforme mencionado, nenhuma determinação expressa na legislação fiscal para excluir as receitas financeiras decorrentes dos investimentos que compõem as reservas técnicas. Todavia, nos casos dos seguros não havia essa necessidade, pois tais receitas não configuram, de pronto, receita bruta das seguradoras, por não serem relacionadas com o objeto ou atividade principal da sociedade. A contabilidade regulatória confirma essa posição, uma vez que tais receitas não são nem contabilizadas no grupo de operações de seguro, no qual são contabilizadas todas as atividades operacionais da sociedade.

4. CONSIDERAÇÕES FINAIS

Em relação às receitas financeiras decorrentes dos investimentos realizados para compor as reservas técnicas das seguradoras, embora haja manifestação das autoridades fiscais em sentido diverso, entendemos que há bons argumentos para sustentar que tais receitas não devem integrar a base de cálculo da contribuição ao PIS e da Cofins, pois:

i. Tais receitas não se enquadram no conceito de receita bruta previsto no art. 12 do DL n. 1.598/1977, uma vez que não se caracterizam como produto da venda de bens ou da prestação de serviços, tampouco como receitas da atividade ou objeto principal da sociedade seguradora.

ii. Corrobora esse entendimento o disposto no inciso IV do art. 1º da Lei n. 9.701/1998, que possibilita às seguradoras **a exclusão da base de cálculo** do PIS e da Cofins, dentre outras, "da parcela dos prêmios destinada à constituição de provisões ou reservas técnicas". A referida previsão é reproduzida pelo art. 10, inciso III, da IN RFB n. 1.285/2012.

iii. No plano de contas previsto pelo órgão regulador, as receitas financeiras decorrentes dos investimentos nas reservas técnicas não são contabilizadas no grupo composto por todas as receitas operacionais da sociedade, mas no grupo de "resultado financeiro", o que reforça o argumento de que tais receitas não configuram receita bruta da seguradora.